로고스와 필로소피아

로고스와 필로소피아

전재원

경북대학교출판부

전재원

저자는 경북대학교 철학과를 졸업하고(1981년), 경북대학교 대학원 철학과에서 서양철학을 전공하여, 문학 석사학위(1983년)와 철학 박사학위(1993년)를 받았다. 이후 경북대학교 인문대학 철학과에서 오랫동안 강의하고 있다. 저서로는 『10개의 키워드로 이해하는 아리스토텔레스 철학』, 『논리와 비판적 사고』 등이 있으며, 「아리스토텔레스와 실천적 진리」를 비롯한 25여 편의 논문을 발표하였다. 번역서로는 『논리학』, 『기호논리학』, 『사회정치철학』 등이 있다.

로고스와 필로소피아

찍은 날 2014년 2월 21일 | **펴낸 날** 2014년 2월 28일
지은이 전재원 | **펴낸이** 함인석 | **펴낸 곳** 경북대학교출판부
출판등록 1973년 10월 10일 ㉶97호 | **주소** 대구광역시 북구 대학로 80
전화 053-950-6741~3 | **팩스** 053-953-4692
이메일 press@knu.ac.kr | **홈페이지** http://knupress.com
ISBN 978-89-7180-394-3 93100

정가는 뒤표지에 있습니다.
파본은 바꾸어 드립니다.

서문

그리스어에 '로고스'라는 말과 '필로소피아'라는 말이 있다. 로고스는 '말'을 의미하는데, 말과 관련되는 것이나 말로써 나타낼 수 있는 것도 의미한다. 여기에는 '논리'도 포함된다. '필로소피아'는 진리를 그리워하고 사랑하는 것을 의미한다. 이것은 바로 '철학적 세계'에 대하여 알고자 욕구하는 것이다.

인간이라면 누구에게나 불변적이고 고귀하고 아름다운 '논리와 철학의 세계'에 대하여 알고자 하는 본성이 있다. 그러나 현상의 세계에 안주하려는 심리적 경향성 때문에, 인간이 논리와 철학의 세계에로 나아가는 것은 험난한 여정일 수밖에 없다. 그래서 이 험난한 여정에는 동반자가 필요하다. 이 책은 그런 동반자 중의 하나이다.

다른 학문 분야에서 쓰이는 용어들의 경우도 사정은 비슷하지만, 특히 논리학과 철학의 용어들은 한자를 풀이하는 식으로는 쉽게 이해되지 않는다. 그래서 필자는 이 책에서 논리학과 철학의 용어들이 일본에서 한자로 조어造語되는 과정을 밝힘으로써, 이 책을 읽는 모든 사람이 용어들을 쉽게 이해할 수 있도록 하였다.

필자는 이 책에서 '악어의 눈물', '동굴의 비유', '죄수 딜레마' 등에 대하여 이야기를 들려주는 방식으로 서술하였으며, '철학', '역설', '양도논법' 등의 개념에 대해서는 어원을 풀이하면서 설명하였다. 필자는 또 '애매와 모호', '반대와 모순', '진리와 지식', '규범윤리학과 가치

윤리학' 등에 대해서는 확실하게 구별될 수 있도록 비교하였으며, '공리주의', '실용주의', '현상학' 등의 사상에 대해서는 철학자의 저서와 키워드를 중심으로 해설하였다.

필자는 비교적 오랫동안 대학에서 논리학과 철학을 강의해 왔다. 그동안 고등학생과 일반인도 논리와 철학의 세계에 가까이 갈 수 있도록 도와주어야 한다는 의무감에서 벗어난 적이 한 번도 없다. 이 책을 집필하는 동안에도 내내 그들이 필자의 뇌리에서 떠나지 않았다. 이 책이 그들과 대학생들에게 삶의 의미를 되돌아보게 하고 인문학의 가치를 체험하게 하는 계기가 된다면, 필자로서는 더 이상 바랄 것이 없다.

막연하게 철학을 동경하던 젊은 시절이 있었다. '철학'이라는 글자를 보고 '철학'이라는 말을 듣는 것만으로도 행복했다. 그래서 철학 공부는 더없는 즐거움이었다. 이제 이 즐거움을 다른 사람과 함께할 때가 되었다.

참으로 오랫동안 묵묵히 도와준 아내에게 영광을 돌린다. 그리고 원고를 면밀하게 검토해 준 경북대학교출판부 편집진에 감사드린다.

2014년 2월

저자 전재원

목차

악어의 눈물이 왜 거짓 눈물일까요?

서양에서는 '악어의 눈물' 이야기가 전해져 오고 있습니다. 이 이야기의 정확한 유래는 알 수 없으나 기원전 5세기경 그리스 아테네에서 활동했던 소피스트 중의 어느 한 사람이 지어낸 것으로 추정됩니다. 이 이야기의 구체적인 내용을 약간 각색해 보면 다음과 같습니다.

옛날 옛적 어떤 젊은 여인이 갓난아기를 안고 시커먼 늪지대를 통과하고 있었습니다. 하지만 그 늪에는 재수 없게 생긴 악어 한 마리가 흐느적거리고 있었습니다. 아기 엄마가 늪지대를 지나갈 무렵 갑자기 악어가 공중으로 점프하면서 아기를 가로채고 말았습니다. 아기 엄마는 울면서 "아기를 돌려주세요!"라고 애원하기 시작했지요.

그러자 악어는 그 시커먼 늪 속에서 그동안 심심했던지 아기 엄마에게 다음과 같이 말하였습니다. "내가 그대에게 문제를 하나 낼 것이다. 만약 그대가 알아맞히면 아기를 돌려줄 것이고, 못 알아맞히면 그대의 이 귀엽고 보송보송한 아기를 맛있게 삼켜 버리겠다. 그렇게 해도 된다고 약속할 수 있는가?" "예."(아기 엄마의 대답) "그럼, 문제를 내겠다. 내가 지금 그대에게 이 갓난아기를 돌려주려고 마음먹고 있겠나? 안 돌려주려고 마음먹고 있겠나? 내 맘을 한번 알아맞혀 보아라." 아기 엄마는 "안 돌려주려고 하는 거 아닙니까?"라고 대답했습니다. 그러자 악어는 "그렇다면 못 돌려준다."라고 하면서 다음과 같이 말했습니다.

> 만약 그대가 알아맞혔다면 내가 안 돌려주려고 마음먹고 있었음이 사실이므로 나는 아기를 돌려줄 수 없고, 만약 그대가 못 알아맞혔다면 애초의 약속에 따라 나는 아기를 돌려줄 수 없다.
>
> 그런데 그대의 답변은 알아맞히거나 못 알아맞히거나 둘 중의 어느 하나일 수밖에 없다.
>
> 그러므로 나는 그대의 보송보송하고 귀여운 아기를 먹어치울 수밖에 없다.

악어의 논법을 따르자면, 아기 엄마는 악어가 낸 문제를 알아맞히든 못 알아맞히든 아기를 돌려받을 수 없게 됩니다. 그야말로 악어는 아기 엄마를 궁지에 몰아넣은 것이었지요.

악어의 말을 들은 아기 엄마는 곰곰이 생각해 보니 꼭 못 돌려받는 것도 아닌 것 같았습니다. 아기 엄마는 매우 지성적이고 논리적인 여인이었습니다. 그래서 아기 엄마는 악어가 전개한 논법에 허점이 있음을 발견하고 역공을 계획했습니다. 악어가 "약 오르지! 메롱, 메롱!" 하며 사라지려는 찰나, 아기 엄마는 "잠깐!" 하며 악어를 가로막고 한마디 했습니다. 아기 엄마의 계획은 악어가 구성한 논법의 구조와 똑같은 논법으로 악어의 주장을 반박하는 것이었습니다. 아기 엄마가 악어에게 한 말은 다음과 같습니다.

> 만약 제가 알아맞히면 약속에 따라 악어님은 저에게 아기를 되돌려 주셔야 하고, 만약 제가 못 알아맞히면 악어님이 아기를 잡아먹으려 했던 것이 사실이 아니므로 또한 저에게 아이를 되돌려 주

셔야 합니다.

저의 답변은 악어님의 문제를 알아맞히거나 못 알아맞히거나 둘 중의 어느 하나일 수밖에 없습니다.

그러므로 저는 악어님의 문제를 알아맞히든 못 알아맞히든 저의 아이를 되돌려 받아야 합니다.

이 말을 들은 악어는 어안이 벙벙해졌습니다. 그리고 자신이 한방 얻어맞은 것임을 알아차렸습니다. 악어는 어쩔 수 없이 논리적이고 지성적인 여인에게 귀여운 아기를 다시 돌려주었다고 합니다. 이때 아기를 돌려주면서 악어는 다잡은 먹이를 다시 내놓아야 한다는 억울한 생각에 눈물을 흘렸다고 합니다. 그러나 냉정하게 생각해 보면 악어는 억울하다고 생각할 이유도 없고 눈물을 흘릴 이유도 없습니다. 왜냐하면 아기는 어머니에게서 강탈한 것이었고 당연히 돌려주어야 하기 때문이지요. 이런 의미에서 악어가 흘린 눈물은 억울하지도 않은데 마치 억울한 것처럼 생각하여 흘린 '거짓의 눈물'인 것입니다.

영국의 유명한 극작가 셰익스피어William Shakespeare, 1564~1616도 자신의 작품 『햄릿』, 『오셀로』, 『안토니와 클레오파트라』 등에서 '거짓 눈물'이라는 뜻으로 '악어의 눈물'Crocodile's Tears이라는 말을 사용하고 있습니다. 한편 악어는 큰 먹이를 삼킬 때에 눈물샘이 눌려서 눈물이 줄줄 나오도록 되어 있는데, 생물학적 지식이 부족하여 이러한 사실을 잘 모르던 시대에 살았던 사람들은 악어의 눈물을 보고 악어가 자기에게 희생된 먹이에 대하여 '참회의 눈물'을 흘리는 것으로 해석하기도 하였습니다.

그러나 '악어의 눈물' 이야기는 논리학적인 이유에서 지어낸 이야기이지요. 논리학에서는 악어가 구성한 논법을 양도논법(딜레마)이라고 합니다. 어머니가 구성한 논법 역시 양도논법입니다. 왜냐하면 그것은 악어가 구성한 논법과 논리적 구조가 똑같기 때문입니다. '악어의 눈물' 이야기에서 알 수 있듯이, 양도논법은 만약 상대방이 이 논법의 구조를 잘 알고 있다면 이 논법을 먼저 구성한 사람이 역공을 당하는 논법입니다.

'악어의 눈물' 이야기는 논리학에서 양도논법을 이해하는 데 도움을 주기도 하지만, 우리 인간에게 도덕적 교훈도 던져 주고 있습니다. 억울하지도 않은데 억울한 척하거나 슬프지도 않은데 슬픈 척하여 눈물을 흘리는 도덕적 위선자나 교활한 위정자가 되지 말라는 것입니다.

철학이라는 말의 뜻이 뭘까요?

아마도 '철학'이라는 말을 안 들어 본 사람은 거의 없을 것입니다. 왜냐하면 철학이라는 말은 우리 인간 사회에 널리 유포되어 있는 말이기 때문입니다. 그럼에도 불구하고 문학, 사학, 법학, 경제학, 수학, 공학, 의학이라는 말만큼 쉽게 다가오지 않는 말이 바로 철학이라는 말입니다. 대부분의 다른 학문 이름도 마찬가지이지만, '철학'이라는 말은 일본 학자들이 서양말을 번역하면서 한자로 조어造語한 말입니다. 다른 학문의 경우에는 한자의 뜻을 풀이하면 각 학문이 무엇을 연구대상으로 하는지가 어느 정도 와 닿지만, 철학의 경우는 '밝을 철哲'자를 풀이하더라도 그 탐구대상이 무엇인지를 알 수 없습니다. 물론 일본 학자들이 고심해서 번역했는데도 말입니다. 왜 그럴까요?

그것은 일본 학자들이 '철학'哲學이라고 번역한 서양말의 의미가 단순하지 않기 때문입니다. 철학이라고 번역된 서양말은 바로 그리스어 '필로소피아'φιλοσοφία, 알파벳 음역으로는 philosophia입니다. 중국에서는 처음에 필로소피아를 '비룡소비아'飛龍少飛阿라는 한자어로 음역音譯하였다고 합니다. '飛龍少飛阿'를 중국어로 읽으면 그리스어 '필로소피아'와 거의 비슷하게 발음됩니다. 우리나라의 문헌에서도 중국식 음역을 발견할 수 있습니다. 경북 고령 출신의 조선 말 유학자인 성와省窩 이인재李寅梓, 1870~1929가 1912년에 집필한 문집 『古代希臘哲學

攷辨』고대희랍철학고변을 보면 '飛龍少飛阿'라는 글자가 나옵니다. 이인재는 당시 중국에서 들어온 철학 책을 많이 읽었다고 합니다. 재미있는 것은 중국식 음역인 '비룡소비아'라는 말도 사용하면서 『고대희랍철학고변』이라는 책 제목에서는 일본식 한자 번역어인 '철학'이라는 말을 사용하고 있다는 점입니다. 당시 일본식 한자 번역어인 '哲學'이라는 말이 이미 중국으로도 흘러들어갔는데, 중국에서도 '비룡소비아'라고 음역된 말보다 '철학'이라는 말이 훨씬 더 많이 사용된 것으로 추정됩니다. 지금도 중국에서는 우리나라에서와 마찬가지로 일본식 한자 번역어인 '철학'이라는 말을 그대로 사용합니다.

그러면 이제 다시 그리스어 '필로소피아'에로 되돌아가겠습니다. 필로소피아는 '필리아'φιλία, 알파벳 음역으로는 philia라는 말과 '소피아'σοφία, 알파벳 음역으로는 sophia라는 말의 합성어입니다. 대부분의 그리스어가 그렇듯이, '소피아'라는 말도 현대어로는 단순하게 번역되지 않는 말입니다. 소피아는 '앎'知과 관련되는 말입니다. 그렇다면 소피아는 어떤 종류의 앎일까요? 아리스토텔레스의 설명에 따르면, 가장 고귀한 것들에 대한 앎(가령 존재하는 모든 것들의 불변적인 원인이나 우주의 필연적인 질서에 대해서 아는 것)을 소피아라고 합니다. 그리고 이 소피아를 추구하는 데 무슨 다른 이유가 있는 것이 아니라, 소피아 그 자체를 사랑하기 때문에 소피아를 추구하는 것이 바로 '필로소피아'라는 것입니다.

방금 그리스어 '필로소피아'를 풀이했습니다만, 약간 어려울 것 같아서 좀 더 설명하겠습니다. 소피아가 고귀한 것들에 대한 앎이라고 했는데, 고귀한 것에는 존재하는 모든 것들의 불변적인 원인이나 우주의 필연적인 질서 이외에도 보편타당한 도덕적 가치, 말과 글의 논리적 질서, 앎의 의미 및 가치, 거룩함, 아름다움 등이 있습니다. 그래서 철학의 영역에는 형이상학, 윤리학, 논리학, 인식론, 종교철학,

미학 등이 있게 되는 것입니다. 그리고 고귀한 것들에 대한 앎은 다른 말로 진리로서의 앎이라고 할 수 있습니다. 그러나 우리 인간은 지식으로서의 앎을 소유할 수는 있지만, 진리로서의 앎을 소유할 수는 없습니다. 왜냐하면 진리는 불변적인 데 반하여 인간은 가변적이고 유한한 존재이기 때문입니다. 다시 말해서, 가변적인 인간이 불변적 진리를 소유한다고 말하는 것은 어불성설語不成說이라는 것이지요.

그래서 우리 인간은 진리로서의 앎을 소유할 수는 없지만, 진리로서의 앎을 사랑할 수는 있습니다. 이때의 사랑이 바로 그리스어로 '필리아'입니다. 진리로서의 앎을 사랑한다는 말은 친구를 사랑한다는 말과 같습니다. 아리스토텔레스에 의하면, 친구를 진정으로 사랑하는 사람은 친구를 이해관계의 대상으로 여겨서는 안 된다고 합니다. 마찬가지로 진리로서의 앎을 사랑하는 사람도 진리를 통해서 뭔가 이득을 얻고자 해서는 안 됩니다. 다시 말해서, 진리로서의 앎을 사랑하는 사람은 진리 그 자체를 그리워하고 추구하는 사람이어야 한다는 것입니다. 또 진리로서의 앎을 사랑한다는 말은 한없이 진리에 가까이 가고자 노력한다는 말과 같습니다.

이상에서 살펴본 것처럼, 그리스어 '필로소피아'의 어원적 의미는 고귀한 것들에 대한 앎, 즉 진리로서의 앎을 진리 그 자체 때문에 그리워한다는 것입니다. 좀 더 풀이하면 다음과 같습니다, 첫째, 필로소피아의 탐구대상은 존재하는 모든 것들의 존재 원리, 우주의 필연적인 질서, 보편타당한 도덕적 가치, 말과 글의 논리적 질서, 삶의 의미 및 가치, 거룩함, 아름다움 등입니다. 둘째, 필로소피아의 정신은 그러한 것들에 대한 앎을 지식처럼 소유하려는 것이 아니라 사랑한다는 것입니다.

이쯤 되면 그리스어 '필로소피아'를 한자로 번역하기가 쉽지 않다는 것을 여러분도 짐작하셨을 것입니다. 왜냐하면 다른 학문들과는 달리 필로소피아의 탐구대상이 너무 포괄적일 뿐만 아니라 초경험적이기 때문입니다. 그래서 일본 학자들도 고심 끝에 '철학'哲學이라는 한자어를 조어해 낸 것입니다. '哲'이라는 한자는 도리나 사리에 밝다는 것을 의미합니다. 필로소피아의 포괄적이고 초경험적인 탐구대상을 '哲'이라는 한자에 담아 보고자 했던 일본 학자들의 노고를 인정해야 합니다.

한편 서양 영어권에서는 일찍부터 그리스어 '소피아'를 단순하게 'wisdom'으로 번역하였습니다. 그래서 그리스어 '필로소피아'를 어원적으로 '지혜 사랑'이라고 풀이했습니다. 이런 풀이는 틀린 것은 아니지만, 그 어원적 의미를 다 담아 내지는 못합니다. 또 우리나라 철학의 일세대로서 많은 업적을 남겼을 뿐만 아니라 경북대학교 철학과에서 걸출한 후학들을 양성한 하기락1912~1997 교수는 1970년대에 '철학'이라는 말 대신에 '애지학'愛知學이라는 말을 쓰자고 제안한 적이 있습니다. 약간의 논의가 있었지만, 얼마 지나지 않아 유야무야되고 말았습니다. '애지학'이라는 말도 필로소피아의 어원적 의미에 대한 단순한 풀이에 불과했기 때문입니다. 다시 말해서, 일본 학자들의 의역어인 '철학'이라는 말을 따라가지는 못했기 때문입니다. 하기락 교수 자신은 일제강점기이던 1940년에 일본 와세다 대학 철학과를 졸업한 인물입니다.

애매한 웃음일까요, 모호한 웃음일까요?

논리학의 다른 개념들과 마찬가지로 '애매'와 '모호'도 단순히 한자를 풀이하거나 국어사전식 뜻풀이로는 이해하기 힘든 개념입니다. 논리학에서는 애매와 모호를 다음과 같이 구별합니다. '애매'란 어떤 개념이 두 가지 이상의 의미를 가짐으로 해서, 즉 다의적多義的임으로 해서 그중의 어느 의미가 현재 사용되고 있는 의미인지를 알 수 없는 경우를 말하고, '모호'란 어떤 개념의 의미는 다의적인 것이 아니라 분명히 일의적一義的인데, 그 개념을 구체적인 대상에 적용할 즈음에 그 적용 범위의 한계가 명확하지 않은 경우를 말합니다.

제가 핵심을 말했지만, 여전히 어렵게 느껴질 것입니다. 그래서 구체적인 예를 몇 가지 들어 보겠습니다. 우선 애매한 경우의 예를 들면 다음과 같습니다. 어떤 학생(A)이 칠판에 "나는 밤을 좋아한다."라고 적고 밖으로 나간 후에 다른 학생(B)이 강의실에 들어와서 칠판을 쳐다본다고 합시다. 이때 학생 B의 입장에서는 학생 A가 '낮과 밤'이라고 할 때의 '밤'을 좋아하는지 열매인 '밤'을 좋아하는지가 분명하지 않습니다. 이때 우리는 학생 B가 '애매한 상황'에 처해 있다고 말합니다. 물론 학생 A에게 칠판에 적은 '밤'의 의미를 직접 물어봄으로써 학생 B의 애매성은 제거됩니다.

방금 든 '밤'의 예는 우리 국어사전에도 그 의미가 여러 개 나와 있는 자연어의 경우이지만, 대부분의 애매성은 자연어의 의미와는 무관합니다. 다시 말해서, 대부분의 애매성은 어떤 말이 사용되고 있는 상황이나 문맥과 관련해서 발생합니다. 가령 '모든 죄인은 감옥에 가야 한다. 모든 인간은 죄인이다. 그러므로 모든 인간은 감옥에 가야 한다.'라고 논증할 경우에 죄인이라는 말이 첫 번째 명제에서는 법을 어긴 죄인을 의미하고 두 번째 명제에서는 종교적 의미에서의 죄인을 가리킵니다. 그래서 죄인이라는 말의 애매성으로 말미암아 논리적 오류를 범하게 되어 모든 인간은 감옥에 가야 한다는 잘못된 결론이 도출된 것입니다.

다음으로 '애매한 웃음'이라는 예를 들어 보겠습니다. 예쁜 여학생이 캠퍼스를 지나가고 있었습니다. 그녀의 옆에서 어떤 남학생도 걸어가고 있었습니다. 그 남학생은 방금 식사를 마치고 왔는지 얼굴에 밥풀이 하나 붙어 있었습니다. 그 광경을 본 여학생은 너무나 우스운지라 남학생의 면전에서 그만 웃음을 짓고 말았습니다. 그러자 자신을 보고 웃는 여학생을 본 남학생은 '아, 저 여학생이 나에게 호감이 있는 모양이구나.'라고 생각하면서 그 여학생에게 데이트를 신청하였습니다. 여학생은 당연히 거절하였고 옥신각신하다가 남학생은 폭행혐의로 경찰서에 잡혀 갔습니다. 사태가 이 지경에 이르게 된 이유는 여학생의 웃음이 애매했기 때문입니다. 물론 여학생 자신에게는 그 웃음의 의미가 전혀 애매하지 않지만, 남학생의 입장에서 볼 때는 얄궂은 웃음, 즉 '애매한 웃음'이었던 것입니다. 왜냐하면 남학생의 입장에서 볼 때 여학생의 웃음은 자기에 대한 호감을 의미할 수도 있지만 자기에게 어떤 웃음거리가 있음을 의미할 수도 있기 때문입니다. 이와 같은 애매한 상황이 발생할 때 우리 인간은 으레 자기에게 유리한 쪽으로 해석하려는 심리적 경향성이 있습니다. 그래서 남학생도 여학생의 웃음을 자기에 대한 호감으로 해석하고 접근을 시도했다가 경찰서에 잡

혀가는 결과를 가져온 것입니다. 그러므로 애매한 상황이 발생했을 때는 자기에게 불리한 해석도 할 수 있는 논리적 판단이 언제나 필요합니다. 그래야만 나중에 낭패를 당하지 않기 때문입니다.

다음으로 '모호'의 예를 들어 보겠습니다. 가장 대표적인 경우가 '문화인', '교양인', '미녀' 등의 말입니다. 가령 '교양인'이라는 말의 의미는 분명하지만, 철수 엄마가 교양인인지 아닌지를 결정하기는 쉽지 않을 것입니다. 이때 우리는 교양인이라는 말이 모호하다고 말합니다. 미녀의 경우도 마찬가지입니다. 미녀라는 말의 의미는 '아름다운 여자'일 터인데, 미녀를 결정하는 기준이 무엇인가 하는 문제가 발생합니다. 애매성의 경우와는 달리 어떤 개념이 모호할 경우에는 모호성을 반드시 제거할 수 있는 것은 아닙니다. 다만 모호성의 정도를 조금 감소시킬 수 있을 따름입니다. 가령 '미녀'라는 말의 의미에 '외모가 아름다운 여자' 이외에 '키가 150센티 이상인 여자', '허리가 30인치 이하인 여자' 등등의 의미를 추가하면 어느 정도 모호성을 감소시킬 수 있습니다. 이처럼 기준이 문제되는 경우에 우리는 기준이 애매하다고 말해서는 안 되고 기준이 모호하다고 말해야 합니다.

지금까지의 설명에서 짐작하셨겠지만, 애매한 웃음은 있어도 모호한 웃음은 없습니다. 원래 우리 국어에는 '애매'라는 말과 '모호'라는 말이 없었습니다. 물론 우리 국어에 '애매하다'라는 낱말이 있는데, 이 말은 한자어가 아니라 '애꿎다', '억울하다' 등의 뜻을 지닌 순수 우리말입니다. 일본 학자들이 서양에서 논리학을 받아들이면서 논리학의 전문용어인 영어의 'ambiguous'와 'vague'를 각각 '曖昧'애매와 '模糊'모호라는 한자어로 조어造語한 것이지요. 이 두 글자가 우리나라로 유입되면서 논리학에서의 엄격한 구별은 사라지고 마치 비슷한 말인 것처럼 사용되었습니다. 따라서 단순히 한자를 풀이하는 식으로는 애매와 모호의 논리학적인 차이를 알 수 없습니다. 우리나라의 논리학 책과 철학 책에 나오는 수많은 다른 용어들의 경우에도 사정은 비슷합니다. 우리나라에서 논리학과 철학이 이해하기 어려운 학문으로 인식되는 이유 중의 하나가 바로 여기에 있습니다.

그렇다면 우리는 '애매모호하다'라는 말을 쓸 수 있을까요? 우리는 일상적으로 애매한 경우나 모호한 경우를 뭉뚱그려 애매모호하다고 합니다. 사정이 이렇게 된 이유는 애매와 모호의 공통점 때문입니다. 그 공통점이란 바로 '불분명함'입니다. 애매한 경우에는 어떤 개념이나 명제에 두 가지 이상의 의미가 있게 되는 상황에서 어떤 의미로 사용되고 있는지가 불분명합니다. 이와는 달리 모호한 경우에는 개념이나 명제를 구체적인 대상이나 상황에 적용하려고 할 때, 적용 범위의 한계 혹은 적용 기준이 분명하지 않습니다. 그래서 애매한 경우나 모호한 경우에 뭔가가 불분명하다는 것을 근거로 '애매모호하다'라는 말이 관습적으로 사용된 것입니다. 그러나 논리학적으로 '애매모호하다'는 말은 없습니다.

애매한 경우와 모호한 경우를 논리학적으로 정확하게 구별할 수 있는 지성인은 아름답습니다. 왜냐하면 그는 애매한 경우와 모호한 경우를 구별하지 못하는 사람이 느낄 수 없는 아름다운 세계에 발을 들여놓고 있기 때문입니다.

동굴의 비유를 아시나요?

고대 그리스의 철학자 플라톤Platon, B.C. 427~B.C. 346은 자신의 대화록 『국가』politeia편 제7권에서 '동굴의 비유'를 통하여 이데아의 존재를 입증해 보이고자 노력하고 있습니다. 그 내용을 약간 각색해 보면 다음과 같습니다.

태어나자마자 사지四肢와 목을 결박당하여 동굴 벽만 쳐다보도록 갇혀 있는 사람들이 있습니다. 동굴 입구에서 새가 날아가면, 동굴 벽에 새의 그림자가 생깁니다. 다른 동물이 동굴 입구를 지나갈 때도 마찬가지입니다. 갇혀 있는 사람들은 한 번도 새의 실물을 본 적이 없기 때문에 새의 그림자를 진짜 새라고 인식합니다. 어느 날 갇혀 있는 사람들 중의 한 명을 동굴 밖으로 데리고 나옵니다. 처음에는 눈이 부시다는 핑계로 안 나오려고 떼를 씁니다. 거의 반강제적으로 데리고 나와서 새의 실물을 보게 합니다. 처음에는 새의 실물을 인정하지 않고 동굴 벽에서 보았던 그림자가 진짜 새라고 우깁니다. 시간이 흐르면서 동굴 벽에서 보았던 것은 그림자에 불과하고 그 그림자를 생기게 했던 실물이 진짜 새라는 것을 알게 됩니다. 이 사람은 너무나 감격하여 이 사실을 동굴 안에 갇혀 있는 다른 사람에게 알리기 위하여 다시 동굴 안으로 들어갔습니다. 그러나 동굴 안에 있던 사람들은 이 사람을 정신 나간 사람으로 간주하여 사정없이 마구 때려 죽였습니다.

이 동굴의 비유에는 중요한 몇 가지가 암시되어 있습니다. 우선 그림자와 실물의 관계입니다. 플라톤에 의하면, 태어나면서 곧 바로 동굴 안에 갇혔던 사람들이 한 번도 실물을 본 적이 없기 때문에 그림자를 마치 실물인 것처럼 생각하듯이, 우리도 태어나면서 한 번도 이데아를 본 적이 없기 때문에 이데아의 그림자인 경험적 사물을 마치 진실한 존재인 것처럼 생각한다는 것입니다. 우리의 정신은 육체를 부여받기 전에는, 즉 우리가 탄생하기 전에는 이데아를 알고 있었는데, 육체라는 감옥에 갇히면서 알고 있었던 이데아의 세계를 완전히 망각하게 되었다고 플라톤은 말하고 있습니다. 플라톤은 이러한 정황을 우리의 정신이 레테 강을 건너온 것에 비유합니다. 레테Lethe 강은 그리스 신화에 나오는 망각의 강입니다. 누구라도 이 강의 물을 마시면 살아 있을 때의 모든 기억을 상실하게 된다고 합니다. 재미있는 것은 '진리'를 그리스어로 '알레테이아'aletheia라고 한다는 점입니다. 그리스어에서 'α-'는 부정을 의미하기 때문에 망각했던 것을 다시 상기想起해 내면 그것이 곧 진리라는 것입니다. 어떤 의미에서 보면 우리 인간이 살아간다는 것은 진리의 세계, 즉 이데아의 세계에로의 여정旅程이라고 할 수 있습니다. 그래서 동굴 밖으로 나와 실물을 본 사람처럼, 우리도 경험적인 현상세계에서 벗어나 이데아의 세계에로 나아가야 합니다.

여기에서 잠시 '이데아'라는 그리스어의 어원적 의미에 대해서 말씀드리겠습니다. 그리스어 동사에 '~을 보다'를 의미하는 'horao'라는 단어가 있습니다. 이 'horao'의 과거형은 'eidon'(~을 보았다)입니다. 이 'eidon'의 부정사가 바로 'idein'(이미 보았던 것)입니다. 이 'idein'으로부터 'idea'이데아라는 명사가 생겨난 것입니다. 따라서 어원적으로 이데아는 '우리가 탄생하기 전에, 즉 우리의 정신이 육체를 부여받기 전에, 정신이 이미 보아서 알고 있었던 것'이라는 의미를 가지고 있습니다. 플라톤도 이러한 의미로 '이데아'라는 말을 사용하고 있습니다. 따라서 이데아는 감각의 눈으로는 볼 수 없습니다. 정신의 눈으로 보아야 하는데 육체가 끊임없이 방해합니다. 그래서 육체를 가지고 있는 현실적 존재로서의 인간이 이데아의 세계로 나아가는 것은 험난한 여정일 수밖에 없습니다.

동굴의 비유는, 동굴 밖으로 나온 사람이 처음에는 눈이 부시다는 핑계로 안 나오려고 했듯이, 우리 인간에게도 경험적 현상 세계에 안주하려는 심리적 경향성이 있다는 것도 암시하고 있습니다. 이러한 심리적 경향성 때문에 인간은 감각의 눈으로는 인식할 수 없는 이데아의 세계에로 나아가는 것을 달갑게 여기지 않는다고 플라톤은 생각하고 있습니다.

또한 동굴의 비유는, 동굴 밖으로 나온 사람이 처음에는 새의 실물을 인정하지 않고 동굴 벽에서 보았던 그림자가 진짜 새라고 우겼듯이, 우리 인간도 이데아 세계의 존재 그 자체를 인정하지 않으려는 심리적 경향성이 있다는 것도 암시하고 있습니다. 동굴 밖으로 나온 사람이 시간이 흐르면서 실물의 존재를 인정했듯이, 우리 인간도 교육을 통해서 서서히 이데아 세계의 존재를 인정하게 된다고 플라톤은 생각하고 있습니다.

동굴의 비유가 암시하고 있는 것 중에서 무엇보다도 중요한 것은, 플라톤이 동굴의 비유를 통해서 이데아 세계의 존재를 입증하려고 했다는 것입니다. 이데아 세계의 존재를 경험적으로 입증하는 것은 불가능합니다. 왜냐하면 이데아의 세계는 경험의 세계를 넘어서 있는 형이상학적 세계이기 때문입니다. 그래서 플라톤은 이데아의 세계와 경험적 세계의 관계를 실물과 그림자의 관계에 비유해서 간접적으로 이데아 세계가 진실로 존재한다는 것을 보여 주고자 했던 것입니다. 특히 실물이 없으면 그림자도 생기지 않듯이, 이데아의 세계가 없었다면 경험적 세계도 존재할 수 없었다는 점을 주목해야 합니다. 이런 의미에서 이데아의 세계는 존재론적으로 경험적 세계보다 우월한 지위에 있습니다.

동굴 벽에 비친 것이 그림자에 불과하다는 사실을 알리기 위하여 다시 동굴 안으로 들어갔다가 두들겨 맞아 죽은 사람은 소크라테스에 비유되고 있습니다. 소크라테스는 플라톤의 스승으로서 젊은 제자들과 대화를 하면서 함께 진리를 추구했으나, 당시 정부로부터 청년들을 타락시켰다는 죄목을 뒤집어쓰고 나서 독배를 마시고 죽었던 인물입니다. 실물을 보고 감격하여 동굴 안에 갇혀 있는 사람들에게 그 사실을 알리려고 했던 사람과, 다른 사람보다 한발 먼저 진리에 접근하고 제자들이 진리에 다가가도록 도와준 소크라테스의 운명은 너무나 닮아 있습니다.

지금까지 살펴본 바와 같이 동굴의 비유는 비유 중에서도 너무나 절묘한 비유입니다. 플라톤이 동굴의 비유를 통해서 입증하고자 했던 이데아의 세계는 오늘날 다양한 이름으로 불리고 있습니다. 가장 대표적인 이름이 '이상적理想的 세계'입니다. 현실주의자들에게는 이상을 추구하는 사람이 바보처럼 보일지도 모릅니다. 그러나 논리적인 관점에서 보면, 실물이 없으면 그림자도 없듯이 이상이 없다면 현실도 없다는 것을 알아야 합니다. 이상의 세계는 현실 세계의 토대이자 현실 세계가 지향해야 할 목표입니다. 이런 의미에서 심리학이나 사회학에서도 '이상형'理想型이라는 말을 씁니다. 플라톤의 이데아 세계를 은연중에 받아들이고 있다는 증거입니다.

반대관계와 모순관계는 비슷한 것일까요?

일상적으로는 모순과 반대를 비슷한 의미로 사용하는 경우가 많지만 논리학에서는 양자를 엄격하게 구별하고 있습니다. 그리고 '모순'과 '반대'라는 말은 개념 간의 대립관계에 대해서 사용할 수도 있고 명제 간의 대립관계에 대해서도 사용할 수 있습니다. 사랑과 미움(애증), 많은 것과 적은 것(다소), 높은 것과 낮은 것(고저), 큰 것과 작은 것(대소), 밝음과 어둠(명암), 검은 것과 흰 것(흑백)의 경우처럼 두 개념 사이에 제3의 개념이 존재할 수 있다면, 두 개념은 반대대립관계에 있다고 합니다. 그 반면에 운동과 정지, 유와 무의 경우처럼 두 개념 사이에 제3의 개념이 전혀 존재할 수 없다면, 두 개념은 모순대립관계에 있다고 합니다.

그런데 남과 여의 관계는 어떠할까요? 남과 여 사이에 트랜스젠더가 제3의 개념으로서 존재하는 것은 아닐까요? 마찬가지로 생生과 사死 사이에 식물인간과 같은 제3의 상태(뇌사)가 존재하는 것은 아닐까요?

우선 트랜스젠더에 대하여 생각해 보기로 합시다. 트랜스젠더가 현실적으로 존재하고 있는 것은 사실입니다. 그러나 중요한 것은 대중소의 경우에 대소大小 사이에 중中이라는 개념이 엄연히 하나의 개념으로서 존재하고 있듯이, 트랜스젠더가 남과 여 사이에 엄연히 하나의 개념으로서 자리 잡고 있는가 하는 점입니다. 만약 그렇게 될 수 있다면 남과 여는 반대대립관계에 있을 것입니다. 오랜 세월이 흘러 사회적 언어관습이 트랜스젠더라는 말을 남과 여 사이에 엄연히 존재하는 제3의 개념으로서 허용하게 될지는 알 수 없으나 현재로서는 그렇지 않고 논리적으로는 그럴 가능성도 없습니다. 따라서 남과 여는 모순대립관계이지 반대대립관계가 아닙니다. 다시 말해서, 트랜스젠더는 남성이든 여성이든 어느 하나의 성으로 환원되어야 하기 때문에 남과 여 사이의 중간개념이 될 수는 없는 것입니다.

뇌사도 마찬가지입니다. 여기에서도 중요한 것은 뇌사가 생과 사 사이에서 엄연히 하나의 개념으로서 자리 잡고 있는가 하는 점입니다. 분명히 뇌사 상태에 있는 사람은 관점에 따라 죽은 사람으로 볼 수도 있고 살아 있는 사람으로 볼 수도 있습니다. 따라서 '뇌사'라는 말이 생과 사의 중간개념인 것처럼 보입니다. 만약 그렇게 될 수 있다면 생과 사는 반대대립관계에 있을 것입니다. '트랜스젠더'라는 말과 마찬가지로 오랜 세월이 흘러 사회적 언어관습이 '뇌사'라는 말을 생과 사 사이에 존재하는 제3의 개념으로서 허용하게 될지는 알 수 없습니다. 하지만 현재로서는 그렇지 않고 논리적으로는 그럴 가능성도 없습니다. 다시 말해서, 뇌사는 생이든 사든 어느 하나로 환원되어야 하기 때문에 생과 사 사이의 중간개념이 될 수는 없는 것입니다. 장기 이식을 중요시하는 의사들은 뇌사 상태에 빠진 사람을 죽은 사람으로 간주하고자 할 것이고, 인간의 존엄성을 강조하는 사람들은 뇌사 상태에 빠진 사람을 살아 있는 사람으로 간주하고자 할 것입니다. 따라서 생과 사는 모순대립관계이지 반대대립관계가 아닙니다.

이상의 논의에서 알 수 있듯이, 두 개념의 관계가 반대대립관계인지 모순대립관계인지를 결정하는 문제는, 우리의 언어관습을 따를 때 두 개념 사이에 제3의 개념(들)이 엄연히 현존하고 있는가 하는 개념의 문제이지 제3의 개념처럼 보이는 것이 현실적으로 존재한다는 사실의 문제가 아님을 유의해야 합니다.

이제 우리는 '흑백논리'라는 말에 대해서 살펴보기로 합시다. 색깔로서의 흑과 백은 반대대립관계에 있습니다. 흑과 백은 서로 대립관계이지만, 두 개념 사이에는 수많은 제3의 개념이 존재합니다. 그런데 여기서 우리가 주의해야 할 것은 흑백논리라는 말이 색깔로서의 흑과 백을 지칭하는 논리가 아니라는 것입니다. 흑백논리는 '이것 아니면 저것', '모 아니면 도'라는 식의 양자택일적 논리를 의미합니다. 다시 말해 '흑백논리'라는 말은 바로 '모순관계'를 지칭하는 말이라는 것입니다. 마찬가지로 '흑백투표'라는 말도 반대관계가 아니라 모순관계를 지칭하는 말입니다.

다음으로 '황금의 산'이라는 말과 '둥근 사각형'이라는 말에 대해서 생각해 보기로 합시다. '황금의 산'은 현실적으로 존재하지는 않지만 논리적으로 전혀 모순적인 표현이 아닙니다. 그 반면에 '둥근 사각형'은 현실적으로 존재하지 않을 뿐만 아니라 논리적으로 성립할 수 없는 표현입니다. 이런 것을 논리학에서는 '형용모순'이라고 합니다. '소리 없는 아우성'이라는 표현도 논리적으로는 형용모순이지요. 그러나 문학에서는 이런 표현을 역설적 표현이라고 하여 비유적 가치를 인정하고 있는 듯합니다.

개념 간의 모순관계와 관련하여 마지막으로 언급해야 할 것이 한 가지 더 있는데요. 그것은 바로 생사, 유무, 남녀 등의 경우를 제외하면 모순관계를 표현하는 우리말이 자연스럽지 않다는 것입니다. 그 반면에 서양말에서는 'non-'이라는 표현으로 모순 개념을 나타냅니다. 따라서 부자연스러움의 문제가 발생하지 않습니다. 'non-'을 한자어로 표현하면 '非'로 됩니다. 그래서 가령 나무의 모순 개념을 우리는 어쩔 수 없이 '非나무'라고 해야 합니다. 너무나도 어색하지요.

우리말이 일찍부터 논리적으로 발전하지 못한 탓입니다. 그나마 조금 더 정확하게 표시하는 방법을 제시하자면 '(비)나무' 혹은 '(非)나무'라고 하는 것입니다.

다음으로 명제 간의 대립관계에 대하여 살펴보기로 하겠습니다. 두 명제가 동시에 참일 수도 없고 동시에 거짓일 수도 없다면, 두 명제는 모순대립관계에 있다고 합니다. 같은 뜻입니다만, 모순대립관계를 다음과 같이 표현하기도 합니다. 두 명제 중의 어느 한 명제가 참일 때 다른 명제는 논리적으로 반드시 거짓이 되고, 두 명제 중의 어느 한 명제가 거짓일 때 다른 명제는 논리적으로 반드시 참이 됩니다. 다음의 두 명제를 비교해 봅시다.

모든 사람은 죽는다.

죽지 않는 사람이 적어도 한 명은 있다.

이 두 명제는 서로 모순대립관계에 있습니다. 왜냐하면 우리는 이 두 명제가 동시에 참일 수도 없고 동시에 거짓일 수도 없다는 것을 명백하고도 쉽게 확인할 수 있기 때문입니다.

다음으로 두 명제가 동시에 참일 수는 없으나 동시에 거짓일 수 있다면, 두 명제는 반대대립관계에 있다고 합니다. 달리 표현하자면, 두 명제 중의 어느 한 명제가 참일 때 다른 명제는 논리적으로 반드시 거짓이 되지만, 두 명제 중의 어느 한 명제가 거짓일 때는 다른 명제가 논리적으로 참일 수도 있고 거짓일 수도 있다는 것입니다. 모순대립의 경우와는 달리 반대대립의 의미가 쉽게 와 닿지는 않을 것입니다. 그래서 좀 더 자세하게 풀이하겠습니다. 다음의 두 명제를 비교해 봅시다.

모든 사람은 죽는다.

어떤 사람도 죽지 않는다.

이 두 명제는 서로 반대대립관계에 있습니다. 왜냐하면 이 두 명제는 동시에 참일 수는 없으나 동시에 거짓일 수는 있기 때문입니다. 그 이유에 대해서 생각해 보기로 합시다.

우선 '모든 사람은 죽는다.'라는 명제가 참일 경우 '어떤 사람도 죽지 않는다.'는 명제가 거짓인 것은 너무나 명백합니다. 다시 말해서, 반대대립의 경우 두 명제 중의 어느 한 명제가 참이면, 모순대립의 경우처럼 다른 명제는 논리적으로 반드시 거짓이 됩니다.

다음으로 '모든 사람은 죽는다.'라는 명제가 거짓인 경우에 대해서 생각해 보기로 합시다. '모든 사람은 죽는다.'라는 명제가 거짓이 되는 논리적 조건은 한 가지가 아니라 두 가지입니다. 첫째 경우는 어떤 사람도 죽지 않는 경우이고, 둘째 경우는 죽는 사람도 있고 안 죽는 사람도 있는 경우입니다. 첫째 경우라면 '어떤 사람도 죽지 않는다.'라는 명제가 참이지만, 둘째 경우라면 '어떤 사람도 죽지 않는다.'라는 명제는 거짓이 됩니다. 그렇다면 '모든 사람은 죽는다.'라는 명제와 '어떤 사람도 죽지 않는다.'라는 명제는 둘 다 거짓일 수 있고, 따라서 두 명제는 서로 간에 모순명제가 아니라 반대명제인 것입니다.

다음으로 반대대립과 마찬가지로 모순대립과도 구별되지만, 반대대립과도 구별되는 또 하나의 대립이 있는데, 논리학에서는 이것을 소반대대립이라고 합니다. 두 명제가 동시에 참일 수는 있으나 동시에 거짓일 수 없다면, 두 명제는 소반대대립관계에 있다고 합니다. 달리 표현하자면, 두 명제 중의 어느 한 명제가 참일 때 다른 명제는 논리적으로 참일 수도 있고 거짓일 수도 있지만, 두 명제 중의 어느 한 명제가 거짓일 때는 다른 명제가 논리적으로 반드시 참이 된다는 것입니다. 반대대립의 경우가 거꾸로 되는 것이 소반대대립입니다만, 여전히 소반대대립의 의미가 쉽게 와 닿지는 않을 것입니다. 그래서 좀 더 자세하게 풀이하겠습니다. 다음의 두 명제를 비교해 봅시다.

> 죽는 사람이 적어도 한 명은 있다.
>
> 죽지 않는 사람이 적어도 한 명은 있다.

이 두 명제는 서로 소반대대립관계에 있습니다. 왜냐하면 이 두 명제는 동시에 참일 수는 있으나 동시에 거짓일 수는 없기 때문입니다. 그 이유에 대해서 생각해 보기로 합시다.

우선 '죽는 사람이 적어도 한 명은 있다.'라는 명제가 참일 경우에 대해서 생각해 보기로 합시다. '죽는 사람이 적어도 한 명은 있다.'라는 명제가 참이 되는 논리적 조건은 한 가지가 아니라 두 가지임을 알아야 합니다. 첫째 경우는 죽는 사람도 있고 안 죽는 사람도 있는 경우이고, 둘째 경우는 아무도 안 죽는 경우입니다. 첫째 경우라면 '죽지 않는 사람이 적어도 한 명은 있다.'라는 명제가 참이지만, 둘째 경우라면 '죽지 않는 사람이 적어도 한 명은 있다.'라는 명제는 거짓이 됩니다.

다음으로 '죽는 사람이 적어도 한 명은 있다.'라는 명제가 거짓인 경우에 대해서 생각해 보기로 합시다. 이 명제가 거짓인 경우는 한 가지밖에 없습니다. 즉 어떤 사람도 죽지 않는 경우입니다. 그렇다면 '죽지 않는 사람이 적어도 한 명은 있다.'라는 명제가 참이 되는 것은 너무나 명백합니다. 다시 말해서, 소반대대립의 경우 두 명제 중의 어느 한 명제가 참이면 다른 명제는 참일 수도 있고 거짓일 수도 있지만, 어느 한 명제가 거짓일 때는 모순대립의 경우처럼 다른 명제는 논리적으로 반드시 참이 됩니다.

지금까지 제가 말씀드린 것이 꽤 복잡해 보일 것입니다. 그러나 조금만 따져 보면 쉽게 이해할 수 있습니다. 요약하면 다음과 같습니다. 모순대립관계에서는 두 명제 중의 어느 한 명제가 참일 때 다른 명제는 논리적으로 반드시 거짓이 되고, 두 명제 중의 어느 한 명제가 거짓일 때 다른 명제는 논리적으로 반드시 참이 됩니다. 반대대립관계에서는 두 명제 중의 어느 한 명제가 참일 때 다른 명제는 모순대립관계에서와 마찬가지로 논리적으로 반드시 거짓이 되지만, 두 명제 중의 어느 한 명제가 거짓일 때 다른 명제는 논리적으로 참일 수도 있고 거짓일 수도 있습니다. 소반대대립관계에서는 두 명제 중의 어느 한 명제가 참일 때 다른 명제는 논리적으로 참일 수도 있고 거짓일 수도 있지만, 두 명제 중의 어느 한 명제가 거짓일 때 다른 명제는 모순대립관계에서와 마찬가지로 논리적으로 반드시 거짓이 됩니다.

여러분은 여러 매체를 통해서 토론하는 경우를 자주 접했을 것입니다. 대부분의 경우 찬반양론이 대립합니다. 가령 안락사에 대해서 찬성하는 사람도 있고 반대하는 사람도 있습니다. 찬성하는 사람들은 '안락사는 법적으로나 윤리적으로 허용되어야 한다.'라고 주장할 것이고, 반대하는 사람들은 '안락사는 법적으로나 윤리적으로 허용되어서는 안 된다.'라고 주장할 것입니다. 찬성하는 사람들의 주장을 논리적으로 재구성하면 '우리는 안락사가 법적으로나 윤리적으로 허용되어야 한다고 생각한다.'라는 것이 됩니다. 다시 말해서,

> 안락사가 법적으로나 윤리적으로 허용되어야 한다고 생각하는 사람이 적어도 한 명은 있다는 것입니다.

마찬가지로 반대하는 사람들의 주장을 논리적으로 재구성하면 '우

리는 안락사가 법적으로나 윤리적으로 허용되어서는 안 된다고 생각한다.'라는 것이 됩니다. 다시 말해서,

> 안락사가 법적으로나 윤리적으로 허용되어서는 안 된다고 생각하는 사람이 적어도 한 명은 있다는 것입니다.

따라서 양 측의 주장은 소반대대립관계에 있게 됩니다. 다시 말해서, 양 측의 주장은 논리적으로 모두 참일 수 있습니다. 다른 모든 찬반토론의 상황도 이와 마찬가지입니다. 그럼에도 불구하고 찬반토론에서 한쪽의 주장은 참이고 다른 쪽의 주장은 거짓이라고 생각하는 사람이 많습니다. 아마도 그렇게 생각하고 싶은 심리적 경향성 때문일 것입니다.

방금 말씀드린 것은 상반되는 두 주장의 논리적 관계가 그렇다는 것입니다. 그러므로 찬반토론에서 양 측이 각자 자기 주장의 참을 입증하는 문제는 상반되는 두 주장의 논리적 관계와는 다른 문제입니다. 다시 말해서, 어느 한쪽의 주장이 참이라고 논증되었다고 하더라도 상대방의 주장이 반드시 거짓으로 되지는 않는다는 것입니다. 오히려 논리적으로는 상대방의 주장도 참이라고 논증될 수 있습니다. 어쨌든 우리는 토론할 적에 자신의 주장은 참이고 상대방의 주장은 거짓이라는 태도를 버려야 합니다.

이론과 이론 간의 모순은 두 이론 중의 어느 한 이론이 참이라면, 다른 이론은 저절로(논리적으로) 거짓이 된다는 것을 의미합니다. 예를 들어 천동설과 지동설 중에서 어느 이론이 실제로(사실에 있어서) 참인지를 알기 위해서는 과학적 검증을 필요로 하겠지만, 순수하게 논리학의 관점에서 우리는 두 이론 중의 어느 하나가 참이면 다른 하나는 논리적으로 반드시 거짓이 된다는 것을 알아차릴 수 있습니다.

그러나 이론과 이론 간에도 반대관계이거나 소반대관계인 경우가 많습니다. 이럴 경우 대립하는 두 이론은 동시에 참일 수도 있고 동시에 거짓일 수도 있습니다.

이상에서 살펴본 모순대립, 반대대립, 소반대대립은 약 2,500년 전에 이미 아리스토텔레스가 발견한 것들입니다. 우리는 일상생활에서 '모순'과 '반대'를 구별하지 않고 비슷한 것처럼 생각하는 경우가 많습니다. 그러나 양자를 논리학적으로 정확하게 구별할 수 있다면, 그렇지 않은 경우보다 훨씬 큰 지적 즐거움을 만끽할 수 있을 것입니다. 영어로는 '모순적'contradictory이라는 말과 '반대관계에 있는'contrary이라는 말이 어원적으로 유사합니다. 그런데 일본 학자들이 영어를 한자어 '矛盾'모순과 '反對'반대로 번역하면서 어원상의 유사성이 은폐되어 버렸습니다. '모순'이라는 말은 창과 방패에 관한 고사故事에서 일본 학자들이 빌려 온 말이고, '반대'라는 말은 일본 학자들이 조어造語한 말입니다.

거짓말쟁이의 역설

기원전 6세기경, 그리스의 도시국가 크레타에 에피메니데스Epimenides라는 사람이 있었습니다. 에피메니데스는 시인이자 예언자였습니다. 에피메니데스가 쓴 시 중에 「크레티카」라는 시가 있습니다. 이 시의 한 구절에서 에피메니데스는 "크레타 사람들은 모두 거짓말쟁이다."라고 말하고 있습니다. 이 말은 참말일까요, 거짓말일까요?

일단 참말이라고 가정해 봅시다. 그러면 문제가 발생합니다. 이 말을 한 에피메니데스도 크레타 사람이므로 거짓말쟁이가 됩니다. 따라서 "크레타 사람들은 모두 거짓말쟁이다."라는 에피메니데스의 말도 거짓말이 됩니다. 다음으로 에피메니데스의 말이 거짓말이라고 가정해 봅시다. 또 문제가 발생합니다. 크레타 사람들은 아무도 거짓말쟁이가 아닐 것이고 에피메니데스 역시 거짓말쟁이가 아니게 됩니다. 그렇다면 "크레타 사람들은 모두 거짓말쟁이다."라는 에피메니데스의 말은 참말이 됩니다.

이처럼 "크레타 사람들은 모두 거짓말쟁이다."라는 에피메니데스의 말은 참말이라고 가정하면 거짓말이 되고 거짓말이라고 가정하면 참말이 됩니다. 다시 말해서, 에피메니데스의 말은 참말임과 동시에 거짓말이라는 것입니다. 어떤 명제가 참임과 동시에 거짓인 것은 논리적으로 불가능합니다. 그런데도 에피메니데스의 말은 참말임과 동시에 거짓말인 것처럼 보입니다. 이런 현상을 그리스어로 '파라독소스'paradoxos라고 합니다. 물론 영어의 'paradox'는 그리스어로부터 유래된 단어입니다. 그리스어로 'para-'는 '~과 반대되는'이라는 뜻이고 그리스어 'doxos'는 상식, 통념, 통설通說 등을 의미합니다. 따라서 파라독소스는 '통설과 반대되는 것' 혹은 '통설에 반反하는 것'이라는 뜻입니다. 그래서 일본 학자들이 파라독소스를 '역설'逆說이라는 한자어로 번역했던 것입니다. 물론 이 단어는 일본 학자들이 조어한 것입니다. '역설'의 정확한 의미는 상식이나 통념과 모순되는 것처럼 보인다는 것입니다.

조금 전에도 말씀드렸듯이, 어떤 명제가 참임과 동시에 거짓인 것은 논리적으로 불가능하기 때문에 분명히 역설에는 논리적 결함이 있습니다. 이 논리적 결함을 가장 먼저 발견한 사람이 바로 아리스토텔레스입니다.

물론 아리스토텔레스가 에피메니데스의 말을 직접 언급하고 있는 것은 아니지만, 아리스토텔레스가 발견한 논리를 적용해 보겠습니다. "크레타 사람들은 모두 거짓말쟁이다."라는 에피메니데스의 말이 거짓말이 되는 경우는 두 가지입니다. 첫째, 크레타 사람들은 아무도 거짓말쟁이가 아닌 경우입니다. 이 경우에는 에피메니데스의 말은 참말이 됩니다. 둘째, 크레타 사람들 중에는 거짓말쟁이도 있고 거짓말쟁이가 아닌 사람도 있는 경우입니다. 이 경우에는 에피메니데스가 거짓말쟁이가 아닌 사람 중의 한 명이라면 에피메니데스의 말은 참말이 되지만, 에피메니데스가 거짓말쟁이 중의 한 사람이라면 에피메니데스의 말은 거짓말쟁이가 한 말이므로 거짓말이 됩니다.

약간 복잡한 느낌을 줍니다만, 아리스토텔레스의 지적을 요약하면 다음과 같습니다. 에피메니데스의 말을 거짓말이라고 가정하면, 에피메니데스의 말이 참말일 경우도 있지만 여전히 거짓말일 경우도 있다는 것입니다. 이것은 에피메니데스의 말이 참말임과 동시에 거짓말인 것처럼 보일 뿐이고, 즉 그야말로 역설일 뿐이고, 실제로는 참말임과 동시에 거짓말인 경우도 있지만 거짓말이기만 한 경우도 있음을 의미합니다. 이런 의미에서 에피메니데스의 말은 '같은 말이 참말임과 동시에 거짓말일 수 없다.'라는 논리적 상식과 반대되는 것처럼 보일 뿐인 역설이라는 것입니다.

거짓말쟁이의 역설도 유명하지만, 제논의 역설도 유명합니다. 고대 그리스의 철학자 파르메니데스Parmenides, B.C. 515~B.C. 445의 제자였던 제논Zenon, B.C. 490~B.C. 430은 변화가 불가능하다는 것을 보여 주기 위하여 여러 개의 역설을 고안했습니다. 그중의 한 가지는 다음과 같습니다. 아킬레스는 A 지점에서 B 지점까지 달려가는 것이 불가능합니다. 왜냐하면 B 지점에 도달하기 전에 아킬레스는 우선 A 지점과 B 지점 사이의 1/2 지점에 도달해야 하지만, A 지점과 B 지점 사이의 1/2 지점에 도달하기 전에 A 지점과 B 지점 사이의 1/4 지점에 도달해야 할 것이며……, 이런 식으로 계속될 것이기 때문입니다. 아킬레스는 마치 출발조차 할 수 없는 것처럼 보입니다. 왜냐하면 그는 어느 지점에 도달하기 전에 이미 무한히 많은 점들을 가로질러야 하는데, 이것은 불가능하기 때문입니다. 상식적으로는 분명히 아킬레스가 A 지점에서 B 지점까지 달려가는 것이 가능한데도, 제논은 이것이 불가능하다고 말하고 있습니다.

이러한 역설을 해소하기 위하여 아리스토텔레스는 가능태로서 존재하고 있는 점과 현실태로서 존재하고 있는 점을 구별합니다. 제논의 역설은 A 지점과 B 지점 사이에 무한히 많은 점이 현실태로서 존재한다는 것을 전제하고 있습니다. 그러나 아리스토텔레스는 이것을 부인합니다. 왜냐하면 우리는 가능태로 존재하고 있는 어떤 점이든 현실태로 존재하게 할 수는 있지만, 유한한 우리 인간이 가능태로 존재하고 있는 모든 점을 현실태로 존재하게 할 수는 없기 때문입니다. A 지점과 B 지점 사이에는 무한히 많은 점이 있는 것이 아니라, A 지점과 B 지점 사이는 연속적이기 때문에 아킬레스가 A 지점에서 B 지점까지 달려갈 수 있다는 것이 아리스토텔레스의 반박입니다. 무한자는 가능태로서만 존재하는 순수질료이기 때문에 결코 현실태로서 존재할 수 없습니다. 무한자 때문에 변화가 불가능한 것이 아니라, 무한자를 매개로 해서 모든 변화가 일어난다는 것입니다.

죄수의 딜레마

A와 B, 두 사람이 있습니다. 전국을 돌며 은행 강도를 일삼은 이들이 드디어 경찰에 체포됩니다. 경찰은 두 사람의 강도행각에 대한 증거를 수집해서 검찰에 이들을 넘기려고 하고 있습니다. 그러나 문제는 두 사람이 용의주도하게 증거물들을 없애 버렸다는 것입니다. 두 강도 용의자들의 자백에 의지할 수밖에 없는 경찰이 두 사람을 격리시켜 놓고, 개별 심문에 들어갔습니다.

두 사람 모두에게는 범행을 자백하는 것과 함구하는 것의 두 가지 전략이 있을 수 있습니다. 두 사람 모두 자백하게 되면 각각 10년형을 선고받게 되고, A는 자백하고 B는 함구하는 경우에는 A는 특전을 받아 무죄 방면되며 B는 가중 처벌되어 30년형을 받습니다. 이는 B에게도 동일하게 적용됩니다. 반면 A와 B가 모두 함구하게 되면 둘 다 3일 구류 후에 석방됩니다. 상대방이 어떤 선택을 할지 알 수 없고, 상대방을 전적으로 신뢰할 수도 없는 상황에서 A와 B는 각각 상대방에게도 두 가지의 전략이 있다는 것을 고려해야 합니다. A와 B 모두에게 최선의 결과는 함구하여 3일 구류 후 풀려나는 것이지만, 사전에 합의할 수 없는 두 사람은 상대방을 믿지 못하고, 각자의 이익만을 고려하여 범행을 자백하게 되어 10년형을 받게 됩니다.

이것이 바로 '죄수의 딜레마'입니다. 죄수의 딜레마는 우리가 살아가면서 직면하게 되는 수많은 선택의 기로에서 상대방에 대한 불신 때문에 생기는 대표적인 문제 중의 하나입니다.

우리는 신문기사를 읽거나 일상생활을 하면서 '죄수의 딜레마'라는 말을 자주 접하게 됩니다. 문제는 '딜레마'dilemma라는 말을 정확하게 이해하지 못하면 죄수의 딜레마가 어떤 것인지를 잘 알 수 없다는 데 있습니다. 논리학에서는 딜레마를 '양도논법'兩刀論法이라고 번역합니다. 물론 일본 사람들이 만들어 낸 번역어입니다. 양도논법은 두 개의 가언명제를 대전제로 하고 한 개의 선언명제를 소전제로 하여 결론을 이끌어 내는 일종의 삼단논법입니다.

어원적으로 딜레마는 '두 개의'그리스어로 'dis' '참이라고 가정된 명제'그리스어로 'lemma'를 대전제로 하고 있는 논증을 의미합니다. '참이라고 가정된 명제'는 오늘날의 '가언명제'와 같습니다. 가언명제 안에는 전건과 후건이 있습니다. 딜레마에서는 가언명제가 반드시 두 개 있어야 하므로 전건도 두 개 있습니다. 세월이 흐르면서 논리학에서는 이 두 개의 전건을 '뿔'영어로 'horn'이라고 명명하게 됩니다. 그래서 일본 학자들은 처음에 딜레마를 '양각논법'兩角論法이라고 번역했습니다. 나중에 일본 학자들은 '뿔'을 '칼'로 의역하게 됩니다. 칼이 뿔보다 더 강한 인상을 심어 주기 때문인 것으로 추정됩니다. 이런 과정을 거쳐 '양도논법'兩刀論法이라는 말이 탄생했습니다. 지금은 딜레마를 양도논법으로 번역하는 것이 관례화되어 있고, 양각논법이라는 말은 거의 사용하지 않습니다. 양도논법의 결론은 상대방을 논리적으로 '궁지'에 빠트립니다. 그래서 딜레마는 논법의 이름이기도 하지만, 단어로서는 '궁지', '곤경', '진퇴양난' 등의 뜻을 지니고 있습니다.

양도논법에도 여러 종류의 형식이 있지만, 양도논법의 기본 형식은 다음과 같습니다.

만약 A이면, B이다. 그리고 만약 C이면, D이다. (대전제)

A이거나 C이다. (소전제)

그러므로 B이거나 D이다. (결론)

여기에서 A, B, C, D는 각각 명제입니다. 그리고 A와 C는 전건이고 B와 D는 후건입니다. B와 D는 같을 수도 있습니다. 조금 전에 말씀드렸듯이, 양도논법의 결론은 상대방을 논리적으로 궁지에 빠트립니다.

그런데 이 궁지로부터 벗어나는 세 가지 방법이 있습니다.

첫째 방법은 주어진 양도논법과 동일한 형식의 양도논법을 구성하여 '상대방을 논박하는 방법'입니다. 이 방법을 사용하면 상대방이 거꾸로 궁지에 몰리게 됩니다. '악어의 눈물' 이야기에서 어머니가 사용한 방법이 바로 이 방법입니다. 다른 예를 하나 들어 보겠습니다.

결혼하면 가족의 생계를 책임져야 하므로 고달프고, 결혼하지 않으면 가족이 없으므로 고독하다. (대전제)

우리는 결혼하거나 결혼하지 않는다. (소전제)

그러므로 우리는 고달프거나 고독하다. (결론)

고달프거나 고독하다는 궁지로부터 벗어나기 위해서는 다음과 같이 논박하면 됩니다.

결혼하면 가족이 있으므로 고독하지 않고, 결혼하지 않으면 가족의 생계를 책임질 일이 없으므로 고달프지 않다. (대전제)

우리는 결혼하거나 결혼하지 않는다. (소전제)

그러므로 우리는 고독하지도 않고 고달프지도 않다. (결론)

여러분도 짐작하셨겠지만, 상대방을 논박하기 위해서는 주어진 양도논법의 대전제를 주목해야 합니다. 대전제의 두 후건을 서로 교환하되 반드시 부정하여 교환해야 합니다. 소전제는 그대로 둡니다. 그렇게 하면 주어진 양도논법의 결론과는 정반대의 결론이 나옵니다. '상대방을 논박하는 방법'을 사용하기 위해서는 다음의 두 가지 조건을 만족시켜야 합니다. 첫째, 대전제의 두 전건이 반드시 모순관계에 있어야 합니다. 둘째, 대전제의 두 가언명제는 각각 전건이 정반대의 후건을 함의할 수 있어야 합니다.

둘째 방법은 '뿔 사이로 피하는 방법'입니다. 양도논법에서 뿔이란 대전제의 두 전건을 가리킵니다. 이 방법을 사용하기 위해서는 대전제의 두 전건이 모순관계에 있지 않아야 합니다. 다음의 양도논법이 그러한 경우입니다.

> 학생들이 공부하기를 좋아하면 시험제도는 필요 없고, 학생들이 공부하기를 싫어하면 시험제도의 효과가 없다. (대전제)
>
> 학생들은 공부하기를 좋아하거나 싫어한다. (소전제)
>
> 그러므로 시험제도는 필요 없거나 시험제도의 효과가 없다. (결론)

시험제도가 필요 없거나 시험제도의 효과가 없다는 결론에 동의하지 않기 위해서는, 이 양도논법의 두 뿔(전건) 혹은 소전제를 주목해야 합니다. '학생들이 공부하기를 좋아한다.'라는 전건과 '학생들이 공부하기를 싫어한다.'라는 전건은 분명히 모순관계에 있지 않습니다. 그렇다면 이 두 뿔 사이에 제3의 뿔이 존재할 수 있습니다. 그것은 바로 '학생들은 공부하기를 좋아하기도 하고 싫어하기도 한다.'라는 뿔입니다. 공부하기를 좋아하는 학생도 있고 공부하기를 싫어하는 학생도 있지만, 오히려 대다수의 학생은 제3의 뿔인 '공부하기를 좋아하기도 하고 싫어하기도 하는 학생'에 속할 것입니다. 이처럼 양도논법의 두 뿔 사이에 있는 제3의 뿔을 제시함으로써 궁지로부터 벗어나는 방법을 '뿔 사이로 피하는 방법'이라고 합니다.

셋째 방법은 '뿔로 잡는 방법'입니다. 이 방법을 사용하기 위해서는 대전제의 두 가언명제에서 전건과 후건 사이의 내용상의 관계에 주목해야 합니다. 다시 말해서, 전건과 후건이 내용상 필연적인 관계에 있지 않음을 주목해야 합니다. 다음의 양도논법을 통해서 '뿔로 잡는 방법'을 이해해 보기로 합시다.

> 성형수술이 진실을 감추기 위한 것이라면 성형수술을 받는 것은 부도덕한 행위이고, 성형수술이 남자의 환심을 사기 위한 것이라면 성형수술을 받는 것은 역시 부도덕한 행위이다. (대전제)
>
> 성형수술은 진실을 감추기 위한 것이거나 남자의 환심을 사기 위한 것이다. (소전제)
>
> 그러므로 어느 경우이든 성형수술을 받는 것은 부도덕한 행위이다. (결론)

성형수술을 받는 것이 부도덕한 행위라는 결론에 동의하지 않기 위해서는, 이 양도논법의 대전제에 나오는 전건과 후건의 관계를 살펴보아야 합니다. 성형수술이 진실을 감추기 위한 것이라 하더라도 성형수술을 받는 것이 반드시 부도덕한 행위일까요? 진실을 감추었기 때문에 관점에 따라서는 성형수술을 받는 것을 부도덕한 행위로 볼 수도 있습니다. 그러나 보기가 흉한 상처를 없애기 위하여 성형수술을 받는 것이 부도덕하지는 않습니다. 또 남자의 환심을 사기 위해서 성형수술을 받는다고 해서 반드시 부도덕한 행위일까요? 물론 순진한 남자를 유혹하기 위해서 성형수술을 받는다면, 그러한 행위는 부도덕할 수도 있습니다. 그러나 환심을 사기 위한 남자가 애인이거나 남편인 경우에는 성형수술을 받는 것이 부도덕하지는 않습니다. 이처럼 양도논법의 대전제에 나오는 전건과 후건이 필연적인 관계에 있지 않음을 지적하면서 궁지로부터 빠져나오는 방법이 바로 '뿔로 잡는 방법'입니다. 방금 제시되었던 양도논법의 경우에는 '뿔 사이로 피하는 방법'으로도 궁지를 벗어날 수 있습니다. 왜냐하면 '성형수술은 진실을 감추기 위한 것이다.'라는 뿔과 '성형수술은 남자의 환심을 사기 위한 것이다.'라는 뿔은 모순관계에 있지 않기 때문입니다. 두 뿔 사이에 존재하는 제3의 뿔로 우리는 '성형수술은 자기만족을 위한 것이다.', '성형수술은 자신감을 얻기 위한 것이다.' 등을 제시할 수 있습니다.

지금까지 궁지로부터 벗어나는 세 가지 방법에 대하여 말씀드렸습니다. 재미있는 예를 한 가지 더 말씀드리겠습니다. 1983년 멕시코에서 벌어진 세계 청소년 축구대회에서 우리나라가 4강에 진출한 적이 있습니다. 당시 필자는 박사과정을 이수하면서 경북대학교에서 '논리학'을 강의하고 있었습니다. 준결승전이 벌어지던 날, 필자는 강의실의 교탁 위에 놓여 있는 종이 한 장을 발견했습니다. 수강생 중의 누군가가 급하게 적어서 교탁 위에 올려놓은 것이었습니다. 온 국민의 관심이 중계방송에 쏠려 있던 그 시간, 학생들도 휴강하고 중계방송을 보고 싶었던 것입니다. 필자도 내심 중계방송을 보고 싶었던 터라, 종이에 적혀 있는 글을 핑계 삼아 휴강하고 학교 앞 다방에 가서 학생들과 함께 축구 경기를 시청했습니다. 안타깝게도 우리나라가 지고 말았습니다만, 휴강하자고 직접 말하지 않고, 글을 적어서 휴강하고 싶은 마음을 간접적으로 필자에게 전달한 학생의 애교스러웠던 모습이 지금도 잊히지 않습니다. 때마침 축구 경기가 있기 며칠 전 수업 시간에 필자는 학생들에게 양도논법에 대하여 설명해 준 적이 있습니다. 종이 위에는 다음과 같이 적혀 있었습니다.

애국심을 발휘하기 위해서 우리나라 선수들을 응원하려면 휴강하고 다 함께 중계방송을 시청해야 한다. 그리고 수업 시간 중에 많은 학생들이 이탈하는 것을 방지하려면 휴강하고 다 함께 중계방송을 시청해야 한다.

애국심을 발휘하기 위해서 우리나라 선수들을 응원해야 하거나 수업 시간 중에 많은 학생들이 이탈하는 것을 방지해야 한다.

그러므로 휴강하고 다 함께 중계방송을 시청해야 한다.

당시 수강생은 사범대학 학생들이었는데, 나중에 한 학생이 필자를 찾아와서 자기가 그 글을 적었다고 고백하면서 필자에게 검토를 부탁했습니다. 워낙 급하게 구성한 양도논법이라 깔끔하지는 않습니다. 바로 두 뿔 때문입니다. 그러나 그 긴박했던 순간에 양도논법을 구성하고자 시도했다는 사실에 필자는 감동을 받았습니다. 돌이켜보면, 당시 학생들의 수준이 상당했음을 알 수 있습니다.

설득적인 양도논법을 구성하기 위해서는 두 뿔이 모순관계에 있도록 해야 합니다. 이것이 불가능할 때에는, '성형수술은 진실을 감추기 위한 것이거나 남자의 환심을 사기 위한 것이다.'의 경우처럼, 두 뿔이 잘 대비될 수 있도록 해야 합니다. 학생이 구성한 양도논법에서 '애국심을 발휘하기 위해서 우리나라 선수들을 응원해야 한다.'라는 뿔과 '수업 시간 중에 많은 학생들이 이탈하는 것을 방지해야 한다.'라는 뿔은 모순관계에 있지 않을 뿐만 아니라, 두 뿔이 서로 잘 대비되지도 않습니다. 이 점을 제외한다면, 학생이 구성한 양도논법에는 별 문제가 없습니다.

이제 필자의 입장에서 '휴강하고 다 함께 중계방송을 시청해야 한다.'라는 궁지로부터 벗어나 보겠습니다. 두 가지 방법이 가능합니다. 우선 두 뿔이 모순관계에 있지 않으므로, 뿔 사이로 피할 수 있습니다. 그러나 문제가 발생합니다. 제3의 뿔이 다양하게 존재하는 것은 논리적으로 분명하지만, 조금 전에 말씀드린 것처럼, 두 뿔이 서로 잘 대비되지 않기 때문에 제3의 뿔을 제시하기가 쉽지 않다는 것입니다. 다음으로, 뿔로 잡는 방법을 사용하여 궁지로부터 벗어날 수 있습니다. 여기에는 별 문제가 없습니다. 애국심을 발휘하기 위해서 우리나라 선수들을 응원하려면 휴강하고 다 함께 중계방송을 시청할 수도 있지만, 반드시 그렇게 해야 하는 것은 아닙니다. 마음속으로 선수들을 응원한다면 휴강하지 않아도 되기 때문입니다. 또 수업 시간 중에 많은 학생들이 이탈하는 것을 방지하려면 휴강하고 다 함께 중계방송을 시청할 수도 있지만, 반드시 그렇게 해야 하는 것은 아닙니다. 이탈하는 학생들에게 불이익을 준다면 휴강하지 않아도 되기 때문입니다.

고대 그리스의 소피스트들은 양도논법을 즐겨 사용하였습니다. '악어의 눈물' 이야기도 소피스트 중의 어느 한 사람이 지어낸 이야기입니다. 그러나 아리스토텔레스는 양도논법을 달갑게 여기지 않았습니다. 그 이유는 다음과 같습니다. 양도논법의 대전제는 가언명제로 구성되어 있습니다. 가언명제에서 전건은 논리적으로 후건을 함의할 뿐이고, 내용상으로는 후건과는 아무런 상관이 없습니다. 그런데도 양도논법에서는 가언명제의 전건이 후건과 내용상 관련이 있는 것처럼 전제하고 있습니다. 그래서 양도논법의 결론으로부터 벗어나는 방법들이 가능하게 되는 것입니다. 물론 아리스토텔레스도 양도논법이 형식적으로는 타당하다는 점을 인정하고 있습니다. 그러나 양도논법이 형식적으로 타당하다고 해서 올바른 논증이 되는 것은 아닙니다. 이 점을 이해하기 위해서 다음의 예에 대해서 생각해 보기로 합시다.

어떤 것이 사실이라는 증거가 없다면, 그것은 사실이 아니다.
흡연이 암을 유발한다는 증거가 없다.
그러므로 흡연은 암을 유발하지 않는다.

이 논증은 형식적으로 타당합니다. 그러나 '어떤 것이 사실이라는 증거가 없다면, 그것은 사실이 아니다.'라는 대전제는 매우 의심스러운 전제이며, 거짓일 수도 있는 전제입니다. 다시 말해서, 대전제의 전건과 후건은 내용상 필연적인 관계에 있지 않습니다. 그런데도 이 논증에서는 '어떤 것이 사실이라는 것을 증명할 줄 모른다.'라는 전건이 '그것은 사실이 아니다.'라는 후건을 논리적으로 함의하는 것처럼 전제되고 있습니다. 그래서 이 논증은 오류를 범하고 있습니다. 논리학에서는 이러한 오류를 '무지로부터 논증하는 오류'라고 합니다. 양도논법의 대전제도 이와 유사합니다. 그래서 논리학자들은 모든 양도논법이 오류를 범하고 있는 것으로 간주합니다. 그 오류의 이름이 바로 '거짓 딜레마의 오류'입니다.

이제 앞에서 말씀드렸던 죄수의 딜레마로 돌아가겠습니다. 죄수 A의 입장을 양도논법의 형식으로 정확하게 재구성하면 다음과 같습니다.

합의하지 않은 상황에서 죄수 B가 자백한다면, 죄수 A는 자백하여 10년형을 선고받거나 함구하여 30년형을 선고받아야 하기 때문에 보다 적은 형을 선고받기 위해서는 자백하지 않을 수 없다. 그리고 합의하지 않은 상황에서 죄수 B가 함구한다면, 죄수 A는 자백하여 풀려나거나 함구하여 3일간의 구류를 살아야 하기 때문에 보다 적은 형을 선고받기 위해서는 자백하지 않을 수 없다. (대전제)

합의하지 않은 상황에서 죄수 B가 할 수 있는 것은 자백하거나

함구하거나 둘 중의 어느 하나이다. (소전제)

합의하지 않은 상황에서 죄수 B가 자백하든 함구하든 죄수 A가 선택할 수 있는 최선의 전략은 자백하는 것이다. (결론)

죄수 B의 입장에서도 똑같은 양도논법을 구성할 수 있습니다. 따라서 죄수 B 역시 자백하는 것을 최선의 전략으로 선택할 것입니다. 다시 말해서, 사전에 합의를 하지 않은 상황에서 두 사람의 죄수가 선택할 수 있는 최선의 전략은 기껏해야 다 같이 자백하는 것이며, 그 결과 두 사람 모두 10년형을 선고받게 됩니다. 이것이 바로 두 사람을 딜레마(궁지)에 빠지게 하는 것입니다.

그러나 두 사람이 사전에 다 같이 함구하기로 합의하여 두 사람 모두 3일간의 구류만 살고 풀려나는 방법이 있습니다. 이 방법이 바로 앞에서 말씀드렸던 '뿔 사이로 피하는 방법'입니다.

현대사회가 겪는 대부분의 사회적 갈등은 죄수의 딜레마와 비슷한 형국으로 볼 수 있으며, 사회적 갈등을 해소하는 유일한 방법은 '사회적 합의'를 이끌어 내는 것임을 명심해야 합니다.

전제는 앞에 있고 결론은 뒤에 있는 걸까요?

논증한다는 것은 근거 혹은 이유를 제시하면서 필자나 화자의 주장을 정당화하는 것입니다. 이때 우리의 생각이 마땅히 따라야 할 원리와 규칙을 위반하지 않으면서 논증이 전개된다면, 그러한 논증을 포함하고 있는 글은 '논리적'이라고 할 수 있습니다. 따라서 '논리적'이라는 말은 '올바르게 논증을 전개하고 있음'을 의미하게 됩니다. 다시 말해서, 어떤 글이 논리적이기 위해서는 논증적이기도 해야 하지만, 반드시 올바른 논증을 포함하고 있어야 합니다. 그렇다면 논증이란 무엇이며, '올바른 논증'이란 과연 어떤 논증을 의미할까요?

올바른 논증에로 나아가기 전에 논증의 있고 없음에 대하여 먼저 생각해 보기로 합시다. 예를 들어, "투견을 집에서 기르는 것은 불법행위이다."라고 말하는 것은 그 자체로서는 논증이 아닙니다. 그 반면에 "투견은 위험한 동물이기 때문에 투견을 집에서 기르는 것은 불법행위이다.""라고 말한다면, 무엇인가를 논증적으로 주장하고 있다고 볼 수 있습니다. 다시 말해서, 투견이 위험한 동물이라는 이유를 제시함으로써, 투견을 집에서 기르는 것은 불법행위라는 주장을 입증하는 단계에로 한걸음 다가가게 되는 것입니다. 물론 투견이 위험한 동물이라는 이유는 '투견을 집에서 기르는 것은 불법행위이다.'라고 주장하기 위한 여러 가지 이유 중의 하나일 뿐입니다. 필자나 화자는 글이나 말을 확장해 가면서 더 많은 이유를 제시해야 할 것입니다. 그리고 필자나 화자는 투견이 왜 위험한 동물인지에 대해서도 설명할 수 있어야 합니다. 가령 필자나 화자는 투견에 물린 사람들의 사례를 들 수도 있고, 투견과 맞닥트린 사람의 생생한 증언을 제시할 수도 있으며, 과학적 데이터에 근거하여 애완견과는 달리 투견의 턱이 엄청나게 센 힘을 발휘한다고 설명할 수도 있을 것입니다.

조금 전에 우리는 '이유'와 '주장'이라는 표현을 사용했습니다. 논리학에서는 이들을 각각 '전제'와 '결론'이라고 명명합니다. 발생적 순서를 따지자면 분명히 주장이 먼저 있고, 그다음에 그 주장을 뒷받침하는 이유 혹은 근거가 제시됩니다. 그래서 논증을 분석할 때에도 언제나 주장(결론)을 먼저 찾아내고 그다음에 그렇게 주장하는 이유(전제)를 찾아야 합니다. 그러나 논리적 관점에서 보면, 전제가 없이는 결론이 도출될 수 없습니다. 이런 의미에서 전제는 언제나 결론보다 먼저 존재합니다. 전제의 한자어인 '前提'나 영어인 'premise'에서 '前'이나 'pre-'도 전제가 결론보다 앞서 존재한다는 것을 가리킵니다. 그러나 이때 전제는 결론보다 시간적·공간적으로 앞서는 것이 아니라, 논리적으로 앞서는 것임을 유의해야 합니다. 한자에는 '논리적 앞섬'을 의미하는 글자가 없습니다. 그래서 일본 학자들이 도리 없이 '앞 전'前자를 사용하여 '전제'라고 번역했던 것으로 추정됩니다. 그리고 전제는 결론을 뒷받침하는 이유 혹은 근거이기 때문에, 필자나 화자는 전제를 명료하게 표현하여야 합니다. 다시 말해서, 전제는 비유적이거나 상징적이어서도 안 되고, 애매하거나 모호해서도 안 됩니다.

논증은 전제와 결론으로 구성됩니다. 그리고 모든 논증에는 반드시 한 개의 결론이 포함되어 있으며, 적어도 한 개 이상의 전제가 포함되어 있습니다. 그렇다면 어느 진술이 결론이고 어느 진술(들)이

전제인지를 확인하는 방법은 무엇일까요? 분명한 것은 진술의 위치에 의해서 확인할 수는 없다는 사실입니다. 또 결론인 진술에 전제인 진술과 구별되는 어떤 특징이 있는 것도 아닙니다. 우리가 전제와 결론을 확인할 수 있는 첫 번째 방법은 진술들이 논증 안에서 사용되고 있는 방식입니다. 어떤 진술(들)이 어느 하나의 진술에로 이끌리고 있다면, 전자가 전제(들)이고 후자가 결론입니다. 다음으로 전제와 결론을 확인하는 데 중요한 실마리가 되는 것은 지시어입니다. 모든 논증이 지시어를 포함하고 있는 것은 아니지만, 논증에 지시어가 나타나 있을 때에는 그 지시어에 의해서 전제와 결론을 확인하면 상당히 신뢰할 만한 결과를 얻을 수 있습니다. 전제 지시어로는 '~이기 때문에', '~에 비추어 볼 때', '~로부터 알 수 있듯이', '~라는 가정하에서' 등이 있고, 결론 지시어로는 '그러므로', '따라서', '결과적으로', '결론적으로', '~을 함의한다' 등이 있습니다.

연역논증과 귀납논증의 차이가 무엇일까요?

논증은 연역적 논증과 귀납적 논증으로 구분됩니다. 이 구분에 대하여 살펴보기 전에 알아 두어야 할 것이 한 가지 있습니다. '논리' 혹은 '논리적'이라는 말이 스스로 존재할 수 없고 글이나 말을 담지자로 하여 그 술어로서만 존재하듯이, '연역', '연역적', '귀납', '귀납적'이라는 말도 논증을 담지자로 하여 그 술어로서만 존재합니다. 물론 논증은 다시 글이나 말을 담지자로 하여 그 술어로서만 존재합니다. 따라서 '연역', '연역적', '귀납', '귀납적'이라는 말도 결국은 생각을 표현하고 있는 말과 글에 대해서만 사용할 수 있는 말들이라는 것을 알 수 있습니다.

전통적으로 논리학자들은 연역적 논증과 귀납적 논증을 다음과 같이 구별했습니다. 귀납적 논증은 부분으로부터 전체에로, 특수한 것들로부터 일반적인 것들에로, 개별자로부터 보편자에로 나아가는 논증이며, 연역적 논증은 이와는 반대 방향으로 나아가는 논증이라는 것이지요. 이러한 구별은 틀린 것은 아니지만, 정확한 구별인 것도 아닙니다. 왜냐하면 특수한 것들로부터 역시 특수한 것에로 나아가는 귀납적 논증도 있고, 일반적인 것들로부터 역시 일반적인 것에로 나아가는 연역적 논증도 있기 때문입니다. 그래서 현대의 논리학자들은 전제가 결론을 뒷받침하는 정도에 따라 연역적 논증과 귀납적 논증을 구별합니다. 이 구별에 따르면, 전제들이 결론을 뒷받침하기 위한 절대적인 근거를 제공하고 있는 논증은 연역적 논증이고 그렇지 않은 논증은 귀납적 논증입니다. 다시 말해서, 전제로부터 결론이 반드시 나오는 논증은 연역적 논증이고 전제로부터 결론이 나오지 않을 가능성이 조금이라도 있는 논증은 귀납적 논증입니다. 이런 의미에서 연역적 논증은 필연적 논증이고 귀납적 논증은 개연적 논증이라고 할 수 있습니다.

영어로는 연역적 논증을 'deductive argument', 귀납적 논증을 'inductive argument'라고 합니다. 영어로는 어원상 양자가 유사하다는 것을 알 수 있습니다. 그런데 일본 학자들이 '演繹'연역과 '歸納'귀납이라는 한자어를 조어造語해서 번역하는 바람에 어원상의 유사성이 은폐되어 버린 것입니다. 그리고 귀납적 논증을 개연적 논증이라고 할 때, '개'는 한자로 '뚜껑 개'蓋자를 씁니다. 이 글자 역시 일본 학자들이 고심해서 찾아낸 글자입니다. 연역적 논증은 전제로부터 결론이 반드시 나오도록 되어 있다는 의미에서 빈틈이 전혀 없는 필연적 논증인 반면에, 귀납적 논증은 뚜껑이 있어서 어디엔가 틈이 생길 수 있다는 의미에서 개연적 논증이라는 것입니다.

일반적으로 귀납적 논증보다는 연역적 논증이 더 많이 사용됩니다. 앞의 어디에선가 제시되었던 '투견은 위험한 동물이기 때문에 투견을 집에서 기르는 것은 불법행위이다.'라는 논증도 연역적 논증입니다. 왜냐하면 '위험한 동물'이라는 보다 큰 부류로부터 '투견'이라는 종種에로 논증이 진행되고 있기 때문입니다. 그리고 이 논증은 수사학적인 효과 때문에 글이나 말에서 자주 사용되는 약식논증의 한 예기도 합니다. 대부분의 약식논증에서는 전제나 결론을 가리키기 위하여 '왜냐하면', '~이기 때문에', '그러므로', '그래서', '따라서' 등과 같은 표현이 나타납니다. 약식논증의 타당성을 평가하는 방법 중의 하나는 약식논증을 '삼단논법'으로 분석하는 것입니다. 투견에 관한 논증을 타당한 삼단논법으로 분석해 보면 다음과 같습니다.

> 위험한 동물을 기르는 것은 불법행위이다.
>
> 투견은 위험한 동물이다.
>
> 그러므로 투견을 기르는 것은 불법행위이다.

여기에서 우리는 이 논증이 전체로부터 부분에로, 즉 위험한 동물들로부터 투견에로 진행되고 있음을 알 수 있습니다. 우리는 또 여기에서 애초의 논증이 '위험한 동물을 기르는 것은 불법행위이다.'라는 전제를 진술하지 않고 있음을 알 수 있습니다. 앞에서도 말했듯이, 수사학적인 측면에서 이 전제는 진술하지 않는 것이 더 낫습니다. 중요한 것은 진술되지 않은 전제가 과학적으로 참이든가 인문학적·사회학적으로 수용될 수 있는 전제이어야 한다는 것입니다. 물론 약식으로 논증을 전개하면서 진술하지 않은 전제의 내용이 무엇인지를 화자나 필자 자신도 모르는 경우가 많습니다. 그렇기 때문에 화자나 필자는 스스로 자기의 말이나 글을 분석하여 진술하지 않은 전제가 별다른 이의 없이 많은 사람들에 의하여 수용될 수 있는지의 여부를 검토해야 합니다.

이제 우리는 올바른 논증이란 어떤 논증인가의 물음으로 되돌아가 봅시다. 방금 살펴본 바와 같이 연역적 논증의 경우에 올바른 논증은 우선 '타당한'valid 논증이어야 합니다. 일상적인 담화에서 우리는 특정한 진술이나 신념에 대해서 '타당하다'라는 말을 사용하지만, 이때 '타당하다'라는 말은 그 진술이나 신념이 '참인'true 진술이나 신념이라는 것을 의미합니다. 그러나 일상적인 담화에서와는 달리, 논리학에서 '타당하다'라는 말은 전제(들)로부터 결론이 반드시 도출된다는 것을 의미합니다. 다시 말해서, 논리학적 차원에서 타당성이란 전제나 결론의 실제 내용과는 상관없이, 만약 전제가 참이라면 전제가 참이라는 바로 그 사실로 말미암아 결론도 반드시 참이 되어야 하는 형식적 관계를 의미할 뿐입니다. 따라서 화자나 필자가 자기의 논증이 타당한지를 확인하기 위해서는 전제들을 모두 참이라고 가정한 다음에, 그러한 가정하에서 결론도 참이 되는지를 알아보면 됩니다.

그런데 '좋은'good 논증은 타당한 논증임과 동시에 '진술된 전제이든 진술되지 않은 전제이든 과학적으로 참인 전제 혹은 인문학적·사회학적으로 수용될 수 있는 전제로부터 출발해야 한다.'라는 조건을 만족시켜야 합니다. 엄밀히 말하자면, 이 조건을 만족시키는 일은 논리학자의 임무가 아닙니다. 왜냐하면 논리학자가 다양한 분야의 지식을 모두 섭렵한다는 것은 불가능하기 때문이지요. 그럼에도 불구하고 논리학적 탐구 자체가 아니라 올바르게 논증하는 것이 목적이라면, 화자나 필자는 각자의 지식수준에서 가능한 한 이 조건을 만족시키고자 노력해야 할 것입니다.

귀납적 논증에 대해서는 '타당하다'라는 말을 사용할 수가 없습니다. 왜냐하면 귀납적 논증에서는 전제들로부터 결론이 필연적으로 도출될 수 없기 때문입니다. 귀납적 논증에서는 결론이 도출될 개연성을 높이는 것이 최대의 관건입니다. 따라서 귀납적 논증의 경우에 올바른 논증은 상대적으로 개연성이 높은 논증이라고 할 수 있습니다. 귀납적 논증의 상대적 개연성에 영향을 미치는 요소로는 전제들의 수, 전제와 결론의 유사성, 전제들 간의 유사성과 비유사성, 결론에 결정적으로 영향을 미치는 요인 등 여러 가지가 있습니다.

논증에 관한 지식은 어떤 종류의 글이든 글을 쓰는 필자에게 많은 도움을 줍니다. 왜냐하면 논증을 이해하고 있는 사람은 글을 쓰면서 혹은 쓰고 난 후에 스스로 자기의 글을 논증적으로 분석할 수 있기 때문입니다.

이제 우리는 논증적으로 글을 쓰기 전에 필자가 미리 알고 있어야 할 몇 가지 사항에 대하여 살펴보기로 합시다.

첫째, 결론은 글의 어느 위치에 있어도 상관없습니다. 글을 쓰다 보면 결론을 먼저 진술하고 나서 그 결론을 뒷받침하는 이유 혹은 근거를 제시할 수도 있고, 그 반대의 경우도 가능합니다. 글의 중앙에 결론이 진술되어 있어도 무방합니다.

둘째, 필자는 전제나 결론만을 단독으로 진술하는 것보다 논증을 구성하는 일이 훨씬 더 어렵다는 것을 알아야 합니다. 단순히 결론을 진술하는 것이 논증하고 있음을 의미하는 것은 아니기 때문입니다. 논증은 하지 않고 이곳저곳에 여러 가지 주장을 펼쳐 놓는 사람도 있습니다. 그러한 경우에 그 필자는 어떤 명제가 참이라는 것을 주장하거나 전제는 없이 결론만을 제공하고 있을 뿐입니다. 상세하게 논증할 필요가 없을 정도로 명백한 주장이어서 논증하는 것이 오히려 독자에게 웃음거리가 될 것을 우려하여 논증을 하지 않아도 된다고 생각하는 사람도 있습니다. 결론을 뒷받침할 전제를 찾지 못해서 온갖 미사여구를 동원하여 독자를 기만하고 결론을 밀어붙이는 사람도 있습니다. 또 실제로는 논증을 하지 않으면서 논증하는 것처럼 글을 쓰는 사람도 있습니다. 가령 '오늘 비가 오면, 나는 막걸리를 마신다.'라는 조건 진술에 대해서 생각해 봅시다. 얼핏 보면 이 조건 진술을 통해서 무엇인가 논증되고 있는 것처럼 보이지만, 사실 조건 진술에는 아무런 논증도 포함되어 있지 않다는 것을 알아야 합니다.

셋째, 필자는 명령문에도 논증이 포함되어 있지 않다는 것을 알아야 합니다. 가령 '조국은 그대를 버리지 않았다. 그러므로 그대는 조국에 충성하라.'라는 주장을 살펴보면, 얼핏 보기에 이 주장에는 논증이 포함되어 있는 것처럼 보입니다. 그러나 명령문은 참도 아니고 거짓도 아니기 때문에, 우리는 이 주장의 타당성을 확인할 수 없습니다. 따라서 이 주장에는 논증이 전혀 포함되어 있지 않습니다.

넷째, 필자는 인과적 진술을 인과적 논증과 혼동해서는 안 됩니다. 다음의 두 진술을 비교해 봅시다.

> 내 차는 점화장치에 문제가 있기 때문에 시동이 걸리지 않을 것이다.
>
> 내 차는 점화장치에 틀림없이 문제가 있다. 왜냐하면 시동이 걸리지 않기 때문이다.

첫 번째 진술은 인과적 진술이기 때문에 논증이 아닙니다. 이 진술을 하는 필자는 점화장치에 문제가 있다는 것을 이미 알고서 시동이 걸리지 않는 이유가 바로 점화장치 때문이라고 주장하고 있습니다. 이 주장은 사실을 있는 그대로 진술하고 있기 때문에 참인 진술입니다. 그 반면에 두 번째 진술에는 인과적 논증이 포함되어 있습니다. 왜냐하면 이 진술을 하는 필자는 시동이 걸리지 않는다는 전제로부터 점화장치에 문제가 있다는 결론을 내리고 있기 때문입니다. 이 진술의 경우에는 참, 거짓이 문제되는 것이 아니라 타당성 여부가 중요합니다. 인과적 논증은 연역적 논증이 아니라 귀납적 논증입니다. 왜냐하면 시동이 걸리지 않는다는 전제로부터 점화장치에 문제가 있다는 결론이 반드시 나오는 것은 아니기 때문입니다.

다섯째, 논증적 글쓰기를 할 때 필자의 입장만을 제시하는 것은 좋지 않습니다. 상대편의 주장이 왜 타당하지 않은지를 논증할 수 있어야 합니다. 그렇게 하기 위해서는 상대편의 주장과 그 근거를 체계적으로 검토하고 분석해야 합니다. 상대편의 주장을 논증적으로 반박하는 것은 독자에게 필자의 입장을 각인시키는 데 결정적인 역할을 합니다.

아리스토텔레스는 자신의 저서 『수사학』Ars rhetorica에서 화자나 필자가 증거(이유, 전제)를 제시함으로써 청중이나 독자를 설득하는 세 가지 방식에 대하여 말하고 있습니다. 첫째 방식은 논증을 통하여 전제를 이해시키는 것이고, 둘째 방식은 청중이나 독자의 마음을 움직이게 하는 것이며, 셋째 방식은 청중이나 독자가 화자나 필자를 신뢰하게 하는 것입니다. 첫째 방식은 청중이나 독자의 이성적 사유, 즉 로고스logos에 호소하는 것이고, 둘째 방식은 청중이나 독자의 감성적 정서, 즉 파토스pathos에 호소하는 것이며, 셋째 방식은 화자나 필자 자신의 도덕적 실천, 즉 에토스ethos에 호소하는 것입니다. 둘째 방식과 셋째 방식은 논증을 필요로 하지 않습니다.

가언논증에 대하여

논리학에는 '가언명제'假言命題라는 것이 있습니다. 가언명제는 'p이면, q이다.'라는 형식의 가정법 문장에 얹혀 있습니다. 가언명제 그 자체는 복합명제이지만, p와 q는 각각 단순명제입니다. 그리고 가언명제 내에서 p는 '전건'前件, q는 '후건'後件이라고 부릅니다.

일상적인 가정법 문장에서는 대개 전건과 후건 사이에 모종의 관계가 있음을 암시합니다. 가령 '담배를 많이 피우면, 폐암에 걸린다.'라는 문장은 전건과 후건 사이에 인과관계가 있음을 암시합니다. 그러나 논리학적 차원에서는 전건과 후건 사이에 아무런 관계가 없는 경우에도 가언명제가 존재할 수 있습니다. 가령 '2+2=4라면, 이승만은 대한민국의 초대 대통령이다.'라는 문장에도 가언명제가 얹혀 있다는 것입니다. 가언명제의 진리치는 단순명제의 진리치에 의해서 결정됩니다. 전건도 참이고 후건도 참이라면, 가언명제도 참이 됩니다. 그러나 전건은 참인데 후건이 거짓이라면, 가언명제는 거짓이 됩니다. 그리고 전건이 거짓인 경우에는 후건이 참이든 거짓이든 가언명제는 참이 됩니다. 요약하자면, 전건이 참이고 후건이 거짓인 경우에만 가언명제가 거짓이고, 나머지의 경우는 모두 참이 됩니다. 왜 그럴까요?

방금 말씀드린 것이 약간 복잡한 느낌을 줍니다만, 재미있는 예를 통해서 가언명제의 진리치에 대해서 살펴보겠습니다.

혼기婚期를 놓친 노처녀가 점쟁이를 찾아갔습니다. 점쟁이는 노처녀에게 "남쪽으로 가면, 백마를 타고 있는 왕자를 만날 수 있다."라고 말했습니다. 이때 점쟁이의 말이 거짓일 가능성은 논리적으로 25%에 불과합니다. 왜냐하면 남쪽으로 갔는데 왕자를 만나지 못했다면 점쟁이의 말은 거짓이 되지만, 그 나머지의 모든 경우에는 점쟁이의 말이 참이기 때문입니다. 남쪽으로 가지 않았을 경우에는 왕자를 만나든 못 만나든 점쟁이의 말은 거짓이 되지 않습니다. 왜냐하면 점쟁이는 남쪽으로 가지 않았을 경우에 대해서는 아무런 언급도 하지 않았기 때문입니다. 이처럼 가언명제는 그 논리적 형식상 전건이 참이고 후건이 거짓일 경우에만 거짓이 됩니다.

가언이니 전건이니 후건이니 하는 말들은 모두 일본 학자들이 서양말을 한자로 조어해서 번역한 말들입니다. 그래서 우리에게는 쉽게 와 닿지 않는 말들입니다. 그렇지만 아주 재미있는 하나의 논리형식을 이해하기 위해서 이 말들을 그대로 사용하면서 말씀드리겠습니다. 가언명제로부터 출발해서 결론을 이끌어 내는 삼단논법적 연역논증을 가언논증이라고 합니다. 다음의 예에 대해서 생각해 보기로 합시다.

> 오늘 비가 오면, 나는 술 마시러 간다. (대전제)
> 오늘 비가 온다. (소전제)
> 그러므로 나는 술 마시러 간다. (결론)

이 논증을 분석해 보면, 이 논증을 전개한 사람은 소전제에서 대전제의 전건을 긍정하고 나서 대전제의 후건을 결론으로 이끌어 내고 있습니다. 조금만 생각해 보면 이 논증이 타당한 연역논증임을 알 수 있습니다. 왜냐하면 대전제에서 비가 오면 술 마시러 간다고 했는데, 소전제에서 비가 온다고 하니 술 마시러 간다는 결론은 필연적으로 나올 수밖에 없기 때문입니다. 논리학에서는 이 타당한 가언논증을 '전건긍정식'이라고 부릅니다. 그러나 다음의 경우에는 사정이 달라집니다.

> 오늘 비가 오면, 나는 술 마시러 간다. (대전제)
> 나는 술 마시러 간다. (소전제)
> 그러므로 오늘 비가 온다. (결론)

이 논증을 분석해 보면, 이 논증을 전개한 사람은 소전제에서 대전제의 후건을 긍정하고 나서 대전제의 전건을 결론으로 이끌어 내고 있습니다. 이 논증은 타당하지 않습니다. 왜냐하면 대전제에서 비가 오면 술 마시러 간다고 했지, 술 마시러 가면 비가 온다고 하지는 않았기 때문입니다. 물론 술 마시러 갔는데, 우연히 비가 올 수는 있습니다. 그러나 대전제로부터 반드시 비가 온다는 결론을 이끌어 낼 수는 없습니다. 이런 의미에서 이 논증은 타당하지 않다는 것입니다. 논리학에서는 이 논증이 범하고 있는 오류를 '후건긍정의 오류'라고 부릅니다. 계속해서 다음의 논증에 대해서 생각해 보기로 합시다.

> 오늘 비가 오면, 나는 술 마시러 간다. (대전제)
> 나는 술 마시러 가지 않았다. (소전제)
> 그러므로 오늘 비가 오지 않았다. (결론)

이 논증을 분석해 보면, 이 논증을 전개한 사람은 소전제에서 대전제의 후건을 부정하고 나서 대전제의 전건을 부정하는 결론을 이끌어 내고 있습니다. 조금만 생각해 보면 이 논증이 타당한 연역논증임을 알 수 있습니다. 왜냐하면 대전제에서 비가 오면 술 마시러 간다고 했는데, 술 마시러 가지 않았다는 것은 논리적으로 분명히 비가 오지 않았다는 것을 의미하기 때문입니다. 논리학에서는 이 타당한 가언논증을 '후건부정식'이라고 부릅니다. 그러나 다음의 경우에는 사정이 달라집니다.

오늘 비가 오면, 나는 술 마시러 간다. (대전제)
오늘 비가 오지 않는다. (소전제)
그러므로 나는 술 마시러 안 간다. (결론)

이 논증을 분석해 보면, 이 논증을 전개한 사람은 소전제에서 대전제의 전건을 부정하고 나서 대전제의 후건을 부정하는 결론을 이끌어 내고 있습니다. 이 논증은 타당하지 않습니다. 왜냐하면 대전제에서 비가 오면 술 마시러 간다고 했지, 비가 오지 않으면 어떻게 한다고 말한 적이 없기 때문입니다. 따라서 술 마시러 안 간다는 결론은 대전제와 소전제로부터 반드시 나오는 것이 아닙니다. 비가 오지 않을 경우, 술 마시러 가든 말든 대전제와는 아무런 상관이 없습니다. 이런 의미에서 이 논증은 타당하지 않다는 것입니다. 논리학에서는 이 논증이 범하고 있는 오류를 '전건부정의 오류'라고 부릅니다.

이상에서 살펴본 것처럼 가언논증에는 타당한 형식도 있고 타당하지 않은 형식도 있습니다. 전건긍정식과 후건부정식은 왜 타당한지, 그리고 오류를 범하는 논증형식은 왜 타당하지 않은지를 생각해 보면, 논리적 사고가 어렵지 않고 오히려 매우 흥미롭다는 사실을 발견할 것입니다. 우리는 지금도 일상적으로 가언논증을 많이 접할 수 있습니다만, 이미 오래전에 고대 철학자들이 이 가언논증의 형식을 발견했습니다.

플라토닉 러브가 어떤 것일까요?

'플라토닉 러브'platonic love라는 말을 처음으로 사용한 사람은 르네상스 시대인 15세기, 이탈리아 피렌체 출신의 플라톤주의 철학자 마르실리오 피치노Marsilio Ficino, 1433~1499입니다. 피치노는 처음에는 아리스토텔레스의 철학을 공부하였으나 후에 플라톤 철학을 연구하여, 플라톤과 그의 후계자들의 저서를 라틴어로 번역하고 주해하는 데 힘쓴 인물입니다.

피치노는 플라톤의 대화록『향연』Symposion도 번역하고 주해하였습니다.『향연』의 등장인물 중에는 소크라테스의 젊은 제자 알키비아데스도 있습니다. 알키비아데스는 소크라테스가 자기에게 관심을 보이는 것으로 생각하면서 소크라테스를 흠모합니다. 그래서 여러 차례 유혹을 하며 접근하지만, 알키비아데스가 기대한 동성 간의 육체적 사랑은 이루지 못합니다. 오히려 소크라테스는 알키비아데스와 침대에 누워 대화를 하면서 정신적 사랑을 베풀고자 합니다. 피치노는 소크라테스와 젊은 제자 알키비아데스 간의 이와 같은 특별한 애정관계 혹은 노인과 미소년 간의 특별한 애정관계를 라틴어 '아모르 플라토니쿠스'amor platonicus로 표현했던 것입니다. '아모르 플라토니쿠스'는 '아모르 소크라티쿠스'amor socraticus와 동의어로 사용되기도 합니다. 영어의 '플라토닉 러브'platonic love는 피치노가 사용한 라틴어 '아모르 플라토니쿠스'amor platonicus를 번역한 말입니다. 여하튼 피치노의 '아모르 플라토니쿠스'에서 가장 중요한 것은, 상대방의 육체적 매력보다 품성과 지성의 아름다움을 더 사랑한다는 것입니다.

17세기가 되면 영국의 극작가 윌리엄 대버넌트William Davenant, 1606~1668가 『플라톤적 연인들』Platonic Lovers, 1636라는 책을 출간합니다. 이때부터 영국 왕실에서는 '플라토닉 러브'라는 말이 유행하게 됩니다. 특히 찰스 1세의 부인 헨리타 마리아와 그 주변 인물들 사이에서 유행했다고 합니다. 남편이 전쟁터에 나간 사이에 귀족 부인들은 경호원들과 직접 만나지는 못하고 먼발치에서 정신적으로 주고받는 애틋한 사랑을 나눴습니다. 이를 '플라토닉 러브'라고 불렀던 것입니다. 오늘날 우리가 사용하는 '플라토닉 러브'라는 말의 뜻도 이와 비슷합니다.

역사적으로 '플라토닉 러브'라는 말의 참뜻이 왜곡되어 왔음을 알 수 있습니다. 처음 이 말을 사용한 피치노는 상대방의 육체적 매력보다 품성과 지성의 아름다움에 이끌려 사랑하는 것이 '플라토닉 러브'라고 했습니다. 그러나 오늘날에는 육체적 교류가 없는 정신적 사랑이라는 의미로 '플라토닉 러브'라는 말을 사용하고 있습니다.

참고로 플라톤이 자신의 대화록 『향연』에서 전개하고 있는 '에로스'eros에 대하여 잠시 살펴보겠습니다. 플라톤의 철학에서 가장 중요한 개념은 '이데아'인데, 이데아는 영원하고 불변적인 존재자를 가리킵니다. 따라서 변화하는 모든 것들보다 더 진실한 존재자가 바로 이데아입니다. 이 이데아를 우리 인간이 인식하기 위해서는 이데아를 그리워하고 사모하는 마음이 필요합니다. 이 마음이 바로 에로스, 즉 사랑이지요. 그런데 우리 인간은 가변적이고 불완전하기 때문에 혼자서는 이데아를 인식하기가 어렵습니다. 에로스를 사모하는 두 사람 혹은 여러 사람이 서로 돕고 의견을 조율하면서 함께 이데아를 향하여 나아가야 합니다. 이때 두 사람 혹은 여러 사람은 반드시 남녀의 관계가 아니어도 무방합니다. 여기까지가 플라톤의 사상입니다.

문제는 이와 같은 플라톤의 사상에 대한 현대인들의 해석입니다. 원래의 에로스는 이데아를 향한 것이었는데, 이것이 이데아를 향하고 있는 사람들 특히 남녀 상호 간의 관계로 해석된 것입니다. 물론 이러한 해석이 틀린 것은 아닙니다. 중요한 것은 플라톤이 이데아라고 하는 정신적 존재자를 물질적이고 육체적인 것보다 우선했다는 점에 착안하여 남녀 간의 사랑에서 육체적 교류 없는 정신적 사랑이 더 고귀하고 가치 있는 것으로 해석됐다는 점입니다. 그리고 17세기 이후 이러한 사랑을 바로 '플라토닉 러브'라고 명명하게 된 것입니다.

그러나 플라톤의 철학에서는 육체와 정신이 분리해서 존재하는 것이 아니며, 굳이 육체와 정신을 이론적으로 분리한다면 정신이 더 가치 있는 존재자가 됩니다. 따라서 플라톤 당시의 동성애는 오늘날의 난잡한 호모섹스와는 달리 육체적인 교류 그 자체에 초점이 놓여 있었던 것이 아니라, 육체적인 교류와 더불어 서로 의견을 조율하면서 불변적이고 정신적인 존재자, 즉 이데아를 인식하기 위한 과정으로서의 의미가 더 컸던 것입니다. 오늘날 바로 이 점이 오해되고 있는 것입니다. 또 다른 하나의 오해는, 앞에서도 지적했듯이, 육체적 교류 없는 순수한 정신적 사랑이라는 발상이 마치 플라톤에게서 유래한 것처럼 생각해 왔고 그 때문에 '플라토닉 러브'라는 명칭을 사용해 왔다는 것입니다.

미메시스가 궁금해요?

중세 사람들은 그리스어 '미메시스'를 'imitatio'라는 라틴어로 번역하였습니다. 그 결과 미메시스가 영어로는 자연스럽게 'imitation'으로 번역되었고, 우리말로도 미메시스를 '모방'이라고 번역하여 사용하는 것이 관례였습니다. 심리학에는 '모방심리'라는 말이 있습니다. 모방심리에서 비롯된 '모방범죄'라는 말도 있지요. 이때 '모방'이라는 말은 주로 어떤 사실이나 사건에 대한 모방을 의미합니다. 이런 의미에서의 모방은 '가짜' 혹은 '모조품'이라는 뉘앙스를 강하게 풍깁니다. 그러나 그리스어 '미메시스'는 이런 의미의 모방은 아닙니다. 그래서 '모방'이라는 말 대신에 '재현'representation이라는 말을 사용하는 학자들도 많습니다. 영어 동사 'represent'의 용법이 다음과 같이 다양하기 때문입니다. '국회의원은 자기의 선거구민을 대표한다represent.' '그림은 대상을 묘사한다represent.' '상표는 상품을 상징한다represent.' 물론 이때 재현이라는 말이 이미 있었던 사건을 재구성한다는 의미에서의 '재현'은 아닙니다.

그렇다면 미메시스는 어떤 의미에서의 재현일까요? 고대 그리스의 철학자 플라톤과 아리스토텔레스는 '재현'에도 여러 가지의 의미가 있음을 간파하고 있었습니다. 시인은 시를 통하여 인간의 삶을 재현하고 화가는 그림을 통하여 사물의 참모습을 재현합니다. 사물의 본질은 이름에 의해서 재현되고 영원은 시간에 의해서 재현됩니다. 음악가는 소리의 조화를 재현하고 선한 사람은 덕을 재현합니다. 이처럼 무엇을 재현하는가에 따라서 '재현'의 의미와 목적도 달라진다는 것을 알 수 있습니다.

그러나 플라톤은 모든 재현의 목적이 이데아를 재현하는 데 있다고 보았으며, 아리스토텔레스는 자연을 재현하는 것이 모든 재현의 목적이라고 보았습니다. 플라톤의 입장에서 보면 이데아를 완벽하게 재현하는 것은 불가능합니다. 그래서 플라톤은 그 무엇을 재현하는 활동(오늘날의 용어로 말하자면, 모든 예술 활동과 문학 활동)에 특별한 가치를 부여하지 않았습니다. 그 반면에 아리스토텔레스는 이성적 생명존재로서의 우리 인간은 재현 활동을 통해서 즐거움을 얻는다고 생각하여 예술 활동과 문학 활동의 가치를 높이 평가하였습니다. 그는 재현 활동의 목적이 존재의 참모습(존재하는 모든 것의 자연 혹은 본성)을 재현하는 것이라고 보았습니다.

심미적 인간과 윤리적 인간

덴마크 출신의 철학자 쇠렌 키에르케고르Søren Kierkegaard, 1813~1855의 저서 중에 『이것이냐 저것이냐』Enten-Eller, 1843라는 책이 있습니다. 이 책에서 키에르케고르는 존재의 심미적審美的인 양태와 윤리적倫理的인 양태가 서로 대비되는 점이 무엇이고 상호관계가 무엇인가를 밝혀 보고자 하였습니다.

여기서 잠깐 '심미적'이라는 말에 대해서 말씀드리겠습니다. 이 말은 원래 그리스어 형용사 '아이스테토스'aisthetos에서 유래한 말입니다. '아이스테토스'는 '감각적인', '감성적인' 등의 뜻을 지니고 있습니다. 18세기에 와서 독일의 철학자 바움가르텐Alexander Gottlieb Baumgarten, 1714~1762은 감성적 아름다움에 대한 연구를 가리키기 위하여 'aesthetica'라는 라틴어를 사용하게 됩니다. 이 라틴어로부터 'aesthetic'이라는 영어 단어와 'ästhetisch'라는 독일어 단어가 생겨났습니다. 일본 학자들은 이 영어나 독일어 단어를 '심미적'으로 번역했습니다. '미학'美學이라는 말의 유래도 마찬가지입니다. 그러나 곧 아시게 되겠지만, 키에르케고르는 감성적이든 지성적이든 윤리적 정념을 결여하고 있는 삶의 태도를 심미적이라고 규정하고 있습니다.

키에르케고르의 다른 저서들도 대부분 그러하듯이, 『이것이냐 저것이냐』도 그의 이름으로 출판되지 않고 익명으로 저술되어 있습니다. 이 책의 제1권은 심미적인 영역에 대하여 분석하고 기술하고 있는데, 서정적 경구, 연설, 심리적 분석, 극劇 비평, 철학적 명제 등의 매우 이질적인 문체가 이 책에서 사용되고 있습니다. 이와 같은 다양한 문학적 형식을 통하여, 자신의 견해를 표현하고 있는 심미주의자는 'A'로 칭해지고, 제2권에서 재판관 윌리엄이라는 가명으로 나오는 윤리사상가는 'B'로 칭해집니다.

후기 저작들 중의 하나인 『비과학적 후기를 마무리하며』에서, 키에르케고르는 독자들에게 다음과 같이 알려줌으로써 『이것이냐 저것이냐』의 중심 주제를 설명한 적이 있습니다.

> A는 실존적으로 존재할 가능성이 있는 사람이요, 변증법에 탁월한 능력을 가지고 있으며 기지機智를 발휘하고 시적 문체를 구사하는 재능을 부여받은 사람이다. 그럼에도 불구하고 그는 결단성 있게 행동하지 못하며 따라서 진정한 의미에서 보면 결코 존재하고 있는 사람이 아니다. 이에 반해서 B는, 전 생애가 영성靈性과 정념情念과 속죄贖罪로 변형되는 윤리적 인간을 대변하는 사람이다.

이 책에서 재판관 윌리엄은 A에게 보내는 편지의 형식으로 윤리적인 것의 내용을 해명하고 있습니다.

키에르케고르에 의하면, 윤리적 진리를 전달하기 위해서는 윤리적 진리를 전달하기에 적합한 표현형식과 문체가 요구됩니다. 이론적이고 추상적인 진리와는 달리 윤리적 진리는 실존적이고 구체적입니다. 따라서 윤리적 진리를 표현하기 위해서는 대화의 형식 혹은 편지의 형식처럼 인격적 특성을 지니는 표현형식이 필요하다는 것이지요. 이러한 표현형식은 간접적 전달의 형식을 취합니다. 이와 같은 전달형식의 가장 좋은 예가 처음부터 나옵니다. 재판관 윌리엄은 심미주의자에게 성서에 나오는 이야기(다윗 왕과 예언자 나탄에 관한 이야기)를 상기시킵니다. 이 이야기를 요약하면 다음과 같습니다.

다윗은 밧 세바와 정을 통하고 그녀의 남편 우리야 장군을 전쟁터에서 전사하게 하는 죄를 범합니다. 그 후 하느님이 다윗에게 예언자 나탄을 보냅니다. 나탄은 이스라엘 최고의 재판장인 다윗에게 어떤 사건에 대한 판결을 의뢰합니다. 이 사건은 어떤 이방인이 한 여인과 정을 통한 후 그 여인의 남편을 죽인 사건입니다. 다윗은 그 죄를 범한 사람은 죽여야 한다고 즉각 판결을 내렸습니다. 그러자 예언자 나탄이 "오, 왕이시여! 그대는 인간이니라!"라고 하면서 그 판결이 다윗 자신에게 적용된다는 것을 보여 줍니다. 그때서야 다윗 왕은 그 사건이 자기와 실존적으로 관련되어 있음을 이해하게 됩니다.

여기에서 예언자 나탄은 다윗에게 전하고자 하는 메시지를 간접적으로 전달하고 있습니다. 재판관 윌리엄이 사용하고 있는 형식 역시 이와 같은 간접적 전달의 형식입니다.

존재의 심미적 양태는 근본적으로 두 가지로 표현되는데, 낭만적 쾌락주의와 추상적 지성주의가 그것입니다. 키에르케고르에 의하면, 오스트리아 출신의 천재 음악가 모차르트Wolfgang Amadeus Mozart, 1756~1791의 오페라 「돈 지오반니」는 감성적 인생관 혹은 쾌락주의적 인생관을 고전적으로 대표하고 있으며, 독일 문학의 최고봉을 상징하는 괴테Johann Wolfgang von Goethe, 1749~1832의 대표작인 희곡 「파우스트」는 추상적 지성주의의 심미적 인격성을 표현하고 있다고 합니다. 키에르케고르의 대적大敵인 헤겔류의 합리론자 역시 추상적 지성주의의 제물이 됩니다. 또 키에르케고르에 의하면, 감성론자에게나 지성론자에게나 영성적 존재와 속죄는 우연적일 뿐이며 중요하지 않은 문제로 남아 있다고 합니다. 감성론자든 지성론자든 어느 쪽도 자기의 책임을 다하지 않으며 결단성 있게 행동할 수도 없다는 것입니다. 다시 말해서, 그들은 B의 특성인 윤리적 정념을 결여하고 있다는 것이지요.

『시듀서의 일기』에서 키에르케고르가 묘사하고 있는 젊은 연인의 초상화가 쾌락주의적 인생관의 특징을 잘 드러내어 줍니다. 모차르트의 오페라 「돈 지오반니」의 주인공도 시듀서를 모델로 삼고 있습니다.

시듀서는 악마적 간사함으로 부녀자를 유혹해 내는 사람입니다. 『시듀서의 일기』에서 묘사되고 있는 젊은 연인은 수많은 가능성을 가지고 실험에 임하지만, 결코 그중 어느 하나의 가능성이라도 진지하고 심각하게 책임감을 느끼면서 실현시키고자 하지 않습니다. 그는 부녀자 유혹의 테크닉을 구사하면서 실험에 임하지만, 결코 약속한 것을 이행하지 않습니다. 그는 사랑을 가지고 실험에 임하지만, 결코 결혼하지 않습니다. 젊은 연인은 자기 자신에게도 무관심합니다.

시듀서에게 있어서 모든 소녀는 모든 여성입니다. 젊은 연인에게 자기를 이끌어 가는 원리가 있다면, 그 원리는 즐김 혹은 쾌락이 삶의 유일한 목적이라는 쾌락주의적 원리입니다. 이와 같은 쾌락적 삶을 성취하기 위한 내적인 필수조건은 육체적 아름다움과 신체적 건강이요, 외적인 필수조건은 부富와 명예와 높은 지위입니다. 그러나 이러한 조건들이 헌신적인 삶을 위한 윤리적 정념을 제공하는 것은 결코 아니며, 젊은 연인이 피하고자 하는 것은 바로 헌신적인 삶입니다. 시듀서는 오로지 순간 안에서만 살아갑니다. 이때 순간은 성적 사랑이라는 욕구의 만족을 극대화시키는 현재로서 이용됩니다. 그러나 그 순간이 지나가고 나면 새로운 성적 욕구가 일어나지요. 그의 전 생애는 한 순간으로부터 다음 순간에로 불연속적으로 지나가는 것의 연속입니다. 따라서 그의 인격에는 통일성과 연속성이 결여되어 있습니다. 그는 자기의 과거와 미래를 무시하고 현재 안에 스스로를 분산시키거나 혹은 현재 안에서 스스로를 상실하고 맙니다. 그는 이미 지나간 자기의 과거를 기억 속에 보유하고 있지 않으며, 자기에게 결단의 책임을 부과하는 미래로부터 한걸음 물러서 있습니다.

키에르케고르에 의하면, 사변적 지성주의자도 낭만적 쾌락주의자와 똑같이 자기상실을 경험하게 됩니다. 쾌락주의자는 성적 사랑의 직접성에서 스스로를 상실하는 반면에, 사변적인 사상가는 자기 사상의 직접성에서 스스로를 상실합니다. 사변적 사상가는 논리학의 보편적 범주를 통하여 실재 세계 전체를 이해하고자 합니다. 그러나 그런 체계 안에서는 구체적으로 존재하고 있는 주체(인간)를 문제 삼지 않습니다. 감각론자에게 모든 소녀가 여성 일반이듯이, 지성론자에게 모든 실재는 일반 범주로 분해되어 버립니다. 사변적 사상은 논리적 범주를 매개로 해서 설명되는 역사의 일반적 운동만 보고, 특정하고 구체적인 역사 내에서만 스스로를 이해하는 개인은 잊어버립니다. 따라서 쾌락주의자도 사변적 사상가도 결단해야 하는 책임을 회피해 버립니다. 둘 다 가능성의 영역 안에 매몰되어 있으며, 어느 쪽도 현실존재(실존)에로 비약하지 않습니다. 쾌락주의자는 순간적인 쾌락들 안에 스스로를 분산시키기 위하여 미래와 책임으로부터 도망칩니다. 사변적 사상가는, 세계 역사 안에서 일어나는 일반적 운동에 관하여 일정한 거리를 두고 사색하는 관찰자, 따라서 결코 정념과 영성을 가지고 자기 자신의 내면적 역사에 참여하지 않는 관찰자의 역할을 수행함으로써 선택을 피해 나갑니다.

키에르케고르는 소크라테스의 반어법反語法 구사의 대가大家였습니다. 그는 익명자로 하여금 다음과 같이 말하게 함으로써 소크라테스의 반어법을 구사하고 있습니다.

철학자에게는 세계 역사가 완결되어 있으며, 철학자는 우리와 세계역사를 매개해 준다. 따라서 우리 시대의 사람들은 역사의 거대한 힘을 갖고 활동할 수는 있으나 속인俗人에게 무엇을 하며 살아야 하는가를 말해 줄 수 없고 그들 스스로가 행하는 것보다 더 나은 것에 대해서 아무것도 모르는 젊은이들의 메스꺼운 모습을 보게 된다.

사변적 사상가는 존재를 사유로 환원시켜 버리며, 대상으로부터 떨어져서 관찰을 수행하기 위하여 대상과 뒤얽히는 것을 피해 버리며, 구체적이고 인격적인 결단의 책임을 보편적 역사에 대한 반성적 심사숙고로 대치해 버립니다. 심미적 존재양태에 대한 이들 두 표현의 공통분모는 선택의 실재성으로부터의 퇴각입니다. 두 경우에 있어서 아직까지 자아 그 자체는 발견되지 않고 있습니다. 그러나 키에르케고르는 선택을 통해서만 본래적인 자아가 획득된다고 역설하고 있습니다. 키에르케고르의 이 말은, 인생이 '이것이냐 저것이냐'의 문제임을 깨닫도록 우리에게 요구하고 있습니다. 그러나 '이것이냐 저것이냐'의 문제는 쾌락주의자나 지성주의자 모두가 관심을 가지지 않는 문제입니다. 심미주의자는 영성과 존재로부터 추상된 영역에 머물러 있습니다.

키에르케고르에 의하면, 존재의 심미적 양태(단계)는 권태와 우울을 낳고 마침내는 절망을 낳는다고 합니다. 『이것이냐 저것이냐』를 비롯한 키에르케고르의 저작 전체에는 우리를 감싸고 있는 권태, 우울, 절망이라는 세 가지 정조情調의 특성이 그림처럼 묘사되어 있습니다.

키에르케고르에 의하면, 애초부터 인간을 괴롭혀 왔으며, 인간을 심미적 존재가 되도록 하는 결정적인 요소가 바로 권태입니다.

> 신들은 권태로웠다. 그래서 그들은 인간을 창조했다. 아담은 혼자였기 때문에 권태로웠다. 그래서 이브가 창조되었다. 이렇게 하여 권태가 세상 안으로 들어오게 되었으며, 인구가 증가한 만큼 권태도 증가하였다. 처음에는 아담 혼자 권태로웠지만, 다음에는 아담과 이브가 함께 권태로웠고, 그다음에는 가족이 다 함께, 즉 아담과 이브와 카인과 아벨이 모두 권태로웠으며, 나중에는 증가된 세계 인구로 말미암아 사람들이 집단적으로 권태롭게 되었다.

그리하여 순수한 사유를 추구하는 심미적 삶과 꼭 마찬가지로 순수한 쾌락을 추구하는 심미적 삶도 권태와 지겨움의 심연深淵에 이르게 됩니다.

여기에서 키에르케고르는 권태의 두 형식을 구별할 필요가 있다고 말합니다. 첫 번째 형식의 권태는 특정한 사물이나 사건, 사람을 향하여 있는 지향적 정조로서의 권태입니다. 우리는 책이나 영화 혹은 촌스러운 담화에 권태를 느낍니다. 이런 형식의 권태는 아직 인간의 참된 상황을 드러내어 주지 않는 표면 현상에 불과할 뿐입니다. 권태의 두 번째 형식은 첫 번째 형식보다 더 중요한 형식인데, 이것은 지향된 특정 사물 혹은 사람에 대한 권태가 아니라 우리 자신에 대한 권태입니다. 인간은 의미의 상실과 더불어 삶 그 자체를 위협하는, 그리고 그 어떤 말로도 형언할 수 없는 공허에 직면하게 됩니다. 인간이 곤경에 처해 있음을 보다 더 강렬하게 깨닫도록 하는 것은 바로 이 두 번째 형식의 권태입니다.

키에르케고르에 의하면, 권태의 본질적 특징인, 정체불명의 이름 모를 공허는 우울한 개인을 실존하도록 하는 요소라고 합니다. 만약 우울한 개인에게 그를 압도하고 있는 것이 무엇이냐고 묻는다면, 그는 '모른다, 설명할 수 없다'고 대답하기 일쑤입니다. 우울함은 인간으로 하여금 공허와 무의미의 심연에 직면하게 하는 '만성적인 정신병' 내지 '히스테리 증세'이며, 인간존재의 불안정성과 불연속성을 드러내어 줍니다. 그러나 권태와 우울이라는 불안정한 정조情調에 지배당하도록 되어 있는 개인들의 대부분은 자기의 조건을 받아들이기를 거부하며, 여러 가지의 즐거운 활동들을 통해 자기의 조건을 감추고자 합니다.

키에르케고르보다 190년 먼저 태어난 프랑스 철학자 블레즈 파스칼Blaise Pascal, 1623~1662처럼, 키에르케고르는 인간이 순간적인 기분전환을 통해서 자기 스스로부터 도피하고자 하는 이유를 깊이 통찰하고 있습니다. 인간은 시골에서의 삶에 권태를 느낍니다. 그래서 그는 읍邑으로 이사합니다. 그는 읍에서의 생활에 권태로워집니다. 그래서 그는 도시로 이사를 갑니다. 그다음에 그는 자기 나라에서의 생활에 권태를 느껴 해외여행을 떠납니다. 그는 외국에서의 삶에 권태를 느끼게 되고, 권태로움을 완화하기 위하여 끝없는 여행의 가능성을 즐기게 됩니다. 우울한 개인 역시 기분전환을 위하여 자멸과 좌절을 낳는 탐구에 종사하게 됩니다.

키에르케고르는 기분전환거리를 끊임없이 찾아 나서는 데 몰두했던, 그리고 우울한 천성을 소유하고 있었던 사람의 예를, 특히 폭군의 대명사이자 로마의 제5대 황제인 네로Nero, 37~68에게서 발견하고 있습니다. 네로는 쾌락에 몰두함으로써 기분전환을 하고자 시도했습니다. 그래서 그는 '쾌락부 장관'을 임명했습니다. 쾌락부 장관의 임무는 네로의 욕구를 고상한 방법으로 만족시킬 방법을 찾아내는 것이었습니다. 네로는 쾌락을 즐기는 순간에만 자기의 우울한 기분을 전환시킬 수 있었을 것입니다.

> 네로는 쾌락을 붙잡아 두고자 한다. 세상의 모든 영리한 사람은 새로운 쾌락을 궁리해 내어야 한다. 왜냐하면 네로는 쾌락을 즐기

는 순간에만 마음의 평온을 찾고 그 순간이 지나갔을 때에는 실신 할 정도였기 때문이다.

쾌락의 순간이 지나갔을 때, 네로는 다시 우울해졌습니다. 그래서 순간적으로 만족할 수 있는 새로운 욕구가 창출되어야 합니다. 그러나 이런 종류의 일에는 전혀 끝이 없으며, 네로는 자기 자신이 무의미함과 공허함의 심연에 빠져 있음을 발견합니다. 마침내 그는 기분전환용 쾌락을 위해서 로마를 불태우라고 명령합니다.

네로의 천성을 이와 같이 묘사하고 있는 키에르케고르가 우리들에게 던지는 메시지는 무엇일까요? 바리새인들을 따라 우리가 네로와는 다르다는 것에 대해서 신에게 감사해야 한다는 것일까요? 그렇지 않습니다. 키에르케고르에 의하면, 네로는 '우리 살肉 중의 살이요, 우리 뼈 중의 뼈'입니다. 이것은 인간존재의 보편적 결정인자가 네로에게서 빤히 들여다보인다는 것을 의미합니다.

절망은 무의미함과 공허함에 대한 가장 강렬한 표현이요, 심미적 존재양태의 절정을 이룹니다. 심미적 삶은 스스로 절망임을 입증하고 있습니다. 절망하는 가운데 자아는 희망의 상실을 경험합니다. 왜냐하면 기분전환거리는 이제 더 이상 순간적인 만족을 제공해 주지 않기 때문입니다. 심미주의자는 이제 자기의 외부에서 자기를 발견할 수 없음을 깨닫습니다. 즉 그는 관능적 쾌락을 추구하는 데서도 추상적이고 사변적인 사고를 하는 데서도 자기를 발견하지 못합니다. 그는 진정한 자기를 발견하기 위해서 자기 안으로 방향을 전환해야 합니다. 그는 진지함, 정념, 결단, 책임, 자유 등에로 방향을 전환해야 합니다. 그는 이런 것들 안에서만 자기의 흐트러지고 낭비된 존재로부터 정신을 가다듬을 수 있으며 통일적이고 통합적인 자아로 될 수 있습니다. 따라서 절망은 본래적인 자아 혹은 진정한 자아에 이르는 통로인 주관성을 강화시켜 줍니다. 절망을 '선택함으로써' 자아는 스스로를 낳게 되며, 결단이 없는 심미적 단계로부터 결단에 따른 책임을 통감하는 윤리적 단계로 이행하게 됩니다.

윤리적 단계는 결단의 단계요, 의연한 책임의 단계입니다. 선택의 행동이 윤리적인 것을 강화시켜 줍니다. 가장 풍부한 인격성을 소유하고 있는 사람일지라도 그가 스스로 선택하기 전에는 아무것도 아닌 것으로 간주되어야 한다고 키에르케고르는 적고 있습니다.

다른 한편으로, 가장 빈약한 인격성을 소유하고 있는 사람일지라도 스스로 선택한 것에 대해서 가장 중요한 것으로 됩니다. 선택은 쾌락의 직접성으로부터도 자아를 해방시키고 반성 혹은 순수사유의 직접성으로부터도 자아를 해방시키며, 진정한 자기의 발견을 가능하게 합니다. 자아는 결단과 책임을 통해서 통합되고 '중심에로' 모입니다. 심미주의자는 쾌락주의적 관심사 혹은 지성주의적 관심사의 주변에서 자기 자아의 중심을 찾는다는 점에서 언제나 '상궤常軌를 벗어나' 있습니다. 이것은 심미주의자가 자기의 자아를 상실했음을 의미합니다. 윤리적인 인간은 결단을 통하여 자기의 책임을 어깨에 짊어짐으로써 자기의 중심을 자기 내에 가지고 있습니다. 그의 삶은 중심에로 모이고 통일됩니다. 윤리적 자아의 통일은 변치 않는 토대에 정박하는 통일이 아닙니다. 자아는 지속적인 본성 혹은 실체적인 불변성을 지니고 있는 것이라고 추상적으로 정의될 수 있는 대상이 아닙니다. 통일은 성취되는 것이지 주어지는 것이 아닙니다. 자아는 선택을 통하여 통일과 통합을 성취하거나 달성합니다.

따라서 윤리적으로 사색하는 사람에게 있어서 선택은 중심범주가 됩니다. 이것은 재판관 윌리엄의 심장과 사유에 가장 가까이 있는 범주입니다. 그는 논리학자가 아니므로 길고 인상적인 추상적 범주목록을 전혀 가지고 있지 않습니다. 그는 오로지 구체적인 하나의 명칭, 즉 선택만을 가지고 있습니다. 이제 선택은 자유 및 '이것이냐 저것이냐'를 포함하고 있으며, 인간이 소유할 수 있는 가장 큰 보물도 우리는 이 선택에서 발견합니다. 재판관 윌리엄은 자기의 윤리적 해명의 중심 의도를 설명하기 위하여 다음과 같이 적고 있습니다.

> 그러므로 나는 자유를 위해서 싸우고 있다. …… 나는 미래를 위해서, 이것이냐/저것이냐를 위해서 싸우고 있다. 그것은 내가 이 세상에서 사랑하는 이에게 남기고 싶은 보물이다. 뿐만 아니라 만약 나의 어린 아들이 지금 이 순간 나를 충분히 이해할 수 있는 나이라면, 나는 그에게 다음과 같이 말할 것이다.
>
> "나는 너에게 재산도 권리도 작위爵位도 물려줄 것이 없다. 그러나 나는 너를 이 세상 전체보다도 더 부유하게 해 주기에 충분한 보물이 어디에 파묻혀 있는지를 알고 있다. 이 보물은 너의 것이다. 이 보물에 대해서 너는 나에게 감사하다는 표현조차 해서는 안 된다. 왜냐하면 모든 것을 다른 사람의 덕택으로 여김으로써 너 자신의 영혼에 상처를 주어서는 안 되기 때문이다. 이 보물은 너 자신의 자아 안에 매장되어 있다. 거기에는 인간을 천사보다도 더 위대하게 만드는 이것이냐/저것이냐가 있다."

재판관 윌리엄이 심미주의자에게 자유를 깨닫게 하고 선택의 중요성을 깨닫게 하고자 한 의도의 핵심은, 자아인식의 성취라는 소크라테스적 과업의 표현으로 이해될 수도 있습니다. '너 자신을 알라!'와 '스스로 선택하라!'는 분리된 일이 아니라 상호 연결되는 일이기 때문입니다. 소크라테스의 관심사인 인식은 윤리적 인식이었으며, 윤리적 인식은 선택을 통해서만 성취될 수 있습니다. 자아는 과단성 있는 행동에서만 자신에게 투명하게 됩니다.

재판관 윌리엄의 인격에서 우리는 윤리적 존재양태의 구체적인 실례를 발견하게 됩니다. 그는 부부 간의 사랑에 전념하는 기혼 남성입니다. 이 점에서 그는『시듀서의 일기』에 나오는 젊은 연인과 대비됩니다. 왜냐하면 이 일기에 나오는 젊은 연인은 낭만적 사랑으로 다양한 실험을 하는 데에 자신을 낭비시켜 버리는 이들이기 때문입니다. 따라서 낭만적 사랑과 부부 간의 사랑은 심미적인 것과 윤리적인 것을 구별 짓는 존재적 특성이라고 볼 수 있습니다.

낭만적 사랑은 실험적이며, 연속성이 없기 때문에 비역사적입니다. 부부 간의 사랑은 그것에 불변성과 안정성을 부여하는 내면적 역사를 표현합니다. 낭만적 쾌락주의자는 현재 안에서 살며, 그는 이 현재를 존재로부터 추상하여 경험합니다. 현재는 순간적인 지금으로 되고, 순간적인 지금은 향락을 위한 때로 정의됩니다. 과거는 그 존재의미를 상실하고, 미래는 결코 오지 않습니다. 젊은 연인은 한 소녀를 유혹하고, 유혹의 순간이 지나고 나면 만사가 끝나 버립니다. 그 순간은 우울한 회상의 대상으로서만 의미를 가지는 추상적 과거의 부분으로 됩니다.

낭만적 사랑은 반복을 전혀 알지 못합니다. 낭만적 쾌락주의자는 그의 인생이 마치 순간적 지금(각각의 지금은 도래했다가 존재의미를 상실해 버리는 과거에로 흘러갑니다)의 불연속인 것처럼 살아갑니다. 모든 것은 실재성을 완전하게 구현하는 것으로 여겨지는 현재에 집중됩니다. 다른 한편으로 부부 간의 사랑은 반복하기 위하여 노력하는 사랑입니다. 이상적인 남편은 자기의 사랑을 매일 반복할 수 있는 사람입니다. 따라서 결혼한 사람은 자기의 과거에 대한 기억을 자신 안에 간직하고 있으며, 자기의 미래를 기대하며, 통합된 전체성의 맥락 안에서 매일 매일의 과업과 의사 결정에 착수합니다. 그의 과거, 미래, 현재는 통일됩니다. 이리하여 부부 간의 사랑에 있어서는 시간과 역사가 아주 중요하게 됩니다. 부부애의 불변성과 연속성은 자아의 내면적 역사 안에서 자아가 통일됨으로써 가능하게 됩니다.

윌리엄은 낭만적 사랑과 부부애를 구별하면서 양자를 절대적으로 분리시키고자 하지는 않습니다. 그는 낭만적 사랑의 참된 변용變容이 곧 결혼이라고 말합니다. 결혼은 낭만적 사랑의 친구이지 적이 아니라는 것입니다. 낭만적 사랑은 윤리적 영역으로 이행하는 가운데 배후에 남겨져 있는 것이 아닙니다. 낭만적 사랑은 부부애의 불변성을 통하여 변용됩니다. 다시 말해서, 그 모습이 바뀝니다. 윤리적 단계에서는 낭만적 사랑이 시간적으로 이해되고 역사화됩니다. 심미적인 것이 언제나 윤리적인 것에 남아 있지만, 상대적이고 의존적인 존재 양태로 남아 있습니다.

> 언제나 절대적인 선택에 의하여 윤리적인 것이 설정되지만, 그렇다고 해서 심미적인 것이 배제되는 것은 결코 아니다. 윤리적인 것에 있어서 인격성은 윤리적인 것 그 자체에 집중되어 있기 때문에 심미적인 것이 절대적으로 배제되거나 절대적인 것으로서는 배제되지만, 상대적으로는 여전히 남아 있다.

낭만적 쾌락주의자는 심미적인 것을 궁극적이고 자족적인 존재 차원으로 절대화합니다. 윤리적 인간은 심미적인 것을 그 상대성에 있어서 승인하며, 선택과 책임 이행이라는 존재적 결정인자들에 의해서 변용시킵니다. 재판관 윌리엄은 자신이 쓴 편지의 어느 한 구절에서 3단계(심미적 단계, 윤리적 단계, 종교적 단계)를 '세 개의 큰 주춧돌'이라고 말하고 있습니다. 존재 영역들 내지 존재 단계들은 단계적으로 상승하면서 서로를 배제하기 때문에 시간적으로 연속해서 발전하는 차원들이 아닙니다. 그것들은 존재의 양태들이며, 각각의 생성의 과정에 인격성을 침투시키기 때문에 어떤 의미에서는 언제나 현전합니다. 그것들은 자아의 실존적 단면도를 구성하며, 각각의 역사를 통하여 상호의존적으로 공존합니다. 그것들 중의 어떤 영역도 그 자체적으로는 충분치 않습니다. 세 영역 중의 하나를 절대화하게 되면 자아가 질식하게 되는 결과를 가져옵니다.

키에르케고르보다 43년 먼저 태어난 독일 철학자 헤겔Georg Wilhelm Friedrich Hegel, 1770~1831은 소외된 의식, 즉 불행한 의식에 대하여 설파한 적이 있습니다. 헤겔은 역사를 의식의 자기 전개 과정으로 보았는데, 이때 의식이 자연과 역사 속에서 대상화되는 과정을 '소외'라고 불렀습니다. 방금 우리가 소외라고 한 말의 원래 독일어는 '엔트프렘둥'Entfremdung입니다. 일본 학자들이 한자를 조어해서 '소외'疏外라고 번역했던 것입니다. 'Entfremdung'은 어원적으로 '낯설게'fremd '함'ent-을 의미합니다. 따라서 단순히 한자를 풀이해서 소외가 '무리에서 따돌리는 것'이라고 생각해서는 안 됩니다. 헤겔이 말하고자 한 것은 이렇습니다. 의식이 자연과 역사 안에 자기를 내보냄으로써 마치 자기가 아닌 듯이 낯설게 되어 버렸다는 것입니다.

키에르케고르는 심미적 단계의 의식을 헤겔의 소외된 의식, 즉 불행한 의식에 비유합니다. 헤겔은 다음과 같이 말한 적이 있습니다.

> 소외된 의식은 과거나 미래에는 스스로를 떠나 있기 때문에 결코 스스로에게 현전할 수 없는 자아이다.

키에르케고르도 헤겔이 불행한 의식의 영역을 그렇게 정의하는 것이 옳다고 하면서 헤겔의 생각에 동의하였지만, 헤겔이 불행한 의식을 실존적으로 이해한 것이 아니라 추상적으로 이해한 점에 있어서는 옳지 않다고 키에르케고르는 생각했습니다. 헤겔이 '멀리 떨어져서 왕국을 바라보았다'는 것입니다. 키에르케고르는 스스로를 그 왕국의 원주민이라고 생각합니다. 의식은 과거나 미래로부터 단절될 때에 스스로에게서 소외됩니다. 소외된 의식은 자기의 삶에 대한 기억을 상실하게 되며, 자기의 삶에 대한 희망을 전혀 가지지 못합니다. 따라서 소외된 의식은 절망에서 그 절정에 도달하게 됩니다. 통일된 의식은 그 자신 내에 과거성도 가지고 미래성도 가집니다. 기억과 희망은 인격성의 중심에서 통일됩니다. 윤리적 인간은 결단을 행하는 순간에 이와 같은 통일된 의식을 성취합니다. 선택의 행동에서 과거가 취해지고 미래가 승인되고 미래와 마주치며 자아는 중심을 잡는다는 것이지요.

자아로 하여금 통일과 통합을 성취하도록 해 주는 결단의 시금석은 양심입니다. 본래적인 선택은 정념과 진지함에 있어서 양심적으로 행해지는 선택입니다. 중요한 것은 무엇이 선택되는가가 아니라 선택하는 방식입니다. 윤리적 영역에서 인간은 선택하는 방법을 교육받습니다. 윤리적 인간의 첫 번째 관심사는 '옳음'의 선택이 아니라 선택이라는 운동을 결정하는 진지함과 양심입니다. 이것은 윤리적으로 생각하는 사람이 선택의 도덕적 내용에는 전혀 관심이 없다는 것을 의미하는 것이 아니라, 도덕적 내용이 그 무엇으로서, 즉 객관적으로 결정되고 입법화되는 도덕적 기준으로서 추상화될 수 없다는 것을 의미합니다. 오로지 외적인 표준들 때문에 행해지는 행동은 도덕적 내용을 상실하게 됩니다. 양심의 깊은 곳으로부터 나오는 행동만이 자아에 윤리적인 특성을 부여합니다. 재판관 윌리엄은 추상적 도덕의 필수조건들에 대한 윤곽을 그려 주는 덕의 목록에는 거의 관심을 가지지 않습니다. 윤리적 행동에 있어서는 덕들을 따르는 것이 문제되는 것이 아니라, 자아를 인식하고 자아에 전념하는 것이 문제됩니다.

키에르케고르보다 31살 연하인 독일 철학자 니체Friedrich Wilhelm Nietzsche, 1844~1900는 '초인' 사상을 설파한 적이 있습니다. 니체에 의하면, 초인은 민중을 떠나서 인간의 비열함을 끊임없이 극복하고자 하는 사람을 가리킵니다. 초인을 독일어로는 'Übermensch'라고 합니다. 글자상의 의미는 '저 너머에 있는 인간'인데, 일본 학자들이 '초인'超人이라는 한자어로 번역했습니다. 초인은 초능력자와는 아무런 관련이 없습니다. 키에르케고르의 윤리적 인간도 '선악의 피안에' 존재하는, 니체의 '초인'에 비유될 수 있습니다.

『이것이냐 저것이냐』는 기도와 설교로 결론을 맺고 있습니다. 이 기도와 설교는 독자들에게 윤리적 단계가 존재의 최종적 차원이 아니라, 윤리적 단계 그 자체도 종교적 상태에 의하여 변형된다는 것을 암시하고 있습니다. 윤리적 단계가 심미적 단계를 변형시켰듯이, 종교적 단계도 고통, 범죄, 죄악, 신앙 등과 같은 실존적 범주들을 도입함으로써 윤리적 단계를 변형시킵니다. 그러나 『이것이냐 저것이냐』는 윤리적 단계를 넘어서는 것에 대해서는 실존적 해명을 하지 않습니다. 키에르케고르는 『이것이냐 저것이냐』가 출간되고 나서 2년 후에 『인생행로의 제 단계』를 저술하게 되는데, 이 책에는 종교적 단계에 대한 해명이 담겨 있습니다.

존재의 신비

프랑스의 실존 사상과 연관되는 주요한 인물 중에 가브리엘 마르셀Gabriel Marcel, 1889~1973이라는 철학자가 있습니다. 그는 1949년과 1950년에 스코틀랜드의 애버딘 대학에서 여러 차례의 강연을 행한 적이 있는데, 그 강연의 최종적인 산물이 바로 『존재의 신비』Le Mystère de l'être, 1952라는 저작입니다. 이 저작은 두 권으로 구성되어 있는데, 제1권에는 '반성과 신비'라는 부제가 붙어 있고 제2권에는 '신앙과 실재'라는 부제가 붙어 있습니다. 마르셀의 다른 저작들에 대해서도 일반적으로 그렇게 말할 수 있지만, 『존재의 신비』라는 저작을 특징짓고 있는 것은 체계적으로 서술하지 않고 구체적으로 기술하고 해명하면서 철학적으로 접근하고 있다는 것입니다. 이런 점에서 마르셀의 실존주의는 하이데거와 사르트르의 사상보다는 키에르케고르와 야스퍼스의 사상에 훨씬 더 가깝습니다.

마르셀은 구체적인 것에 머물기 위하여 무척 노력하고 있습니다. 그리고 마르셀에게 있어서 실존적으로 사고한다는 것은 '내면화된 자아'에 대하여 사고하는 것을 의미합니다. 마르셀은 이 '내면화된 자아'를 '추상화된 자아'와 구별합니다. 추상화된 자아는 이탈 운동을 통하여 특권을 누릴 수 있고 지성적으로 심원한 성역聖域인 '정신의 올림포스'에로 도피하여, 여기로부터 실재 전체에 대한 전 세계적이고 포괄적인 관점을 형성해 내고자 시도합니다. 올림포스Olympos는 그리스 신화에서 신들의 궁전이라고 믿어졌던 영봉靈峰을 가리킵니다. 마르셀의 구체적인 철학적 해명들은 그와 같은 올림포스적 관점에 끊임없이 대항하고 있음을 보여 줍니다.

> 전 세계적인 추상화, 맨 꼭대기에 있는 집, 즉 우리가 추상적 사유를 통하여 올라가서 영원히 머물 수 있는 집이란 있지도 않고 있을 수도 없다. 왜냐하면 이 세계 안에서의 우리의 처지는 결국 방랑자요, 여인旅人이기 때문이다. 이 여인은 절대적인 안식처를 꾸며 내지 않고서는 그런 곳에 도달할 수 없는 사람이다. 철학적 반성의 의무는 있는 힘을 다하여 이 꾸며 낸 안식처에 대항하는 것이다.

'여인', 즉 여행하는 사람으로서의 인간 혹은 '나그네'로서의 인간은 언제나 하나의 구체적인 상황으로부터 다른 구체적인 상황으로 이동하는 길 위에 있습니다. 그가 자기의 상황을 벗어나거나 자기 자신과 세계의 나머지 것들을 완성된 것으로서 간주할 수 있는 때는 단 한 번도 없습니다. 내면화된 자아가 구체적인 상황으로부터 벗어날 수 있고 보편적 타당성을 내세울 수 있는 '공통적 사유'란 결코 없다는 것이지요. 이미 덴마크 출신의 철학자 키에르케고르도 그렇게 보았지만, 마르셀도 모든 형태의 관념론이 지니고 있는 중대한 결점은 바로 모든 사람에게 공통하는 사유를 주장한 점이라고 합니다. 관념론자는 사유하는 모든 인간이 구체적인 상황에 놓여 있다는 특성을 이해하지 못한다고 마르셀은 말하고 있습니다. 마르셀이 처방하는 철학적 반성이란 구체적인 상황과의 실존적 유대를 간직하고 있는 반성입니다. 그래서 철학의 고유한 업무는 '상황 안에 있다는 것'이 무엇을 의미하는지를 현상학적으로 기술해 내는 것이라고 마르셀은 말하고 있습니다. 여기에서 현상학적이란, 일상적인 생생한 경험으로부터 출발하여 그러한 것들이 함의하고 있는 것들을 끝까지 추적한다는 것을 의미합니다.

마르셀에 의하면, 구체적인 상황 안에 있는 자아는 추상적인 반성으로 말미암아 상실되기도 하지만, 현대인의 삶에 스며들어 있는 '관료화'에 의해서도 위협받고 있다고 합니다. '깨어진 세계'라는 장章에서 마르셀은, 사회가 점점 더 조직화됨으로 말미암아 인격성이 해체되고 있다는 것을 날카롭게 분석하고 있습니다. 이러한 분석에 따르면, 인간은 자기의 인간성을 상실할 위험에 처해 있습니다. 오늘날의 관료화된 사회에서는 개인의 활동에 대한 국가의 사무적인 기록이 그 개인과 동일시되는 경향이 있습니다. 신분증이 인격성을 대신하게 됩니다. 그런 상황에서 인간은 다른 무엇으로도 대체될 수 없는 유일무이한 자아로서 인식되기보다는 대체 가능한 여러 기능으로 정의됩니다. 창조적 활동들은 표준화되고, 따라서 비인격화되고 맙니다. 인간 자신을 포함한 모든 것이 평준화 법칙으로 환원되어 의미를 상실하게 됩니다.

마르셀은 어디에선가 평등에 대하여 말하고 있는데, 이 평등은 모든 창조성이 사라지는 지경에 이르기까지 '수준을 저하시키는' 과정에 의해서 획득된다고 합니다. 마르셀의 언어와 주제는, 키에르케고르가 『현대, 그리고 천재와 사도의 차이에 관하여』The Present Age and of the Difference Between a Genius and an Apostle, 1846라는 저서에서 사회를 비판하고 있는 모습을 떠오르게 합니다. 키에르케고르는 이 저서에서 대중大衆을 고발하고 있는데, 그것은 대중이 평준화 과정을 야기했기 때문이며, 이 평준화 과정은 개인이라는 범주를 사실상 소멸시켰다고 합니다. 비인격화라는 주제 역시 마르셀을 두 명의 독일 실존주의 철학자와 연결시켜 주고 있습니다. 바로 야스퍼스Karl Jaspers,

1883~1969와 하이데거Martin Heidegger, 1889~1976입니다. 야스퍼스는 자신의 저서 『현대의 정신적 상황』Die Geistige Situation der Zeit, 1931에서, 대중이 어떻게 해서 우리의 주인이 되었으며 모든 것을 소름끼칠 정도로 평범하게 만들어 버렸는지를 기술한 적이 있습니다. 하이데거도 기본적으로 이와 동일한 주제를 'Das Man'대중이라는 독일어로써 표현했습니다.

마르셀의 철학을 주도하고 있는 물음은 '나는 누구인가?'라는 물음입니다. 마르셀에 의하면, 이 물음을 추구함으로써만 인간은 현대사상에서의 객관화 경향으로부터 해방될 수 있으며 자기의 생생한 경험의 직접성으로 되돌아올 수 있습니다. 반성이 이 생생한 경험, 즉 삶의 일부로서 머물러 있는 경험을 조명해 줍니다. 마르셀은 반성을 두 개의 차원, 즉 일차적 반성과 이차적 반성으로 나누어서 정의합니다. 마르셀에 의하면, 일차적 반성은 분석적이며, 내면화된 자아에 실존적으로 노출되는 경험의 통일을 해체시키는 경향이 있습니다.이차적 반성은 회귀적이며, 일차적 반성에 의해서 상실된 통일을 다시 찾고자 하는 반성입니다. 인간은 이차적 반성의 도움을 받아야만 자아의 심연에로 관통해 들어갈 수 있습니다. '나의 존재'는 이차적 반성에 의해서 드러나게 됩니다. 이때 '나의 존재'는 나의 행동을 통해서 감각적으로 경험됩니다. 이처럼 나의 행동을 통해서 '나의 존재'를 이해하게 되는 것을 마르셀은 '실존적으로 의심할 수 없는 것'이라고 부릅니다. '나는 누구인가?'라고 물을 때에, 바로 그 묻는 행동을 통하여 '나'는 '묻는 자'로서 드러나게 됩니다. 단순히 '거기 있음'이라는 존재를 거부하고 자기 자신을 발견해 내는 곳이 바로 여기입니다.

마르셀에게는 살아 있는 신체가 이차적 반성, 즉 회귀적 반성에 있어서 핵심적인 현상이 됩니다. 이차적 반성은 나의 존재를, 신체를 부여받은 존재(나 자신에게 고유하고 유일한 것이라고 내가 경험하는 신체와 결합되어 있는 존재)로서 드러나게 합니다. 현실적으로 살아 있는 나의 신체에 대한 경험에서 '실존적으로 의심할 수 없는 것'이 명백하게 드러나게 된다는 것이지요. 일차적 반성은 나와 나의 신체를 연결하고 있는 고리를 해체시키는 경향이 있습니다. 왜냐하면 일차적 반성은 '나'를 보편적 의식으로 변형시키고 나의 신체를 객관화된 사물로 변형시키기 때문입니다. 객관화된 사물은 사실상 다른 많은 신체들 중의 한 신체에 불과할 뿐입니다. 이리하여 신체로서의 나 자신에 대한 경험이 지니고 있던 원래의 통일은 해체되고 맙니다. 일차적 반성은 객관화를 통하여 나와 신체를 분리시키는 태도를 취하게 됩니다. 일차적 반성에 의하여 신체는 해부학 및 생리학의 대상으로, 일반적으로 말하자면, 과학적 탐구를 위한 자료로 됩니다.

일차적 반성을 따르면, 나의 신체는 내가 소유하고 있는 어떤 것 혹은 나에게 귀속하는 어떤 것으로서 드러납니다. 그러나 좀 더 깊이 통찰해 보면, 그와 같은 소유관계가 나의 존재의 특성을 완전하게 표현해 내지 못한다는 것을 알게 됩니다. 그와 같은 소유관계는 내면화된 '나의 존재'가 나의 신체를 우연히 소유하게 되었다는 것을 보여줄 뿐입니다. 그러나 사정은 그렇지 않습니다. 나의 신체는 나의 내면화된 존재를 성립시키고 있는 바의 것입니다. 적절하게 말하자면, 나의 신체는 내가 가지고 있는 어떤 것이 아니라 내가 누구인지를 가리켜 주는 것입니다.

> 내가 '나의 신체'를 '나'와 분리시키는 방식으로 생각하지 않고 나 자신과 신체 사이에 틈을 두지 않는 한에 있어서, 나의 신체는 나의 신체이다. 이 점을 다른 방식으로 표현하면 다음과 같다. 나에게 있어서 나의 신체가 하나의 대상이 아니라 내가 곧 나의 신체인 한에 있어서 나의 신체는 나의 것이다.

바로 이 지점이 마르셀의 '존재'프랑스어로 'être'와 '소유'프랑스어로 'avoir'의 구별이 생겨나는 곳입니다. 마르셀에 의하면, 존재현상은 결코 소유현상으로 환원될 수 없습니다. 소유에 있어서는 소유하는 것과 소유되는 것 간의 유대관계가 외적입니다. 여기에 반하여 존재현상에 있어서는 내가 신체를 소유하는 것이 아니라, 내가 신체로서 존재하고 있기 때문에 나와 신체의 유대관계는 내적입니다. 마르셀은 이것을 '참여'라는 언어로 표현하고 있습니다. 인간은 외적 사물들이나 성질들을 가지거나 소유하지만, 존재에는 참여합니다. 경험의 어느 한 차원에서 보면 나의 신체는 내가 가지거나 소유하는 어떤 것입니다. 나의 신체는 나 자신에게 부착되어 있고 나를 신체를 가진 자아로서 정의해 주는 물질적 복합체입니다. 그러나 경험의 보다 더 깊은 차원에서 보면 나는 나의 신체입니다. 소유로서의 나의 신체가 지니고 있는 단순한 물질성이 초월되는 방식으로 나는 나의 신체입니다. 나는 신체로서(신체를 부여받은 존재로서) 존재한다는 것입니다. 신체를 부여받은 존재에게는 신체에 대한 경험과 자아에 대한 경험이 분리될 수 없는 하나의 현상입니다. 나의 신체에 대하여 말하는 것은 나 자신에 관하여 말하는 하나의 방식입니다. 이와 같은 관점에서 신체는 더 이상 주체에 의해서 소유된 하나의 대상이 아니라, 주관성을 결정지우는 것으로서 이해됩니다.

따라서 우리는 거리를 두고 대상을 바라보거나 대상을 소유하려고 하지 않고 대상에 참여할 때 존재의 신비와 직접적으로 조우하게 됩니다. 일찍이 철학적 암중모색을 하고 있던 시절에도 참여라는 관념이 중요한 의미를 담고 자기에게 다가왔다고 마르셀은 고백하고 있습니다. 참여의 한 양태로서 마르셀이 즐겨 드는 감정의 예는 농부와 흙의 연결고리, 선원과 바다의 연결고리에 관한 예입니다. 이 예들에서 참여가 무엇을 의미하는지를 파악할 수 있다고 마르셀은 말하고 있습니다. 농부가 흙에 애착을 가지고 선원이 바다에 애착을 가지는 것은 단순한 유용성의 모든 관계를 초월합니다. 농부는 흙을 단순한 소유물로 '가지는' 것이 아닙니다. 흙은 농부의 존재의 일부분이 됩니다. 농부는 실존적으로 흙과 동일하게 됩니다. 만약 농부 자신이 흙으로부터 분리된다면, 농부는 자기의 정체성을 상실하게 될 것이며 내출혈이라는 일종의 불치병에 걸리게 될 것입니다. 농부와 흙을 연결하는 고리처럼 참여를 통한 유대관계는 '존재의 신비'를 여실히 보여 줍니다.

『존재의 신비』 제1권의 결론을 내리는 장章에서 마르셀은 철학적 여인旅人이 형이상학적 여행을 하는 데 도움을 주기 위하여 이정표를 세우고 있습니다. 이 이정표는 바로 '문제'와 '신비'의 구별입니다. 신비는 내 자신이 그 안에 포함되어 있는 어떤 것이고, 문제는 내 자신으로부터 분리되어 있고 내가 해결하고자 하는 어떤 것입니다. 우리는 신비에 포함되어 있지만, 문제를 해결합니다. 신비는 존재를 경험하는 것에 관계하지만, 문제는 이성을 통하여 파악될 수 있는 대상들의 영역에 관계합니다. 문제는 적절한 기법에 의하여 다루어집니다. 즉 문제는 도표화될 수 있고 양화量化될 수 있으며 조작操作될 수 있습니다. 반면에 신비는 바로 그 신비적이라는 특성 때문에 모든 기법을 초월합니다. 존재는 문제가 아니라 신비요, 존재가 문제로 환원되는 순간, 존재의 중요성은 사라지고 맙니다. 존재를 문제로 바꿀 때, 우리는 존재를 평가 절하하게 됩니다. 문제에 접근하는 방식으로(내용을 객관화시키는 방식으로) 자아 존재의 신비를 다루게 될 때, 자아의 인격적이고 주관적인 성질은 해체되고 맙니다. 악의 존재를 신의 섭리로 보는 대부분의 신정론神正論에서와 같이 악의 신비가 악의 문제로 바뀔 때, 실존적으로 유관한 조명을 하는 것이 전혀 불가능할 정도로 논점이 왜곡됩니다.

『존재의 신비』 제2권에서 마르셀은 존재에 관한 자기의 철학이 자유의 철학이기도 함을 보여 줌으로써 자기의 철학적 반성들에 대한 결론을 내리고 있습니다. 자유는 문제의 영역에서가 아니라 신비의 영역에서 드러나게 됩니다. 외적 행동에서는 자유가 발견될 수 없습니다. 자아가 내면에로 눈을 돌려 자기의 약속 이행 능력과 약속 위반 능력을 의식할 때에만 자유가 발견됩니다. 자유는 약속과 배신이라는 주관적 운동에서 드러나게 됩니다. 나는 약속을 하는 데 있어서 자유롭습니다. 그리고 나는 나를 신뢰했던 사람을 배반하는 데 있어서도 자유롭습니다. 따라서 자유는 창조적인 의미를 지니고 있음과 동시에 파괴적인 의미를 지니고 있습니다. 충성과 배신은 둘 다 자유로운 행동의 표현입니다. 구체적인 것 안에서만 경험되는 이러한 자유는, 인간의 내적 주관성이 지니고 있는 신비 안으로 들어옵니다. 문제로서의 자유는 객관적인 관찰이 가능한 일련의 심리적 상태에 불과할 뿐입니다. 신비로서의 자유는 자아의 내적 핵을 구성합니다.

마르셀에 의하면, 신앙과 자유 간에는 내적 연관이 있습니다. 신앙은 그 자체 다른 사람들과 신에게 약속 이행을 다짐하는 자유로운 활동입니다. 따라서 신앙은 명제적 진리에 대한 지적知的인 동의로서 기술되기보다는 신뢰로서 기술됩니다. 마르셀은 '~라고 믿는 것'과 '~을 믿는 것'을 구별합니다. 신앙은 '~라고 믿는 것'과 관련되는 일이 아닙니다.

신앙은 '~라는 명제'들을 향하고 있는 것이 아닙니다. 신앙은 '~을 믿는 것'을 통해서만 표현됩니다. 다른 사람을 믿는다는 것은 그 사람 안에 신뢰감을 심어 준다는 것입니다. 이것은 결과적으로 다른 사람에게 다음과 같이 말하는 것과 같습니다.

> 나는 그대가 나의 희망을 저버리지 않을 것이고, 나의 희망에 보답할 것이며, 나의 희망을 성취시켜 줄 것을 확신합니다.

또한 신을 믿는다는 것은 신과의 신뢰관계를 수립하는 것이라고 마르셀은 말하고 있습니다. 인간은 신뢰와 약속 이행의 접합을 간절히 기원하면서 자유롭게 신과의 계약관계에 들어갑니다. 그러나 그는 신을 배신하고 신과의 계약관계를 파기하는 데 있어서도 자유롭습니다. 신앙과 자유는 초월의 필요성을 드러냅니다. 마르셀에게 있어서 초월은, 시간상의 초월(단순한 수평적 초월)이 아닙니다. 초월에는 수직적 차원도 있습니다. 그것은 바로 영원한 것에로의 초월입니다. 초월의 경험은 초월적인 존재자의 삶에 참여함으로써만 성취됩니다.

하이데거나 사르트르의 존재철학과는 달리 마르셀의 존재철학은 단순히 인간의 유한성에 관한 철학이 아닙니다. 마르셀의 존재철학은 유한적이고 시간적인 것을 넘어서서 초월적이고 영원한 것에로 나아가는 통로를 수립하고자 한 것입니다.

지식과 진리의 차이가 궁금해요?

흔히 대학을 진리 탐구의 장場이라고 합니다. 그렇다면 지식과 진리는 어떻게 다를까요? '지식'과 '진리'는 우리 인간의 '앎'과 관련되는 개념입니다. 그런데 모든 앎은 다 같은 것일까요, 아니면 앎에도 여러 가지 종류의 앎이 있을까요? 이미 고대 그리스 철학자들은 앎에도 여러 가지의 종류가 있다는 것을 알고 있었습니다. 여기에 대해서 자세히 언급하기는 어렵기 때문에 앎을 지식으로서의 앎과 진리로서의 앎으로 구분해서 생각해 보기로 하겠습니다. 이때 중요한 것은 그러한 구분의 기준이 무엇인가 하는 것입니다. 앎을 지식과 진리로 구분하는 기준으로서 가장 중요한 것은 '앎의 대상'입니다.

존재론적 관점에서 볼 때, 앎의 대상은 크게 두 영역으로 나누어 집니다. 한 영역은 경험적 물질적 현상의 세계이고 다른 한 영역은 초경험적 정신적 본질의 세계입니다. 전자는 일반적으로 자연과학적 세계를 의미하고 후자는 가치의 세계, 종교의 세계, 형이상학의 세계를 의미합니다. 그런데 이미 우리가 알고 있듯이 자연과학의 세계는 끊임없이 변화하는 세계인 반면에 본질의 세계는 영원불변한 세계입니다. 앎의 대상이 이렇게 구분될 수 있다면, 자연과학적 세계에 대한 우리의 앎은 지식이라고 할 수 있고 본질의 세계에 대한 우리의 앎은 진리라고 할 수 있을 것입니다. 따라서 지식은 변화할 수 있는 것인 반면에 진리는 불변적인 것입니다. 이런 연관성에서 '진리는 영원하다.'라는 표현이 가능해집니다. 흔히 '과학적 진리'라는 표현을 사용하지만, 위에서 우리가 논의한 바에 따르면, 그것은 잘못된 표현입니다. 다만 '과학적 진리'라고 할 때의 '진리'는 과학적으로 '거짓'이 아니라 과학적으로 '참'이라는 것을 의미한다고 보면 됩니다. 결국 모든 지식은 과학적 지식인 셈이지요.

우리의 논의로부터 도출되는 또 하나의 귀결은, 지식은 소유할 수 있지만 진리는 소유되지 않는다는 것입니다. 왜냐하면 앎의 주체인 인간은 영원불변하는 존재가 아니라 언젠가는 죽어야 하는 존재인데, 그처럼 가변적인 인간이 영원불변하는 진리를 소유한다는 것은 논리적으로 모순이기 때문입니다. 따라서 인간은 진리를 소유하는 것이 불가능하고, 다만 사랑할 수밖에 없는 것입니다. 이런 연관성에서 "진리를 사랑하는 젊은 넋이여!"와 같은 문학적 표현이 가능해지는 것입니다.

이제 우리는 지식으로서의 앎과 진리로서의 앎의 관계에 대해서 생각해 보기로 합시다. 우리 인간은 처음부터 본질의 세계에 발을 들여놓을 수는 없습니다. 다시 말해서, 우리는 자연과학적 세계에 대한 앎(지식)으로부터 진리에로 나아가야 합니다. 왜냐하면 본질의 세계, 즉 진리의 세계가 경험적 현상의 세계와는 별도로 존재하는 하나의 새로운 세계는 아니기 때문입니다. 경험적 세계에 대한 앎이 다른 무엇을 위한 수단으로서 이해되는 것이 아니라 앎 그 자체로서 받아들여질 때 비로소 본질의 세계가 열리는 것입니다. 그러므로 진리가 지식보다 존재론적으로 우월한 것임은 분명하나 지식이 없이는 진리의 세계로 나아갈 수가 없는 것입니다. 이렇게 보면 지식과 진리의 차이는 앎에 대한 우리의 태도에 따라, 즉 앎을 수단으로서 여길 것인가, 아니면 앎을 목적으로서 여길 것인가에 따라 결정된다고 볼 수도 있습니다.

현재 우리가 살고 있는 이 시대는 진리보다도 지식이 중시되는 매우 안타까운 시대입니다. 진리보다 지식이 더 가치 있고 더 중요한 것으로 여겨질 때 상상할 수 없는 불행이 닥쳐옵니다. 이러한 불행의 단초는 영국의 유명한 철학자 프란시스 베이컨F. Bacon, 1561~1626으로부터 비롯되었다고 볼 수 있습니다. 왜냐하면 그가 남긴 유명한 말 "아는 것이 힘이다."Knowledge is power.에서 '아는 것'이란 과학적 지식을 의미하기 때문입니다. 베이컨 이래 오늘날에 이르기까지 약 400년 동안 과학이 눈부시게 발전한 것도 사실이지만, 과학적 지식으로 말미암아 자연이 파괴되고 환경이 오염된 것도 사실입니다. 그러므로 우리는 지식을 단순히 소유하고자 하는 인간이 되기보다 지식을 그 자체로서 받아들여 우주 만물에 대한 진리를 사랑하는 훌륭한 인간이 되고자 노력해야 합니다.

표상의 세계와 의지의 세계

독일의 철학자 쇼펜하우어Arthur Schopenhauer, 1788~1860는 부유한 집안에서 태어났습니다. 그는 소설가인 어머니를 통해 괴테Johann Wolfgang von Goethe, 1749~1832 등의 문인들과 알고 지냈다고 합니다. 그리고 그는 우리가 잘 알고 있는 헤겔보다 18살 연하인 인물입니다. 쇼펜하우어는 『의지와 표상으로서의 세계』Die Welt als Wille und Vorstellung, 초판: 1819, 재판: 1844라는 책으로 독자적인 철학체계를 구축했지만, 전성기를 구가한 헤겔 철학의 그늘로 밀려난 불운의 철학자이기도 했습니다.

『의지와 표상으로서의 세계』 초판의 서문에서 쇼펜하우어는, 칸트와 플라톤 및 『우파니샤드』Upanisad, 奧義書가 자기 사상의 주요 원천이라고 말하고 있습니다. 실제로 그는 이 세 원천을 골고루 섞어서 자기 자신의 철학적 체계에 융합시키고 있습니다. 그러나 그는 이 세 원천 전부에 대하여 자기 자신의 철학적 해석을 부여하고 있습니다.

『의지와 표상으로서의 세계』 제1권은 '표상表象, 독일어로 'Vorstellung'으로서의 세계'라는 제목이 붙어 있습니다. 독일어에는 'vorstellen'이라는 동사가 있습니다. 어원적으로 이 동사는 '앞에'vor- '세운다'stellen라는 뜻을 지니고 있습니다. '앞에 세운다'로부터 '마음에 떠오르게 한다'라는 뜻이 파생됩니다. 그래서 일본 학자들은 'vorstellen'이라는 독일어 동사를 '표상한다'라고 번역했습니다. '표상'이라는 말은 '현상'이라는 말과 구별되어야 합니다. 표상된 것은 능동적으로 마음에 떠오르게 한 것인 반면에, 현상하는 것은 자연에 의해서 주어져 있는 것입니다. 그래서 '자연 현상'이라는 말은 있어도 '자연 표상'이라는 말은 없습니다.

『의지와 표상으로서의 세계』 제1권에서 쇼펜하우어는 철학에 있어서의 '코페르니쿠스적 전회轉回'라고 하는 칸트의 도식을 수정하여 제시합니다.

칸트는 다음과 같이 주장했습니다.

> 우리가 지각하는 현상계는, 우리 오성이 지니고 있는 여러 가지 특징을 통하여 우리에게 인식되는 세계이다.

우리에게는 사건들이 마치 시간과 공간 안에 있는 것처럼 보이지만, 칸트에게는 시간과 공간이 사건들에 시간적 성격과 공간적 성격을 부여하는 직관 형식 혹은 지각 형식으로서 이해됩니다. 칸트 자신의 유명한 비유에 의하면, 이 직관 형식은 색안경입니다. 우리는 이 색안경을 쓰고 세계를 바라봅니다. 그리하여 세계는 시간적 측면과 공간적 측면을 지니게 되는 것입니다. 뿐만 아니라 우리는 전통적 범주들(이 범주들 중에서 제1의 범주가 원인 범주입니다)에 의하여 세계를 인식하지만, 칸트에 있어서는 이 범주들 역시 오성이 지니고 있는 것들입니다. 따라서 현상들의 세계는 최종적으로 분석해 보면, 무차별적인 '질료'가 시간 공간적으로 되고 오성에 의하여 연관된 사건들(과학의 연구대상은 바로 이러한 사건들입니다)로 범주화된 세계입니다. 그러나 근본적으로 현상들의 세계는 인간의 인식능력에 의하여 구성된 세계입니다.

쇼펜하우어는 칸트의 이런 세계관을 받아들였습니다. 아니, 『순수

이성비판』의 12범주를 하나의 범주, 즉 충족이유율(인과율)로 찬란하게 환원시켰습니다. 과학, 논리학, 윤리학, 형이상학에 사중적四重的으로 뿌리를 내리는 이 충족이유율이 현상계에 대한 쇼펜하우어의 분석의 토대가 됩니다. 충족이유율이란 '왜 이렇게 되고 다르게 되지 않았는가에 대한 충분한 이유가 없다면, 어떠한 사실도 참이라거나 존재하는 것이 불가능하고 어떠한 명제도 진리일 수 없다.'라는 원리입니다.

다음으로 쇼펜하우어의 "세계는 나의 표상이다."라는 말에 대해서 생각해 보기로 합시다. 이 말은 내가 지각하는 대상의 세계가 그 세계를 지각하는 정신에 의존하여 사물체계로서 존재하게 된다는 것을 의미합니다. 단순한 감각적 인상들을 지각(혹은 표상)과 구별하고 있다는 점에서 쇼펜하우어는 칸트를 따르고 있습니다. 감각적 인상들은 정신에 의하여 외적 세계로부터 받아들여집니다. 시공時空이라는 형식과 충족이유율을 통하여 오성은 감각내용에 형식을 부여하며, 그렇게 함으로써 감각내용은 표상으로 바뀌게 된다는 것입니다. 표상을 생기게 한 것은 오성이기 때문에, 지각은 본질적으로 지적知的인 성격을 지니게 됩니다. 주관 혹은 의식적 정신은 무엇보다도 먼저 자기 자신의 신체에 대한 감각적 지식을 통하여 대상 혹은 물체를 의식하게 됩니다. 쇼펜하우어는 주관이 자기 신체와 다른 신체들에 직접적으로 인식되는 결과들을 감각으로부터 추론해 낸다고 생각했습니다. 이와 같은 방식으로 표상의 세계가 구성됩니다.

우리는 표상의 세계를 두 가지 방식으로 살펴볼 수 있습니다. 오성 그 자체는 지각의 세계를 형성할 수 있는 잠재능력을 가지고 있습니다. 그러나 외적 세계가 오성을 자극하지 않는다면, 오성은 잠자고 있는 것과 마찬가지일 것입니다. 이런 의미에서 세계 인식의 가능성에는 객관적 측면이 있는 것입니다. 지각을 가능하게 하기 위하여,

세계는 주관에 작용을 가할 수 있어야 합니다. 그러나 세계에 대한 주관적 표현은 현실적으로 지각의 가능성을 현상계에 제한해 버립니다. 왜냐하면 인과법칙은 현상계로부터 생겨나고 현상계에 대해서만 타당하기 때문입니다. 이것은 시공 안에 존재하고 인과적으로 서로 연관되어 있는 것으로서의 사건들의 세계가 오성에 의하여 형성된다는 것을 의미합니다. 뿐만 아니라 우리가 주목했듯이, 동물적 신체들의 감성은 주관에 대한 직접적인 대상으로서의 신체를 가능하게 합니다.

오성은 대상의 세계가 의미를 지닐 수 있도록 하지만(만약 오성이 그렇게 하지 않는다면, 무차별적인 감각만 있을 것입니다), 정신에는 오성적 측면 이외의 다른 측면도 있습니다. 이 다른 측면이란 바로 이성적 측면인데, 이성은 수행해야 할 중요한 역할을 가지고 있습니다. 쇼펜하우어에 의하면, 이성은 다음과 같은 점에서 인간을 다른 동물들로부터 구별시켜 줍니다. 인간은 이성을 사용함으로써 추상적 관념이나 개념을 다룰 수 있고, 계획하고 선택하고 건축할 수 있으며, 따라서 일반적으로 말하자면, 사려 깊게 행동할 수 있습니다. 만약 인간이 자기의 오성을 통하여 대상의 세계를 단순히 지각하기만 한다면, 인간은 결코 대상의 세계를 초월할 수 없고 관조觀照할 수도 없습니다. 인간은 평온한 관조적 삶에서 일상적 활동의 번잡함과 부산함을 극복하며, 스토아적인 냉정함과 평화를 성취할 수 있고 고통과 고난의 세계 안에서 내면적인 조화를 성취할 수 있다는 것입니다.

『의지와 표상으로서의 세계』 제2권, 즉 '의지독일어로 'Wille'로서의 세계'에서 쇼펜하우어는 현상계의 배후에 있는 실재(칸트에 있어서 이것은 인식 불가능한 물자체였습니다)에 대하여 고찰합니다. 전통적으로 철학자들은 사물의 존재 이유에 대하여 사색해 왔으며, 사물들을 존재하게 한 것이 무엇인지를 알고자 노력해 왔습니다. 쇼펜하우어에 있어서 이러한 물음은 현상계 내에서의 탐구에 의해서는 대답될 수 없고, 현상계를 넘어서는 탐구에 의해서만 대답될 수 있습니다. 그 해답은, 하나의 개인으로서 외적 세계에 관한 지식(이 지식은 자기 자아의 대상인 자기 신체에 대한 경험에 뿌리를 두고 있습니다)을 가지고 있는 주관 그 자체 안에서 발견되어야 합니다. 신체는 두 가지 방식으로 개인에게 주어집니다. 우리가 보았듯이, 신체는 우선 하나의 표상으로서 주어집니다. 이 표상은 대상의 법칙(인과법칙)을 따르는 대상들 중의 한 대상입니다. 신체는 또한 의지의 활동으로서 주어집니다. 주관이 무엇을 하고자 의지할 때, 뒤따르는 명백한 결과는 신체의 운동입니다. 쇼펜하우어 철학의 이런 측면은 칸트에게서도 발견될 수 있습니다. 칸트는 도덕성이 가능하기 위해서는 의지가 자율적이어야 하며 의지는 현상이 따르는 법칙과 동일한 법칙을 따라서는 안 된다고 주장했습니다. 만약 의지가 현상이 따르는 법칙과 동일한 법칙을 따르게 된다면, 우리의 행동은 인과적으로 설명될 수 있을 것입니다. 따라서 구르고 있는 돌에 대해서 도덕적 책임을 물을 수 없듯이, 우리의 행동에 대해서도 도덕적 책임을 물을 수 없을 것입니다. 자율적인 것으로서의 의지는 예지계睿智界인 물자체계의 부분이요, 따라서 자유롭습니다. 칸트에 있어서 의지활동의 결과는 과학적 법칙을 따르는 물리적 운동이요, 현상계의 부분이었습니다. 그러나 그러한 운동의 원인 그 자체는 현상계의 부분이 아니었으며, 따라서 과학적인 의미에서의 원인이 아니었습니다. 그러므로 그것은 도덕적인 자유였습니다.

철학적 저작들에서 '원인'이라는 용어는 묘한 역사를 가지고 있습니다. '원인'의 의미 중에는 창조적 의미라고 부를 수 있는 것이 있습니다. 이것은 사건을 존재하게 하고 계속해서 존재하도록 하는 것입니다. 이런 의미에서의 '원인'이라는 말은 사건들의 세계 외부에서 그 세계를 창조하고 지속하도록 하는 것으로 간주되는 어떤 것(대개 신과 같은 존재)을 언급하기 위하여 흔히 사용됩니다. 그러나 '원인'에는 또 다른 의미가 있습니다. 이 의미는 그 기원이 영국 철학자 흄 David Hume, 1711~1776에 있는 것은 아니지만, 흄의 시대 이래로 철학자들 사이에 보다 더 대중적으로 사용되었습니다. 그 의미란 현상계 내의 사건들을 끊임없이 연결하는 것으로서의 원인입니다. 그 반면에 현상계의 원인으로서 현상계의 외부에 있을 지도 모르는 것은, 인식되는 것이 아니라 아마도 믿어져야 합니다. 이것은 '원인'의 종교적인 의미입니다. 칸트가 의지의 자율적인 행동을 언급할 때, 그는 사건들의 세계의 일부가 아닌 행동(그렇지만 그러한 세계에 영향을 미치는 행동, 즉 신체적 운동)을 언급하고 있습니다. 신체적 운동의 연속은, 위에서 언급된 것들 중에서 두 번째 의미에서 인과적 분석이 가능한 사건들(혹은 표상들)의 연속입니다. 그러나 의지는 현상계의 일부가 아니기 때문에 의지의 활동은 과학적 분석으로부터 자유로우며 따라서 의지의 활동에는 책임이 뒤따릅니다. 칸트의 의지 개념으로부터 쇼펜하우어가 받아들이고 있는 것은 바로 이와 같은 의미에서의 의지입니다.

의지의 행동은 그 자체가 하나의 표상인 신체운동으로서 인식되기 때문에, 쇼펜하우어는 신체를 객관화된 의지로 간주합니다. 그는 또한 표상의 세계 전체(현상의 영역)가 객관화된 의지의 세계에 불과하다고 진술하고 있습니다. 쇼펜하우어에 있어서 예지계는, 사건들의 세계를 '넘어서 있는' 세계이지만 사건들의 세계의 근거가 되는 의지의 세계일 뿐입니다. 우리는 또한 예지계를 인식할 수 있습니다. 주관과 그 신체 간에는 독특한 관계가 있습니다. 이 관계 속에서 주관은 자기가 '예지적으로' 의지한다는 것과 그 결과인 육체적 운동을 의식하게 됩니다. 오직 표상으로서만 인식되는 다른 주관들을 포함해서 사건들의 세계 전체가 어떤 사람 자신의 세계로서 간주되는 것이 가능합니다.

쇼펜하우어는 신체가 객관화된 의지에 불과하다는 입장을 견지하는 가운데, 신체의 다양한 부분들이 의지의 표현에 불과하다고 논증합니다. 예를 들어 치아, 목, 창자 등은 배고픔이라는 의지의 표현입니다. 쇼펜하우어에 의하면, 만물에는 바로 그 사물이 되게끔 하는 힘이 있는데, 그것이 바로 의지입니다. 그러나 이 힘은 현상적으로는 지각되지 않습니다. 우리가 인식하는 모든 것은 충족이유율을 따르는 사건들이기 때문에, 의지에는 근거가 없습니다. 그러나 자기의식에서는 의지가 은폐되는 것이 아니라 직접적으로 인식되며, 우리는 또한 이 자기의식에서 자신의 자유를 의식하게 됩니다. 우리는 그 자체 사건들의 세계의 일부분일 수 없는 활동을 의식하게 됩니다. 오히려 사건들의 세계는 그러한 활동으로부터 비롯되는 것입니다.

철학자들이 존재 및 창조의 의도 혹은 목적에 관하여 묻는 것은 철학사에서 관례화되어 왔지만, 쇼펜하우어는 그와 같은 물음이 부질없는 것이라고 주장합니다. 사실상 그와 같은 물음들은 의지의 활동을 언급하고 있으나, 의지에는 전혀 아무런 의도도 없습니다. 의지는 원인 없이 활동하며, 아무런 목표도 갖고 있지 않습니다. 의지는 욕구 그 자체요, 전혀 까닭을 알 수 없는 분투이자 갈망이요, 욕망이라는 것입니다.

『의지와 표상으로서의 세계』 제3권 역시 '표상으로서의 세계'라는 제목이 붙여져 있습니다. 그러나 여기에서는 '표상'이 지각적 사건으로서가 아니라 이성의 산물로서 나타납니다. 쇼펜하우어가 플라톤의 이데아 개념을 사용하고 있는 곳이 바로 여기입니다. 쇼펜하우어가 가장 중요하게 의도한 것은 이데아 개념에 의해서 자기의 예술론을 전개하는 것이었습니다. 그는 다음과 같이 말하면서 시작합니다.

의지는 수많은 특수자(우리는 이 특수자를 시공 안에 있고 변화의 지배를 받고 따라서 충족이유율에 의해서 설명될 수 있는 사건으로서 인식한다)에서 객관화될 뿐만 아니라, 보편자들(이것들은 불변적이며 따라서 인과적 분석을 허용하지 않는다) 안에서도 스스로를 드러낸다.

특수자로서의 의지는 간접적으로 객관화된 것인 반면에, 보편자로서의 의지는 직접적으로 객관화된 것(플라톤의 '이데아')을 우리에게 드러내어 보여 준다고 쇼펜하우어는 주장하고 있습니다.

그렇다면, 이처럼 직접적으로 객관화된 것들을 각 개인은 어떻게 인식할 수 있을까요? 쇼펜하우어에 의하면, 각 개인은 사건들의 세계, 시공의 세계, 인과성의 세계를 초월하여 사물들을 있는 그대로 봄으로써 직접적으로 객관화된 것들에 대한 인식을 획득할 수 있습니다. 그렇게 하기 위하여 그는 대상에 몰입해야 하며, 자기 자신의 주관성을 포기하고 자기가 지각하는 것과 일체가 되어야 합니다. 그런 상태가 되면, 각 개인은 그야말로 의지도 없고 고통도 없고 시간도 없는 인식주관으로 된다고 쇼펜하우어는 주장하고 있습니다. 각 개인은 단순한 특수자를 인식하는 자가 아니라, 이데아를 인식하는 자로 됩니다. 이제 각 개인의 인식 대상은 각 종種의 이데아입니다. 이러한 인식은 신비한 사람에게나 귀속되어 왔던 인식인 것처럼 보이며, 의심할 바 없이 우리는 여기에서 쇼펜하우어가 극동지방의 사상에 영향을 받고 있음을 알 수 있습니다. 그러나 쇼펜하우어는 이데아의 인식을 예술에 비유합니다. 예술가는 순수관조를 통해서 파악된 이데아들을 재생산하거나 다른 사람에게 말해 줍니다. 이데아들에 대한 인식은 예술의 한 원천이요, 예술의 목표는 이러한 인식을 다른 사람에게 전달하는 것입니다. 이 점을 명심한다면 우리는,

'예술'에 대한 쇼펜하우어의 정의가 자기의 견해에 잘 부합한다는 것을 알 수 있습니다. 예술은 충족이유율과는 상관없이 사물을 인식하는 방식입니다. 천재는 사건들의 세계 내에 현전하는 영원한 것을 파악하기 위하여 직관과 상상력으로 자기 자신을 사건들의 세계로부터 자유롭게 하는 사람입니다.

쇼펜하우어는 관조의 미적인 양태에 두 가지가 있다고 적고 있습니다. 플라톤적인 이데아라고 인식된 대상과 일상적인 의미에서의 개인이 아니라 순수하고 의지가 없는 인식주관으로서 간주된 인식주체가 그것들입니다. 인식주체가 사물을 인식하는 방식인 사중적四重的 충족이유율을 포기하고 관조의 미적 양태에 합당한 태도를 취할 때, 그는 그 양태로부터 미적 대상에 따라 다양한 등급으로 나누어지는 특별한 쾌락을 이끌어 내게 됩니다.

욕구와 욕망의 세계로부터(우리로 하여금 의지하게 하게 하는 세계 그리고 결코 만족될 수 없는 세계로부터) 우리가 벗어나기란 일상적으로 매우 어려운 일이며, 대부분의 사람들에게 있어서 불가능한 일입니다. 우리의 욕망에는 만족이라는 것이 없기 때문입니다. 따라서 고통과 좌절과 결핍은 영원히 우리와 함께 있습니다. 그러나 만약 우리가 외적인 어떤 원인이나 내적인 성향에 의해서 일상적 세계의 번민들로부터 벗어날 수 있다면, 우리의 인식은 의지가 지시하는 것과 시간적 제약을 받는 사건들로부터 자유롭게 될 수 있으며 평온이라는 초월적 상태와 이데아의 세계를 고통의 세계로부터 분리시켜 주는 고통 없는 상태에 이를 수 있습니다. 쇼펜하우어에 의하면, 이것이 바로 위대한 그리스 철학자들이 얘기한 순수관조의 상태입니다.

이러한 상태에 도달해서 그것을 자기의 작품을 통해서 우리에게 재현해 주는 예술가는, 우리로 하여금 변화무쌍한 삶으로부터 벗어나게 해 주며 의지의 책략으로부터 자유로운 이데아의 세계를 관조하게 하는 길을 열어 줍니다. 우리는 예술가의 예술 작품을 통해서 그가 성취한 상태에 도달할 수 있습니다. 일정한 환경에서는 자연 역시 우리가 우리 주변의 세계를 초월해서 이데아의 영역으로 들어갈 수 있도록 자연의 대상들을 우리에게 선사할 수 있습니다. 그러나 우리 쪽에서 조금이라도 마음의 동요를 일으킨다면, 우리는 다시 한번 현상의 세계로 되돌아가게 됩니다. 즉 우리는 욕구를 위하여 관조를 떠나게 됩니다. 미적 향유는 또한 지나간 일들을 기억해 냄으로써 획득될 수도 있습니다.

쇼펜하우어는 다음과 같이 지적하고 있습니다. 각 개인은 자기의 기억들을 관조하면서 그 기억들이 사건들과는 달리 직접적으로 고통과 고뇌를 불러일으키지는 않음을 알게 됩니다. 일반적으로 말하자면, 우리가 순간적인 욕망을 넘어설 수 있고 더 이상 충족이유율의 지배를 받지 않는 것으로서의 물자체를 관조할 수 있을 때에는 언제나 미적 쾌락을 즐길 수 있습니다. 쾌락은 의지와의 대립으로부터 일어납니다. 쾌락은 지각적 인식으로부터 유래하는 기쁨입니다. 관조된 대상이 그 종種의 이데아를 모방할 때, 우리는 그 대상이 아름답다고 주장합니다. 19세기의 미학자들은 숭고한 것에도 관심을 가지고 있었는데, 쇼펜하우어는 사건들의 세계로부터 벗어나서 이데아의 세계로 힘차게, 그리고 의식적으로 들어가는 사람의 의기양양함에서 숭고함을 발견합니다. 그렇지만 이와 같은 관조적 활동에서 거룩하게 된 대상은 의지에 의해서 창조된 사건으로서 존재하게 될 조짐을 가지고 있습니다. 그러한 대상 그 자체는 지각주체에게는 부적절하지만, 이데아로 '됨'으로써 쾌락과 아름다움의 대상이 됩니다. 만약 그 부적절성이 아름다움을 밀어낸다면, 숭고함이 남게 됩니다. 숭고함이 현전할 때, 우리는 우리가 지각하는 것의 한 귀퉁이에 있는 우리 자신의 하찮음을 알게 됩니다. 그렇지만 우리는 또한 대상이 우리 표상들 중의 하나인 우리에게 의존하고 있음을 알게 된다고 쇼펜하우어는 생각하고 있습니다. 우리는 대상 앞에서 비천한 것임과 동시에 기념비적인 것입니다.

비극은 시적 예술의 극치입니다. 비극은 삶의 무시무시한 측면, 고통과 악, 욕망과 번뇌 등을 나타냅니다. 우리는 자연 안에서 자기 자신을 상대로 하여 완전히 소모적인 전쟁을 벌이고 있는 의지를 봅니다. 이와 같은 내면적 투쟁을 비극에 의해서 배우게 될 때, 우리는 더 이상 우리 주위의 현상에 의해서 기만당하지 않습니다. 그와 같이 사건들의 세계에 포함되어 있는 자아는, 우리가 보고 있는 세계와 더불어 소멸합니다. 의지로 하여금 분투하게 한 동기들도 사라지고 맙니다. 그 동기들은 세계의 인식으로 대체됩니다. 이 인식은 의지를 평온하게 하여 체념이 일어나는데, 이것은 단순히 사는 데 필요한 사물들을 포기하는 것이 아니라, 바로 그 살려는 의지를 포기하는 것을 의미합니다. 살려는 의지의 포기가 자살하고자 하는 '욕구'와 혼동되어서는 안 됩니다. 후자는 사건들의 세계에 의하여 고통을 당한 의지가 취하는 (무분별하기는 하지만) 명확한 행동입니다. 이와는 달리 전자는 영원한 것과 일체가 되고자 하는 모든 욕구의 단념입니다.

『의지와 표상으로서의 세계』 마지막 권 역시 제2권과 마찬가지로 '의지로서의 세계'라는 제목이 붙여져 있습니다. 그러나 쇼펜하우어는 여기에서 의지의 두 번째 측면을 다루면서 한걸음 더 나아가, 살려는 의지의 단념에 대하여 검토하고 있습니다. 쇼펜하우어는 부정과 단념에 대한 동양의 종교적 견해 및 철학적 견해를 강조합니다. 그는 또한 비극으로서의 삶의 표상에 관심을 집중시킵니다. 쇼펜하우어가 살려는 의지를 긍정하는 이론을 전개하고 있음은 흥미로운 일입니다. 그의 논의는 인간의 행동에 관하여 전부는 아닐지라도 많은 것을 설명해 주는 일반적 충동인 성충동libido에 관한 프로이트

Sigmund Freud, 1856~1939의 설명을 연상시킵니다. 프로이트는 쇼펜하우어보다 68년 늦게 태어난, 오스트리아 출신의 정신과 의사입니다. 프로이트는 쇼펜하우어의 저서에서 자기의 것과 유사한 구절들을 발견한 것으로 보입니다. 프로이트는 쇼펜하우어의 저서를 읽지는 않았다고 주장했지만, 자신의 견해가 쇼펜하우어의 견해와 유사하다는 점은 인정했습니다.

쇼펜하우어는 의지가 구체화된 것이 대상이라는 의미에서 의지 그 자체는 각각의 현상적 대상 안에 완전하게 현전해 있다고 믿었습니다. 그러나 의지는 그 예지적 본성에서 가장 실재적인 것이 됩니다. 우리가 주목했듯이, 개인은 내면적 의식에서 직접적으로 의지를 의식합니다. 사건들의 세계 안에 있는 개인은 자기 자신 안에서 순수의지를 의식하며, 자기 자신을 위해서 모든 것을 욕구합니다. 이런 식으로 이기심이 생겨난다고 쇼펜하우어는 믿었습니다. 이와 관련하여 쇼펜하우어는 다음과 같이 말하고 있습니다.

> 각 개인은 자기 자신 안에 자기 자신을 위해서 의지로서의 세계뿐만 아니라 표상으로서의 현상계 전체도 가지고 있음을 회상하라. 또한 다른 모든 자아들은 개인에 의하여 그 개인 자신의 표상으로서 인식되며, 따라서 개인은 모든 것을 소유하고 모든 것을 통제하고 싶어 한다는 점도 회상하라. 살아 있는 동안 그는 자기 자신을 위한 세계를 추구하지만, 그의 죽음은 그에게 있어서의 모든 것을 종식시킨다. 서로 간의 이 영원한 전쟁에서 인간은 어쩔 수 없는 운명을 지니고 있는데, 그것은 의지로서의 세계가 인간에 대해서 가지는 비극의 삶이요, 결핍의 삶이요, 고통과 고뇌의 삶이라는 것이다. 또한 의지는 궁극적으로 타인을 희생시켜 자기를 표현하려고 하는 가운데 스스로를 응징한다.

앞에서 살펴보았듯이, 쇼펜하우어에 따르면, 개별화의 원리를 넘어설 수 있고 인과의 세계를 넘어설 수 있는 사람만이, 그리고 세계를 비애와 고통의 세계로서 볼 수 있는 사람만이 세계를 정복할 수 있습니다. 일단 우리가 세계를 있는 그대로 보고 나면, 계속해서 의지하고 분투할 필요가 없게 됩니다. 우리는 표상의 세계와 의지의 세계를 단념하며, 인식은 의지를 평온하게 합니다. 필연성의 세계 외부에서 발견되는 이러한 자유는 은총에 가까운 것이며, 구원도 이러한 자유 안에 놓여 있다고 쇼펜하우어는 믿었습니다.

규범윤리학과 가치윤리학

철학은 '세계란 무엇인가', '나의 이성은 세계에 대해서 무엇을 알 수 있는가' 등과 같은 형이상학적 물음과 인식론적 물음만을 제기하는 것이 아닙니다. '어떻게 살아야 할 것인가?', '나의 의지는 무엇을 지향해야 하는가?' 등과 같은 삶의 원리에 대한 물음도 제기합니다. 철학의 영역 내에서 후자의 영역을 '윤리학' 혹은 '도덕철학'이라고 부릅니다. 인식론이 인식 내용의 진위를 문제 삼는 철학의 한 분과라면, 윤리학은 행위의 가치를 문제 삼는 철학의 한 분과입니다. 그리고 인식 작용은 이성에 의해서 이루어지지만 행위는 의지에 의해서 이루어지므로, 윤리학은 인식론과는 달리 이성에 호소하는 것이 아니라 의지에 호소합니다. 또한 윤리학은 도덕적 가치의 인식에 관한 가르침으로서 판단만을 요구하는 것이 아니라 결단도 요구합니다. 전통적으로 윤리학은 규범윤리학과 가치윤리학으로 구분됩니다.

'규범'이라는 말이 '법'이나 '제도' 등을 의미하는 그리스어 '노모스'nomos로부터 유래된 데서 알 수 있듯이, 규범윤리학은 우리가 마땅히 따라야 할 행위의 보편적 원리나 절대적 가치를 제시하고 그것의 타당성을 철학적으로 논증하려는 윤리학의 한 분야입니다. 고대 그리스의 철학자인 플라톤Platon, B.C. 427~B.C. 347은 이러한 절대적 가치를 초경험적 영역에서 발견하여 그것을 '선善의 이데아'그리스어로 'idea tou agathou'라고 하였습니다. 플라톤에 의하면, 선의 이데아는 형이상학적으로 실재하는 것이며 경험적 세계 내의 선한 것들은 모두 선의 이데아로 말미암아 선하게 될 뿐이라고 합니다. 다시 말해서, 절대적 가치를 지니고 있는 선의 이데아가 곧 도덕적 가치 판단의 기준이 된다는 것이지요. 다른 한편으로 근대 독일의 철학자인 칸트Immanuel Kant, 1724~1804는 선의지善意志, 독일어로 'guter Wille'에서 절대적 가치를 발견하고 있습니다. 칸트는 자신의 저서 『도덕형이상학원론』Grundlegung zur Metaphysik der Sitten, 1785의 초두에서 "이 세계의 어디에서나, 아니 일반으로 이 세계의 밖에 있어서도, 무조건적으로 선하다고 볼 수 있는 것은 오로지 선의지밖에 없다."라고 말하고 있습니다. 이것은 곧 도덕적 가치 판단의 기준이 절대적 가치로서의 선의지에 있음을 의미합니다.

가치윤리학은 객관적으로 타당한 도덕적 가치, 즉 덕으로부터 출발하여 이러한 가치를 체계화하고자 하는 윤리학의 한 분야입니다. 다른 한편으로 가치윤리학은 인간적 삶이 도달할 수 있는 개별적 최고가치(예를 들면, 행복과 같은 것)에서 출발하기도 합니다. 가치윤리학은 언제나 개인을 공동체와 연관하여 고찰합니다.

개인적 행복의 성취를 인생의 목적으로 보는 윤리학이 곧 행복주의 윤리학입니다. 이때 행복을 쾌락과 동일시한다면, 행복주의는 곧 쾌락주의가 됩니다. 쾌락의 개념은 단순한 육체적 안락에서부터 정신적 만족에 이르기까지 넓은 범위에 걸쳐 있기 때문에, 행복의 개념 또한 폭넓게 규정됩니다.

대표적인 쾌락주의는 헬레니즘 로마시대에 등장한 에피쿠로스주의입니다. 에피쿠로스주의는 단순한 육체적 안락을 넘어서는 정신적 쾌락주의입니다. 에피쿠로스Epicuros, B.C. 306~B.C. 270는 「메노이케우스에게 보낸 편지」에서 다음과 같이 말하고 있습니다.

> 쾌락이 목적이라고 한다면, 쾌락은 미식가의 쾌락이나 먹고 마시는 것의 향유를 뜻하는 것이 아니라 육체적 고통으로부터의 자유와 영혼의 자유를 뜻한다.

이처럼 에피쿠로스는 쾌락 개념을 구체적인 내용으로부터 규정하는 것이 아니라, 고통으로부터의 자유로 규정하고 있습니다. 에피쿠로스는 「메노이케우스에게 보낸 편지」에서 그 이유를 다음과 같이 논증하고 있습니다.

> 왜냐하면 우리는 쾌락이 없는 결과로 고통을 느끼는 한에서만 쾌락을 필요로 하기 때문이다. 아무런 고통도 느끼지 않는다면, 우리는 더 이상 쾌락을 필요로 하지 않는다.

행복주의가 반드시 쾌락 개념에서 출발할 필요는 없습니다. 그러나 다른 개념들에서 출발한다고 하더라도 행복주의는 언제나 개인적 삶에 관계할 뿐이고 공동체적 삶을 규정할 수 있는 가치들에는 관계하지 않습니다. 그렇지만 윤리학이 인간 행위의 원리들을 탐구한다면, 개인적 삶의 가치와 공동체적 삶의 가치를 중재하는 것이야말로 윤리학의 필연적인 과제가 아닐 수 없습니다. 왜냐하면 모든 행위는 어떤 방식으로든 공동체와 관계하기 때문이지요. 윤리학이라는 말의 본래적인 의미를 생각해 보면, 개인은 단 한 번도 공동체와 완전히 분리되어 고찰될 수 없습니다. 인간이 근본적으로 인간일 수 있는 까닭은 바로 인간이 공동체 안에서 살 수 있기 때문입니다. 이런 의미에서 아리스토텔레스는 인간을 '사회적 존재'라고 정의하였던 것입니다(아리스토텔레스, 『정치학』Politica 제1권 제2장).

본능적으로 무리 짓도록 규정되어 있는 것들과는 달리 인간적 공동체는 그 자체로 하나의 윤리적 개념입니다. 왜냐하면 도덕은 인간적 공동체를 보존하기 위한 전제조건이기 때문입니다. 도덕은 사실 역사적으로 성장해 왔으며, 또 그 때문에 도덕의 형식과 내용은 변할 수도 있습니다. 그렇지만 도덕은 인간으로 하여금 공동체의 삶을 살 수 있도록 하는 기본조건임에 틀림없습니다.

플라톤의 대화편 『프로타고라스』Protagoras에는 공동체 생활의 기본조건에 대한 물음에 대답해야 하는 신화가 나옵니다. 여기에서 수치심, 존경심, 경외감 등을 뜻하는 그리스어 '아이도스'aidos와, 권리의식을 뜻하는 그리스어 '디케'dike가 신이 인간에게 부여하는 천성으로 묘사되고 있습니다. 또 모든 사람이 예외 없이 이러한 기본적 천성을 가지고 있다는 것이 강조되고 있습니다.

도덕 영역에서 모범이 되는 인간을 '덕 있는 사람'이라고 합니다. '덕'德을 독일어로는 '투겐트'Tugend라고 하는데, 이 말은 '유용하게 쓰인다'를 의미하는 동사 '타우겐'taugen에서 파생된 말입니다. 비록 덕스럽게 되고자 하는 마음은 인간에게 천부적임에 틀림없을지라도, 덕이란 근본적으로 자연적 천성이 아니라 인간이 의식적으로 획득해야 하는 것입니다. 덕은 인간이 추구하는 이상향을 전제로 하기 때문에, 창조된 인간의 원초적 본능과는 모순됩니다. 왜냐하면 욕정과 본능적 삶을 적절하게 조절함으로써 비로소 덕이 형성되기 때문입니다.

플라톤은 정의, 용기, 절제, 지혜라는 네 개의 덕을 요청하는데, 이 가운데 정의는 공동체를 형성하는 덕으로 다른 덕들보다 상위에 있는 덕입니다. 중세 사람들은 플라톤이 요청한 네 개의 덕을 '사주덕'四主德이라고 불렀습니다. 그리스도교는 여기에다 믿음과 사랑, 소망이라는 세 가지의 기본 도덕을 더 보탭니다. 바오로에 의하면, 이 중에서도 사랑라틴어로는 'caritas'이 최상의 덕입니다. 다른 덕들은, 예를 들면 봉건사회의 기사나 귀족과 같은 특정 지위에 있는 사람들이 스스로 만들어 내는 이상형으로부터 비롯됩니다. 그래서 '희생'과 같은 그리스의 덕이나 중세의 '기사도 정신'은 모든 사람이 지켜야 할 것이 아니라, 단지 지도자 계층에 있는 사람들이 지켜야 할 덕목으로 여겨졌습니다.

모든 덕은 자체 원칙에 기초하기 때문에, 피조물로서의 단계를 넘어서 조직적인 삶의 형식에 도달하고자 하는 의지를 전제로 합니다. 본능이나 단순한 욕망과 달리 의지는 정신적 행위로 정의될 수 있으며, 이 의지를 통하여 가치가 긍정되거나 부정됩니다. 이미 고대 그리스의 철학자 소크라테스는 통찰에서 나오는 행위로서의 의지와 단순한 본능적 욕망을 구분했습니다. 이와는 반대로 근대 독일의 철학자 쇼펜하우어가 말하는 의지는 모든 생명에 기본적인 것으로서 맹목적이고 비이성적인 순수본능입니다.

정신적 행위로서의 의지는, 여러 가지 다양한 행동양식 가운데 어느 하나를 스스로 자유롭게 선택할 수 있다는 것을 전제합니다. 따라서 의지의 자유에 대한 긍정이야말로 모든 윤리학의 대전제가 되지요. 만약 의지가 결정되어 있을 것이라면, 즉 기계인과론의 지배를 받아 의지가 강제적으로 결정된다면, 인간은 자신의 행위에 대해 책임을 질 수 없을 것입니다. 예정설의 형식으로 의지의 결정성을 가정하는 것은 신학적 문제이며, 무제한적인 신의 의지를 전제하는 데서 나오는 것입니다.

아리스토텔레스의 가치윤리학과 칸트의 의무윤리학

서양 철학자로서는 최초로 윤리학적 체계를 수립한 아리스토텔레스Aristoteles, B.C. 384~B.C. 322는 『니코마코스 윤리학』Éthika Nikomacheia에서 자신의 학설을 전개하고 있습니다. 그는 이 책에서 윤리학을 정치학의 일부로 간주합니다. 그러나 '정치적'이라고 번역되는 그리스어 '폴리티코스'politikos는 오늘날 우리가 사용하고 있는 '정치'라는 말로 이해하면 안 됩니다. 왜냐하면 폴리티코스는 '일체의 공동생활과 관련되어 있음'을 의미하기 때문입니다. 그러므로 아리스토텔레스는 개인에서 출발하는 것이 아니라 공동체 개념에서 출발하고 있습니다.

아리스토텔레스는 도덕 현상을 있는 그대로 서술함과 동시에 우리가 마땅히 따라야 할 행위의 규범을 제시하고 있습니다. 우선 그는 그리스 세계의 성숙한 도덕적 현상을 기술적記述的으로 탐구하는데, 그의 출발점은 덕입니다. 그러나 그의 덕 규정에 나오는 규범적 요소는 '중용'으로 번역되는 그리스어 '메소테스'mesotes입니다. 따라서 우리는 아리스토텔레스의 윤리학을 '중용의 윤리학'이라고 할 수도 있습니다. 모든 덕은 양 극단 사이에 있는, 즉 '너무 많은 것'과 '너무 적은 것' 사이에 있는 중용으로 규정됩니다. 중용으로서의 덕은 윤리적 행위의 최고 척도이기도 합니다. '中庸'중용이라는 한자어는 일본 학자들이 그리스어 '메소테스'를 번역하기 위하여 중국 문헌에서 빌려온 말입니다. 영어권에서는 '메소테스'를 'Golden Mean'황금 중간이라고 번역합니다.

아리스토텔레스는 이런 의미의 덕을『니코마코스 윤리학』제2권 제6장에서 다음과 같이 정의하고 있습니다.

> 덕이란 일종의 의도적 행위에서 나오는 습성인데, 이 습성은 우리의 관점에서 개념적으로 규정되고 이성의 판단 하나하나에 따라 규정되는 중간 척도를 내포한다. 이 습성은 과다함과 결핍이라는 두 가지 결함이 욕정과 행위에 있어서 정도를 벗어나는 한, 그 두 결함 사이의 중간자이다. 반면에 덕은 중용을 찾아내고 그 중용을 위한 결단을 내린다. 이 때문에 덕이란 실체적으로 또 개념적으로 말하자면 일종의 중용이요, 반대로 완전성과 선이라는 관점에서 보면 최고의 것이다.

예를 들어, '절제'를 '방종'과 '둔감'의 중간으로, '너그럽고 후덕함'을 '방탕함'과 '인색함'의 중간으로 보는 것과 같이, 덕이라는 개념을 극단으로 포위하는 탐구방법은 윤리적 현상을 하나하나에 이르기까지 파악하려는 것을 의미합니다.

아리스토텔레스가 말하는 덕 목록의 내용은 신분윤리학에서 개발되었으며, 그리스의 자립적 자유 시민들의 덕 조항도 바로 이 신분윤리학에 기초하고 있습니다. 이 때문에 신분윤리학은 그리스도교 윤리학이나 칸트의 윤리학처럼 모든 사람에게 적용되는 보편적 의무를 부여하는 것이 아니라, 사회적 지위나 신분에 따라 의무를 부여할 뿐입니다.

시민적 의미의 윤리적 덕들은 아리스토텔레스에 와서 이성적 덕을 통해 증축되었으며, 이 이성적 덕에는 지혜그리스어로 'sophia'가 우선적으로 속합니다. 아리스토텔레스는 행복주의의 관점에서 관조적 삶을 인간이 도달할 수 있는 최고의 삶의 유형으로 간주합니다. 즉 '관조적 삶'그리스어로 'theoretikos bios'이란 아무런 방해도 받지 않고 단지 이성의 고찰에 바쳐진 삶을 의미합니다. 아리스토텔레스에게는 이런 삶이야말로 인간적 행복의 극치로 보였던 것입니다.

칸트Immanuel Kant, 1724~1804의 의무윤리학은 아리스토텔레스의 중용의 윤리학과는 다른 길을 갑니다. 칸트는 윤리학을 위한 절대적 출발점을 찾았습니다. 칸트는 먼저 상식적으로 '좋은 것'das Gute, 善이라고 생각되고 있는 것에 대한 분석으로부터 출발합니다. 세상 사람들이 '좋은 것'이라고 부르는 것 가운데는 명석한 두뇌, 뛰어난 판단력, 풍부한 해학 등과 같은 재능, 그리고 용기, 결단력, 지구력 등과 같은 기질, 그리고 권력, 부富, 명예, 건강 등이 있습니다. 이것들이 모두 좋은 것임은 의심할 여지가 없습니다.

그러나 만약 사기꾼이 뛰어난 재능이나 기질을 가지고 성공하였다고 생각해 봅시다. 아무도 그러한 재능이나 기질을 좋은 것이라고 말하지 않을 것입니다. 마찬가지로 그 사기꾼이 권력이나 부를 얻었다고 하더라도, 그것을 좋은 것이라고 보지는 않을 것입니다. 이처럼 세상 사람들이 좋은 것이라고 믿고 있는 것도 그것들을 사용하는 사람의 의지意志에 따라 '나쁜 것', 즉 악惡으로 될 수가 있습니다. 다시 말해서, 그것들이 착한 사람들의 의지, 즉 선의지ein guter Wille, 善意志에 의해서 사용되면 좋은 것이 되고, 나쁜 사람들의 의지에 의해서 사용되면 악이 됩니다. 따라서 세상 사람들이 좋은 것이라고 생각하는 것들은 어떤 목적을 달성하기 위한 수단으로서 좋은 것이 될 수는 있으나, 그 자체적으로 좋은 것이라고 할 수는 없습니다. 그러므로 칸트는 무조건적으로 선을 지향하는 의지 행위를 윤리적인 것에 있어서 가장 중요한 것으로 봅니다. 이리하여 칸트는 선의지라는 개념을 윤리학의 절대적 출발점으로 봅니다.

칸트의 『도덕형이상학원론』Grundlegung zur Metaphysik der Sitten, 1785에 나오는 다음과 같은 구절은 그것을 명백하게 보여 줍니다.

> 이 세계의 어디에서나, 아니 일반으로 이 세계의 밖에 있어서도, 무제한적으로 선하다고 볼 수 있는 것은 오로지 선의지 이외에는 아무것도 생각할 수가 없다. …… 선의지는 그것이 성취하고 수행하는 일이 선하기 때문에 선한 것도 아니며, 또 그것이 소기의 목적을 달성하는 데 유용하기 때문에 선한 것도 아니다. 선의지는 오로지 선을 의욕하기 때문에만 선한 것이요, 다시 말하면 그 자체로서 선한 것이다. 따라서 선의지는 그 자체만을 떼어서 보아도, 그것이 어떤 하나의 경향성을 위하여, 아니 우리가 원하는 경우에는 모든 경향성 전부를 위하여 성취할 수 있는 어떠한 일과도 비교할 수 없을 만큼 훨씬 더 높이 평가되지 않으면 안 된다.

이처럼 칸트에게는 이 세상에 있어서 절대적, 무조건적으로 좋은 것이라고 할 수 있는 선의지의 개발이야말로 인생의 궁극 목적이었던 것입니다. 따라서 인생의 가치는 선의지가 얼마만큼 인생에서 나타났으며, 선의지가 얼마만큼 인생을 형성하였는가에 의해서 평가되어야 합니다. 다른 말로 하자면, 도덕적 선은 목적에(어떤 선의 달성에) 있는 것이 아니라, 오히려 그 목적이 달성되든 그렇지 않든 상관없이, 선하게 행하려는 엄격한 의도에 있다는 것입니다. 물론 칸트는 도덕적 선이 선한 의도에 있다는 것을 요청하는 것이 아니라, 선의지를 행동으로 옮기기 위하여 도덕적 명령의 편에 모든 힘이 가해질 것을 요청합니다. 선의지는 다른 모든 부수적 의도들이 배제될 때 무엇보다도 쾌락에의 경향성이 배제될 때, 그 자신의 순수한 윤리적 형식을 드러내기 때문입니다. 이처럼 칸트의 윤리학은 모든 유형의 행복주의와 날카롭게 대립합니다.

칸트에 의하면, 누구나 선의지가 최고의 가치라는 것을 이미 상식적으로 알고 있다고 합니다. 따라서 사람들에게 이러한 사실을 가르쳐 줄 필요도 없다고 합니다. 철학의 사명은 사람들에게 착한 사람의 의지, 즉 선의지가 어떤 것인가를 가르쳐 주는 것입니다. 칸트는 이를 위하여 선의지를 의무와 관련시킵니다. 즉 선의지라는 개념은 의무라는 개념으로부터 도출된다는 것입니다. 다시 말해서, 애착심이나 공포감에서가 아니라, '의무로부터'aus Pflicht 의욕하고 행하였을 때 곧 선의지가 있다는 것입니다.

이때 칸트는 의무로부터 행한 행위와 '의무에 부합하는'pflichtmäßig 행위를 엄격하게 구별하고 있습니다. 예를 들어, 어떤 상인이 사업의 번창을 목적으로 고객에게 정직한 행위를 하였다고 합시다. 그것은 의무에 부합하는 행위이기는 하지만 결코 의무로부터 말미암은 행위는 아니며 따라서 도덕적 행위라고 할 수 없다는 것입니다. 그러나 만약 그 상인이 '거짓말해서는 안 된다.'라는 의무 의식에서 고객에게 정직한 행위를 하였다면, 그것은 도덕적 행위라고 할 수 있습니다.

칸트는 다음과 같은 예도 들고 있습니다. 천성이 어진 어떤 사람이 있다고 가정합시다. 그가 친구의 곤궁한 처지를 보고 마음이 아파 견딜 수 없어 동정을 하였다고 합시다. 이때 그의 자선행위가 아무리 의무에 부합하고 아무리 칭찬받을 만하다고 하더라도 그것은 결코 도덕적인 행위라고 할 수 없습니다. 왜냐하면 그것은 의무 의식에서 말미암은 행위가 아니라, 자애심에서 비롯된 행위이기 때문입니다. 그러나 천성이 어진 사람이 도리어 남의 도움을 받아야 할 만큼 비참한 처지에 빠져 있으면서 감연히 일어나 '가능한 한 남을 도와야 한다.'라는 일념에서 자선 행위를 하였다면, 그것은 도덕적 행위라고 할 수 있습니다.

칸트는 의무의 개념을 다음과 같이 표현합니다.

> 의무란 법칙에 대한 경외심에서 나오는 행위의 필연성이다.

여기에서 의무 개념과 법칙 개념은 내용적·구체적으로 규정되는 것이 아니라, 순수하게 형식적으로 규정됩니다. 이런 의미에서 칸트의 윤리학을 형식윤리학이라고도 합니다.

> 선의지는 법칙이 인간 스스로 부여할 수 있는 그러한 가치의 소중한 조건으로 있기를 원한다.

위에서 인용된 두 대목에서 중요하게 규정되는 인간의 경외심과 가치는 칸트 윤리학의 이상적이고도 인본적인 특성을 잘 보여 줍니다. 이 특성은 인간 존엄성이라는 개념에 결정적으로 포함됩니다. 피조물로서의 인간은 자연법칙에 종속되지만, 사유하는 도덕적 존재로서의 인간은 인과율에 던져져 있는 것이 아니라 인과율에서 벗어나 있습니다. 인간은 자신의 선의지가 가지는 자율성Autonomie의 힘으로 스스로 법칙을 부여하는 가운데 이러한 자유를 증명합니다.

독일의 신칸트주의 철학자 빈델반트Wilhelm Windelband, 1848~1915는 자신의 저서 『철학사 교과서』에서 칸트 윤리학의 원리를 다음과 같이 표현하고 있습니다.

> 인간은 자신의 이익을 위해서가 아니라 자신에 대한 존경심에 의해 자신의 의무를 다해야 하며, 이웃 사람들과의 교류에 있어서

이웃 사람들을 다른 목표 달성을 위한 단순한 수단으로 다루어서는 결코 안 될 뿐만 아니라 인격의 존엄성을 항상 존중할 것을 규준으로 삼아야 한다.

결국 칸트는 일반적 의미에 있어서는 서로 대립되는 '의무'와 '자유'라는 개념을 연결시키고 있습니다. 칸트에 의하면, '나 스스로 원하는 나의 선의지가 들어 있는 의무야말로 동시에 나의 내적 자유'입니다. '나'는 내 의무를 인정하는 가운데, '나 자신'을 입법자와 동일시합니다. 즉 '나 자신'이 입법자인 것입니다. 나의 행위는 '내 안에 있는 도덕적 법칙'에서 나옵니다. 의무와 자유의 이러한 연결은 쉴러Friedrich von Schiller, 1759~1805와 같은 독일 고전주의자들의 바람직한 인간상人間像을 위해 중요한 의미를 지니게 됩니다. 쉴러는 칸트와 동시대에 살았던 독일의 시인이자 극작가입니다. 독일 고전주의의 '인격성'이라는 개념도 여기에 바탕을 두고 있습니다.

칸트의 '자유'독일어로 'Freiheit' 개념은 자의恣意, 독일어로 'Willkür'라는 개념을 배제합니다. 도덕적 인격체는 스스로 행위 원칙을 세운다는 의미에서 자율적이지만, 동시에 그 인격체의 행위가 인간의 공동체를 위한 모범이 되어야 한다는 사실에 의해 구속되어 있습니다. 이것이 바로 저 유명한 정언명법입니다. '정언적'이란 무조건적임을 뜻하고, '명법'이란 명령을 뜻합니다.

네 의지의 최상의 근본법칙이 언제나 동시에 보편적 입법의 원리로서 타당하도록 그렇게 행하라!

오늘날 우리는 일관적이고 구속력을 지닌 도덕체계 없이 살아간다고 해도 과언이 아닙니다. 우리를 여러 가지 방식으로 행동하게 하는 여러 갈래의 도덕이 있기는 하지만, 막상 우리는 우리 자신의 행동을 정당화하고자 할 때 어려움을 겪게 됩니다. 왜냐하면 우리가 고수하는 도덕적 신념을 왜 고수해야 하는지를 설명하기란 쉽지 않기 때문입니다. 서양의 도덕관을 구성하고 있는 것 중의 대부분은 유대-그리스도교적 전통으로부터 상속된 것입니다. 만약 300년 전에 서양 사람에게 '왜 우리는 남이 우리에게 행하기를 바라는 대로 남에게 행해야 하는가?'라는 질문을 했다면, 의심할 바 없이 그들은 종교적인 대답을 했을 것입니다.

지난 300년 동안 서양에서는 종교적 신념을 통해서 도덕관을 정초할 수 있다는 자신감이 상실되어 왔다는 것은 분명합니다. 이러한 자신감 상실은 부분적으로 신적인 권위에 호소하지 않고 다른 방법으로 도덕적 신념을 정당화할 수 있어야 한다는 확신에 기인합니다. 즉 도덕적 신념은 도덕적 행위의 주체에게 합리적인 것으로 보여야 한다는 확신 말입니다. 물론 이러한 확신은 소크라테스에게로 소급될 수 있습니다. 그러나 종교가 도덕을 기초 지울 수 없다는 자신감의 상실과 더불어, 다른 어떤 형태의 정당화도 종교를 대신할 수는 없었습니다. 물론 다른 형태의 정당화가 있는 것은 분명하지만, 보편적 관심 혹은 깊은 관심을 끄는 것은 아무것도 없습니다.

아리스토텔레스가 살았던 그리스 세계와 오늘날의 세계가 다르게 되는 한 가지 방식은, 오늘날의 세계에서는 행위보다도 의도를 더 강조한다는 점입니다. 그리스도교적 시각에서 보면, 어떤 사람이 출생할 때의 빈부나 살아가면서 훌륭한 업적을 남길 기회가 실제로 있었는지의 여부는 궁극적으로 아무런 문제가 되지 않습니다. 문제가 되는 것은 그가 훌륭한 마음씨를 갖고 있는지, 가난하게 살고 있는지, 다른 사람에게 잘해 줄 의도가 있는지, 성서와 교회의 가르침에 복종하고 있는지 등입니다. 우연히 출생함으로 말미암아 이웃에게 아무것도 해 줄 수 없을지라도, 우리는 이웃을 사랑할 수 있다는 것입니다. 고대 그리스인들의 생각은 이와는 대조적입니다. 잘 살 기회를 박탈당했다면, 아무것도 그것을 보상해 주지 않는다는 것입니다. 우연적인 지위나 환경이 세상에서 잘 살지 못하도록 할 수도 있는 것처럼 보였기에, 그들은 운명이라든가 우연이라는 개념에 시달렸던 것입니다. 저승에서의 사후생활을 믿었던 그리스인들조차도 저승에서 보상받을 것이 있다고 믿지는 않았습니다. 그런 일은 절대로 없다는 것입니다. 그들은 이승에서 훌륭한 삶을 살 수 없었던 치욕이 사후에도 계속된다고 믿었습니다. 의도대로 하지 못하게 하는 우연이나 운명에 대한 조망이 그리스인들을 공포에 떨게 하였으며, 그들의 문학과 철학은 대부분 이러한 사실을 반영하고 있습니다.

그리스도교는 우연에 대해서 보상해 주고자 했습니다. 그리스도교는 현세에서의 유덕한 삶이 보상받는 사후의 삶을 약속했습니다. 그러나 그러한 약속이 지켜질 수 있도록 하기 위해서는 '덕'이라는 단어의 의미를 극적으로 변화시켜야만 했습니다. 그리스인들에게 있어서 '덕'그리스어로 'arete'은 '탁월성'영어로 'excellence'을 의미했습니다. 즉, 덕이 있다는 것은 무엇인가를 함에 있어서 탁월하다는 것이었습니다. 아킬레스는 탁월한 전사戰士였기에 덕이 있는 사람이었으며, 가족, 친구 등의 불행에 대비할 수 있는 사람이었습니다. 그리스도인들에게 있어서 '덕'은 내면적 정신의 한 성질을 가리키게 되었는데, 이 성질은 전혀 외면화되지 않거나 거의 외면화되지 않습니다. 만약 어떤 사람이 이와 같이 내면적으로 덕이 있는 삶을 살았다면, 비록 세계가 정의롭지 않았다고 하더라도(세계가 그 사람을 인정하지 않거나 그 사람에게 보상해 주지 않는다고 하더라도) 그 사람의 덕은 궁극적으로 인정받을 것이라고 그리스도인들은 생각했습니다. 그리스인들이 이것을 이해한다는 것은 거의 불가능할 것입니다. 그러나 사람들이 그리스도교라는 종교를 믿는 한, 이러한 신념이 현세에서의 우연과 운명을 보상해 줍니다.

그러나 그리스도교적인 내세를 믿든 안 믿든, 도덕성이 특별히 종교적인 정당화를 요구해서는 안 된다는 점을 인정한다면, 내면적으로 유덕한 삶은 그 자체적으로 인간을 이끌어 가는 훌륭한 삶임에 틀림없습니다. 칸트는 내세라는 보답에 의존하지 않는 내면적인 삶을 정당화하고자 했는데, 그것은 그가 종교적인 신앙을 잃었기 때문이 아니라 도덕성을 다른 것에 의존하지 않고 정당화하고 싶어 했기 때문입니다.

칸트는 도덕성을 곧바로 고귀한 존재로서의 인간, 즉 이성적으로 자유로운 행위자로서의 인간과 관련시킵니다. 그는 행위자에게 우연히 일어날 뿐인 욕구로 말미암아 행위자가 도덕의 포로가 되는 것은 아니라고 주장했습니다. 이 점에서 칸트는 도덕성과 행복 추구를 연결하고 있는 끈을 끊고 있습니다. 행위자에게 그러한 욕구가 일어나지 않을 수도 있다는 것입니다. 그리고 칸트는 행위자가 그와 같은 우연의 끈에 의하여 도덕적으로 구속받는다는 것은 참을 수 없는 일이라고 생각했습니다. 도덕성은 행위자가 이성적인 한에 있어서만 행위자를 구속해야 한다는 것입니다. 따라서 칸트에게 도덕성을 구성하는 것은 오로지 이성의 형식적 법칙이어야 했습니다. 인간은 도덕적 판단을 내리기 위해서 자신을 순수한 이성적 행위자로 간주함으로써, 특정한 욕망과 열정과 사적인 관심의 지배로부터 완전히 벗어나는 존재자가 됩니다. 칸트가 생각했듯이, 인간은 도덕성에서 최고의 자유를 실현할 수 있습니다.

칸트의 도덕성이 사후에 대한 신적인 보상을 제공하는 것은 아니지만, 칸트의 도덕성은 우리가 살아 있음을 깨닫게 해 줍니다. 앞에서도 살펴본 바 있지만, 칸트의 도덕성을 조망해 보면, 중요한 것은 우리가 실제로 살아가고 있는 구체적인 방식이나 환경이 아니라, 우리가 선의지善意志를 가지고 있는지의 여부입니다. 만약 우리가 진정으로 우리 스스로 입법한 도덕법칙에 따라 행하고자 한다면, 실제로 어떻게 행하든 간에, 그리고 그렇게 행할 수밖에 없었던 환경과는 상관없이, 그리고 행위의 결과와는 상관없이, 우리는 보상을 받습니다. 그 보상은 다름 아닌 자신이 선한 사람임을 알게 된다는 것입니다.

만약 칸트와 아리스토텔레스가 동시대에 살고 있었다면, 두 사람은 서로 상대방의 근본 의도에 대해서 결점을 지적할 수 있었을 것입니다. 칸트로서는 아리스토텔레스의 윤리학을 도덕의 체계로서 인정할 수 없었을 것입니다. '인간에게 훌륭한 삶은 어떤 삶인가?'라는 물음에 대답하고자 시도하고 있는 것이 아리스토텔레스의 윤리학입니다. 아리스토텔레스에게 인간은 본성상 정치적(사회적)인 생명존재이기 때문에, 인간이 훌륭한 삶을 성취하게 되는 곳은 사회(국가)이며, 따라서 사회로부터 추상된 개인에게는 훌륭한 삶에 관한 물음이 무의미하게 됩니다. 훌륭한 삶을 살아갈 수많은 기회와 환경을 제공해 주는 곳이 사회입니다. 이 때문에 '훌륭한 삶이 어떤 삶인가?'라는 물음에 대해서는 정치학이 대답해야 합니다.

아리스토텔레스에 따르면, 정치학의 목적은 행동에 의해서 성취할 수 있는 최고선입니다. 이 최고선이 '행복'그리스어로 'eudaimonia'이라는 것에 대해서는 일반적으로 동의한다고 아리스토텔레스는 말하고 있습니다. 일반적으로 그리스어 '에우다이모니아'eudaimonia는 'happiness'라는 영어로 번역됩니다. 그러나 'human flourishing'이나 'well-being'으로 번역하는 것이 더 낫습니다. 『니코마코스 윤리학』의 목적은 사회 내에서 윤리적 삶을 살아갈 때에, 우리는 행복하게 된다는 것을 반성적으로 이해하도록 하는 것입니다. 이러한 반성적 이해는 그 자체가 실천적 가치를 지니는 것으로 상정되고 있습니다.

아리스토텔레스는 『니코마코스 윤리학』 제1권 제2장에서 다음과 같이 말하고 있습니다.

> 만약 우리가 하는 모든 일에 우리로 하여금 그것 자체 때문에 욕구하게끔 하는 어떤 목적이 있다면(다른 모든 것은 이 목적 때문에 욕구된다) …… 분명히 이 목적은 선이요, 또한 최고의 선이 아닐 수 없다. 그렇다면 이 목적에 대해서 아는 것은 우리의 삶에 매우 큰 영향을 미치지 않을까? 과녁을 겨누고 있는 궁수弓手처럼, 우리가 마땅히 해야 할 것이 무엇인지에 대해서 더욱 잘 적중시킬 것이 아닌가? 그렇다면 우리는 이 목적이 무엇인지를 적어도 윤곽으로나마 결정하고자 노력해야 한다.

칸트는 이와 같은 윤리적 관점을 도덕성의 체계로 인정하지 않을 것입니다. 칸트에 있어서 도덕성은 자기 입법적 혹은 자율적이어야 합니다. 즉 도덕성은 순수하게 이성적인 의지가 스스로 입법하는 바의 것이어야 합니다. 칸트에게는 단순히 주어진 어떤 목적(예를 들어, 인간적인 행복)을 성취하려는 어떤 시도도 타율성으로 간주될 것이며, 따라서 도덕성으로서의 자격을 부여받을 수 없을 것입니다.

그러나 아리스토텔레스는 칸트의 도덕성을 윤리적 관점으로서 인정하지 않았을 것입니다. 인간적인 행복을 윤리학이 외적 목표로서 성취하고자 하는 목적이라고, 즉 단순히 주어진 어떤 목적이라고 보는 것을 해괴한 생각이라고 여길 것입니다. 아리스토텔레스가 염두에 두고 있는 행복은, 어떤 사람이 우연히 소유하게 될 뿐인 욕구 만족에 그 토대를 두고 있는 것이 아닙니다. 아리스토텔레스에 따르면, 인간은 자연(본성)을 가지고 있습니다. 즉 인간에게는 인간 존재이도록 하는 명확하고도 가치 있는 그 무엇이 있습니다. 행복은 이 고상하고 가치 있는 삶을 사는 데에 있습니다. 즉 인간이 완전하고 풍요로운 삶을 살기 위하여 반드시 소유해야 하는 욕구들을 만족시키는 데에 행복이 있습니다. 그러나 이러한 욕구들이 완전하게 인간적인 삶을 살기 위해서 인간에게 필수적이기는 하지만, 그러한 욕구들이 선천적인 추론에 의해서 발견되지는 않습니다.

아리스토텔레스는『니코마코스 윤리학』제1권 제10장에서 다음과 같이 묻고 있습니다.

> 잠깐 동안만이 아니라 생애 전체를 통해서, 그리고 충분히 의지할 수 있는 방책을 가지고서 덕의 최고 표준을 따라 능력을 발휘하는 사람을 왜 우리는 행복하다고 해서는 안 되는가?

이 물음에 대하여 '왜냐하면 인간의 행복은 인간이 유덕한 삶을 사는 것과 어떤 관계가 있을 수도 있고 없을 수도 있는 욕구의 충족에 달려 있기 때문이다.'라고 대답하면 아리스토텔레스를 잘못 이해하고 있는 것입니다. 아리스토텔레스에게 순수한 행복 추구와 유덕한 삶은 완전히 같은 것입니다. 아리스토텔레스에게 행복한 삶은 인간이 자기의 본성을 충분히 실현하는 삶입니다. 그리고 이와 같은 인간 본성의 실현이 바로 유덕한 삶입니다. 이것을 무시하는 어떠한 사유체계도 아리스토텔레스에게는 윤리적 체계로서 간주될 수 없었을 것입니다.

칸트의 도덕성에 대한 가장 심각한 비판 중의 하나는 칸트의 도덕성이 내용을 결여하고 있다는 것입니다. 매우 흥미롭게도 이러한 비판을 최초로 한 사람은 헤겔이었는데, 그는 아리스토텔레스의 영향을 아주 많이 받은 철학자였습니다.

메타윤리학

'우리는 무엇을 해야 하는가?', '인생의 궁극 목적은 무엇인가?' 등과 같은 실천적 물음에 대답하여 절대적인 행위의 법칙이나 보편적인 인생의 목적을 발견하고 제시하는 것을 윤리학의 임무로 볼 때, 윤리학은 규범윤리학의 성격을 띠게 됩니다. 그런데 현대의 윤리학은 종래의 규범적 문제 외에 윤리학 자체의 '학'學으로서의 가능성 여부를 묻는 또 하나의 문제를 그 과제로 삼고 있습니다. 이 새로운 문제를 탐구하는 현대의 윤리학을 일반적으로 메타윤리학이라 하여 종래의 규범윤리학과 구별합니다. 현대의 메타윤리학에도 여러 갈래가 있지만, 그중에서 무어의 윤리설과 에이어의 윤리설을 간단히 살펴보겠습니다. 특히 에이어와 같은 입장을 취하는 윤리설을 정서주의emotivism 윤리설이라고 합니다. 여기서는 무어의 윤리설부터 살펴보겠습니다.

영국의 현대 철학자인 무어George Edward Moore, 1873~1953에 의하면, 윤리학의 과제는 다음의 두 가지 물음으로 요약될 수 있다고 합니다. 첫째 물음은 '좋음good이란 무엇인가?'라는 물음이고, 둘째 물음은 '우리는 어떻게 행동해야 하는가?'라는 물음입니다. 이 중에서 무어가 중요하다고 본 것은 첫째 물음입니다. 종래의 많은 윤리학이 인간 행위의 좋고 나쁨의 문제나 도덕적 의무의 탐구에 중점을 두어 온 것과는 달리, 무어는 좋음 그 자체에 관한 연구야말로 윤리학의 가장 기본적인 과제라고 생각하였습니다. 왜냐하면 인간의 행위 이외에도 좋고 나쁨이 있으며, 또 어떠한 행위가 좋고 어떠한 행위가 나쁜가를 판단하기에 앞서, 먼저 '좋음'이라는 말의 의미가 밝혀져야 하기 때문입니다.

무어에 의하면, '좋음이란 무엇인가?'라는 물음이 '어떠한 것들이 좋은가?'라는 물음과 혼동되어서는 안 된다고 합니다. 무어에게 전자의 물음은 좋음에 대한 정의定義의 문제와 같습니다. 그런데 정의의 가장 중요한 목적은 하나의 전체를 불변적으로 구성하고 있는 부분들을 진술하는 것이므로, 우리는 분석에 의하지 않고서는 아무것도 정의할 수 없다고 무어는 말하고 있습니다. 그렇다면 우리는 '좋음'을 정의할 수 없습니다. 왜냐하면 '노랑'이라는 색이 정의될 수 없는 단순 관념인 것처럼, '좋음'이라는 개념도 단순 관념이기 때문입니다. 따라서 '좋음이란 무엇인가?'라는 물음에 대해서는 '좋음은 좋음이다.'라고 답할 수밖에 없으며, '좋음은 어떻게 정의될 수 있는가?'라는 물음에 대해서는 '좋음은 정의될 수 없다.'라고 답하는 것이 '좋음'에 대해서 말할 수 있는 것의 전부라고 무어는 말하고 있습니다.

여기에서 우리가 주의해야 할 점은, 무어의 주장에 따르면, '좋음'이 정의될 수 없다는 것이지, 결코 '좋은 것'the good이 정의될 수 없다는 것이 아니라는 점입니다. '좋음'과 '좋은 것'은 엄밀히 구별되어야 합니다. 무어가 정의 불가능하다고 주장하는 것은 어디까지나 '좋음'이라는 성질에 대해서일 뿐이며, '좋음'이라는 성질을 지니는 좋은 것에 대해서가 아니라는 것입니다. '좋은 것'은 마치 '좋은 집', '좋은 사람'처럼 '좋은'이라는 형용사가 그것에 적용되는 것이며, 좋음 자체와는 다릅니다. '좋은 것'에는 '좋음'이라는 성질 이외에도 여러 가지 다른 성질도 있습니다. 예를 들어, 쾌락은 '좋은 것'인 동시에 '욕구의 대상'이라는 성질을 지니고 있습니다. '좋은 것'은 여러 가지 성질을 지닌 복합적인 것이기 때문에 분석될 수 있으며, 따라서 그것의 정의가 가능하다는 것이지요.

무어에 의하면, '좋음' 자체는 결코 정의될 수 없는 것임에 불구하고, 지금까지 많은 윤리학자들이 여러 가지 정의를 시도하였다고 합니다. 예컨대 '좋음은 쾌락이다.', '좋음은 욕구의 대상이다.' 등입니다. 그러나 그러한 정의는 전혀 다른 두 가지 성질을 동일시하는 오류를 범한다는 것은 말할 나위 없으며, 우리는 이것을 조금만 생각해 보면 곧 알게 될 것이라고 무어는 말하고 있습니다. 다시 말해서, '좋음'과 '쾌락'은 전혀 다른 두 가지 성질이며, '좋음'과 '욕구의 대상'도 전혀 다른 두 가지 성질이라는 것입니다.

무어와 마찬가지로 영국의 현대 철학자인 에이어Alfred Jules Ayer, 1910~1989에 의하면, 종래의 윤리학은 그 체계가 서로 다르지만, 종래의 윤리학에는 대체로 다음과 같은 네 가지 종류의 명제가 포함되어 있다고 합니다. 첫 번째 종류의 명제는 윤리적 개념을 정의하고 있는 명제('선이란 행복이다.'와 같은 명제)이고, 두 번째 종류의 명제는 도덕적 현상과 이들 현상의 원인을 사실적으로 기술하는 명제(가령 '부정부패의 원인은 돈이다.'와 같은 명제)이고, 세 번째 종류의 명제는 도덕적 미덕을 권고하는 명제('약속은 지키시오!'와 같은 명제)이고, 네 번째 종류의 명제는 실제로 윤리적 판단을 내리고 있는 명제('거짓말하는 것은 나쁘다.'와 같은 명제)입니다.

이들 네 가지 종류의 명제와 윤리학의 관계에 대해서 에이어는 다음과 같이 설명합니다. 첫 번째 종류의 명제만이 윤리학을 구성하고, 두 번째 종류의 명제는 심리학이나 사회학의 과제입니다. 그리고 세 번째 종류의 명제는 명제가 아니라 듣는 사람으로 하여금 어떤 행동을 하도록 촉구하는 명령 또는 부르짖음과 같은 것이며, 따라서 학문의 체계 안으로 들어갈 수 없습니다. 네 번째 종류의 명제는 정의도 아니고 어떤 정의에 대한 비판도 아니며 정의에 대해서 무엇인가를 언급하고 있지도 않습니다. 결국 에이어는 첫 번째 종류의 명제만이 윤리학의 과제이며, 윤리학은 윤리적 개념에 대한 정의의 타당성 및 가능성을 검토하는 것을 그 과제로 삼아야 한다고 말하고 있습니다.

윤리학에 대한 이러한 견해에 입각할 때, 윤리적 개념은 분석(정의)될 수 없습니다. 에이어에 의하면, 윤리적 개념들이 분석될 수 없는 까닭은 그것들이 참된 개념이 아니라 '사이비 개념'pseudo-concept이기 때문입니다. '철수는 착한 일을 하였다.'라는 문장은 '철수는 행위를 하였다.'라는 문장에 '착한'이라는 윤리적 개념이 덧붙여 있을 뿐이지, 어떤 새로운 사실을 주장하는 것이 아니라는 것입니다. 그리고 '철수는 돈을 훔쳤기 때문에 돈을 훔친 철수의 행동은 그릇된 행동이다.'라는 문장은 '철수는 돈을 훔쳤다.'라는 문장과 사실상 같은 내용을 주장하고 있다는 것입니다. 따라서 '좋음', '그름'과 같은 윤리적 개념은 공허한 개념에 지나지 않는다는 것입니다.

이리하여 에이어는 윤리적 개념은 개념이 아니라 감정을 표현하는 기호에 불과하다고 말합니다. 에이어에 의하면, 우리들이 윤리적 판단에서 사용하는 윤리적 언사言辭는 "불이야!" 하고 외침으로써 우리의 어떤 감정을 나타냄과 아울러, 그 소리를 듣는 사람에게 어떤 감정과 행동을 불러일으키는 기능을 가지고 있다고 합니다. 이때 주의할 것은, 에이어가 감정을 표현하는 일과 감정에 대해서 기술記述하는 일을 구별하고 있다는 사실입니다. 예를 들어, "관용은 미덕이다."라는 발언은 '나는 관용에 대해서 시인하는 감정을 가지고 있다.'라고 하는 심리적인 사실을 진술하는 것이 아니라, 마치 '아차!' 하는 외마디 부르짖음처럼 자신의 감정을 직접적으로 표현하는 것에 지나지 않는다는 것입니다.

이와 같은 에이어의 견해를 받아들인다면, 동일한 사실에 대해서 두 사람의 윤리적 판단이 다르다 할지라도 그 판단은 각각 자신의 주관적 감정을 표현하는 것 이상의 다른 어떤 것이 아니기 때문에, 우리는 어느 쪽이 옳고 그른가를 단정할 수가 없으며, 따라서 우리는 양자의 의견 차이를 결코 이론적으로 해결할 수 없게 됩니다. 왜냐하면 가령 두 사람 가운데 한 사람은 "음주 행위는 좋은 것이다."라고 말하고, 다른 한 사람은 "음주 행위는 나쁜 것이다."라고 말했을 때, 두 사람은 다 같이 진실을 말하고 있기 때문입니다. 이렇게 보면 윤리적 판단을 달리하는 두 사람 사이에는 아무런 모순이 없다고 보아야 합니다. 왜냐하면 모순이란 객관적 사실에 대한 기술적記述的 판단 사이에서만 있을 수 있기 때문입니다. 따라서 윤리의 문제는 언제나 주관적 의견의 차이와 일치의 문제로 돌아갈 수밖에 없게 됩니다. 사람들이 가치에 관해서 서로 논의하고 있는 것처럼 보일 경우에도, 따지고 보면 사실에 관한 논의에 지나지 않는 경우가 많습니다. 그러므로 윤리 문제에 관해서 의견이 일치하지 않는 경우에는 사실에 대한 인식이 일치하도록 노력하는 수밖에 없습니다. 같은 사회질서 속에서 살고, 같은 수준의 교육을 받은 사람들끼리 사실에 대한 인식이 일치한다면, 그것에 대한 도덕적 태도 역시 일치할 수 있다고 에이어는 믿습니다.

이리하여 에이어는 규범윤리학을 배제합니다. 왜냐하면 단순히 주관적 감정의 표현에 지나지 않는 윤리적 명제는 객관적 지식의 체계로서 성립될 수 없기 때문입니다. 우리는 고작해야 어떤 개인 또는 집단의 도덕적 습관은 어떠한가, 그리고 무엇이 그들에게 그러한 습관과 감정을 어김없이 불러일으키는가를 연구할 수 있을 뿐입니다. 이리하여 철학으로서의 윤리학은 논리학의 일부분이 되며, 과학으로서의 윤리학은 심리학이나 사회학의 한 부분에 속하게 됩니다.

벤담이 들려주는 도덕 및 입법의 원리

영국의 철학자이자 법학자였던 제러미 벤담Jeremy Bentham, 1748~1832은 우리가 잘 아는 독일의 근대 철학자 칸트보다 24년 늦게 태어난 인물입니다. 인생의 목적은 '최대 다수의 최대 행복'the greatest happiness of the greatest number의 실현에 있으며 쾌락을 조장하고 고통을 방지하는 능력이야말로 모든 도덕과 입법의 기초원리라고 하는 공리주의功利主義, utilitarianism를 주창한 인물이기도 합니다.

공리주의는 '공리성'을 가치 판단의 기준으로 하는 사상입니다. 일본 학자들이 '공리성'功利性이라고 번역한 말의 영어는 '유틸리티'utility입니다. 오늘날 컴퓨터공학에서는 컴퓨터 이용에 도움이 되는 각종 소프트웨어를 유틸리티라고 합니다. 일상적으로는 '유틸리티'를 '유용성'이라고 번역합니다. 그렇다면 일본 학자들이 왜 '유틸리티'를 '공리성'이라는 한자어로 번역했을까요? 그 이유를 벤담의 주저인 『도덕 및 입법의 원리 서설』An Introduction to the Principles of Morals and Legislation, 1789을 통해서 살펴보기로 하겠습니다. 『도덕 및 입법의 원리 서설』을 집필하면서 벤담이 목표로 삼은 것은, 형법의 입법에 과학적으로 접근하기 위한 토대를 발견하는 것이었습니다. 그는 이러한 토대가 성문율成文律과 판례判例에 있는 것이 아니라 인간의 본성에 있다는 것을 발견했기 때문에, 『도덕 및 입법의 원리 서설』은 도덕에 관한 저서이기도 합니다.

벤담의 이론에는 상이한 두 요소가 있습니다. 첫 번째 요소는 인간의 모든 행동은 쾌락을 추구하고 고통을 회피하는 방향으로 나아간다는 심리학적 원리입니다. 두 번째 요소는 각 개인의 행동은 최대 다수의 최대 행복을 촉진시키도록 해야 한다는 사회윤리학적 원리입니다. 벤담에 따르면, 이 두 원리가 그 기원이나 적용 대상에 있어서 서로 아무런 관련이 없다는 것이, 행복은 쾌락의 추구와 고통의 회피 이외의 다른 아무것에도 없다는 사실에 의하여 변경되지는 않습니다.

벤담은 최대 다수의 최대 행복을 촉진시켜야 하는 의무를 '유틸리티의 원리'라고 불렀습니다. 그는 이성의 시대였던 18세기의 방식으로는 자기 철학의 제일원리(유틸리티의 원리)가 증명될 수 없다는 점을 솔직하게 인정했습니다. 왜냐하면 증명의 연쇄는 어디에선가 시작되어야 하는데, 제일원리보다도 상위에 있는 원리란 있을 수 없기 때문입니다. 제일원리는 '인간에게 자연적으로 구성되어 있는 틀'의 일부라는 것이며, 인간은 자기 자신의 행동을 지시할 때는 아닐지라도 타인에 대하여 판단할 때에 그 원리를 자발적으로 받아들인다고 벤담은 말하고 있습니다. 유틸리티의 원리 이외에도 인간에게는 '선의지'나 '자비심' 등과 같은 사회적 동기가 있어서 이것들이 유틸리티의 원리와 잘 조화하여 일을 수행하지만, 친절하고자 하는 경향성과 유틸리티의 원리는 별개의 것이라고 벤담은 믿었습니다. 후자는 모든 도덕의 토대에 놓여 있는 예지적인 규칙이며, 따라서 모든 입법의 토대에 놓여 있는 예지적인 규칙입니다.

벤담이 18세기의 다른 도덕철학자들과 구별되는 것은 주로 다음의 두 가지 점입니다. 첫째, 벤담은 도덕의 궁극적 원리가 오직 한 개뿐이라는 것을 간파했으며, 둘째, 그가 내세운 원리는 경험적으로 적용될 수 있는 원리입니다. '이성의 시대'는 흔히 자명한 원리들, 직관적 확신들, 자연법칙들 등에 호소하는 시대였습니다. 그러나 벤담은 이것들 중의 어느 것도 사람들이 동의할 수 있는 외적 기준이 아니라고 불평했습니다. 많은 사례들의 경우에 자연의 진리라고 주장되어 온 것들은 유틸리티의 원리의 표현이었다는 것입니다. 그러나 다른 시대에는 자연의 진리라고 주장되어 온 것들이 사적인 감정, 편견, 관심 등의 표현에 불과했다고 벤담은 말하고 있습니다.

다른 한편으로 유틸리티의 원리는 선악善惡과 정사正邪를 모든 사람이 이해하고 받아들일 수 있는 방식으로 정의할 수 있도록 해 주었습니다.

> 자연은 인류를 두 군주, 즉 고통과 쾌락의 지배하에 두었다. …… 유틸리티의 원리는 이와 같은 종속관계를 인정하며, 그 체계의 토대를 위해서 그와 같은 종속관계를 당연한 것으로 여긴다. 그 체계의 목적은 이성과 법률에 의하여 지복至福한 조직체를 건립하는 것이다.

이와 같은 토대를 마련한 후에, 벤담은 『도덕 및 입법의 원리 서설』의 나머지 부분에서 주로 사회적 통제의 문제와 관련하여 인간 행동의 심리적 구조를 상세하게 분석하는 데 몰두했습니다. 벤담의 목표는 자기의 주제를 자연스럽게 분류하는 것이었으며, 또한 귀납적 결과들을 이끌어 내는 데 도움이 되는 것들을 일목요연하게 정리하는 것이었습니다. 구체적인 내용을 살펴보면 다음과 같습니다.

첫째, 벤담은 쾌락과 고통에 대하여 살펴봅니다. 벤담에 의하면, 입법자는 쾌락과 고통에 이중적 관심을 가지고 있습니다. 일반적으로 행복은 쾌락의 추구와 고통의 회피에 있으므로, 입법자는 쾌락의 추구와 고통의 회피를 목적 내지 목적인目的因으로 삼아야 합니다. 그러나 입법자는 동기를 무시할 수 없기 때문에, 그는 또한 동기들을 도구 내지 시동인始動因으로서 고려해야 합니다. 쾌락과 고통이 어디로부터 오는가를 필연적으로 고려하도록 하는 것은 특히 후자, 즉 동기입니다. 입법자는 인간에게 자비로움을 향하는 것과 같은 내적 동기들 이외에 덕과 옳음을 강화시키는 몇몇 외적인 힘 혹은 '제재制裁 방법'이 있다는 충고를 듣습니다. 물리적 제재는 현명하지 못한 행동에 가해지는 고통과 손해입니다. 종교적 제재는 신의 분노에 대한 두려움 혹은 신의 호의에 대한 희망입니다. 통속적 제재는 동료 시민들의 호의 혹은 냉대입니다. 정치적 제재는 다른 제재 방법들이 효과가 없을 경우에 국가의 통치력이 시행하는 보상과 처벌이므로 쾌락과 고통의 네 번째 원천입니다.

특정한 고통과 쾌락의 가치는 분명히 입법의 목적에 관련되지만, 그에 못지않게 수단과도 관련됩니다. 왜냐하면 우리는 범죄를 억제하는 힘이 범죄를 억제하려는 목적에 기여하도록 하기 위해서는, 쾌락이나 고통을 수반하는 수단을 잘 활용하여 범죄를 억제하는 힘이 범죄를 유혹하는 힘을 능가하도록 해야 하기 때문입니다. 벤담은 쾌락 혹은 고통의 양量을 측정하는 것이 가능하다고 믿었으며, 계산 가능한 일곱 개의 요소(강도, 지속, 확실성, 원근성, 다산성, 순수성, 범위)를 가정했습니다.

벤담은 고통과 쾌락의 양적인 측면 이외에 여러 종류의 고통과 쾌락이 있음을 인정했으며, 고통과 쾌락의 표를 만드는 데 한 장章을 할애하기도 했습니다. 지각知覺은 대개 복합적인 것이며 한 개의 고통 혹은 한 개의 쾌락 혹은 한 개의 고통과 한 개의 쾌락 이상으로 구성된다고 벤담은 주장합니다. 그는 지각을 단순 부분들로 분석하여 그것들을 나열하는 작업에 착수합니다. 그는 감각적 쾌락 이외에 획득과 소유의 쾌락, 기량의 쾌락, 우정의 쾌락, 좋은 이름의 쾌락, 힘의 쾌락 및 심지어는 증오의 쾌락 등이 있음에 주목했습니다. 그는 감각적 고통 이외에 결핍의 고통(욕구, 실망, 후회)과 앞에서 열거되었던 쾌락들에 반대되는 고통의 종류들을 인정했습니다.

벤담에 따르면, 입법하는 사람은 이것들을 모두 고려해야 합니다. 범죄에 대하여 고려할 때, 그는 범죄가 어떤 쾌락을 파괴하는 경향이 있는지와 어떤 고통을 낳는 경향이 있는지를 물어야 합니다. 그것은 한편으로는 범죄가 국민 대중에게 끼치는 해악을 평가하기 위해서이며, 다른 한편으로는 범죄가 악행을 하는 자에게 내미는 유혹의 손길을 평가하기 위해서입니다. 더 나아가서 입법하는 사람이 처벌을 고려할 때, 그는 국가의 권력이 가하는 몇몇 고통을 계산에 넣어야 합니다.

고통과 쾌락의 일반적 가치에 대한 이러한 설명 이외에, 『도덕 및 입법의 원리 서설』의 어느 특별한 장章은 쾌락의 개별적인 차이를 밝히는 데 바쳐지고 있습니다. 벤담은 입법하는 사람들에게 고통 혹은 쾌락의 원인과 그 결과 간에는 직접적으로 비례하는 것이 아무것도 없다(왜냐하면 건강, 성, 교육, 종교 및 다른 조건들이 감안되어야 하기 때문입니다)는 것을 상기시키면서 고통과 쾌락을 받아들이는 인간의 능력에 영향을 미치는 32개의 요소를 나열하고 있습니다.

둘째, 벤담은 인간의 행동을 살펴봅니다. 입법자는 행동에 관심을 가집니다. 특히 벤담은 인간의 행동이 일반적 행복을 어느 정도 방해하는지에 관심을 가집니다. 따라서 입법자의 판단은 동기가 아니라 결과에만 관계합니다. 벤담은 행동의 의도와 행동의 동기를 조심스럽게 구별합니다. 그는 다음과 같이 주장하고 있습니다.

> 우리가 행동을 의도할 때에는 두 가지(행동과 그 결과)를 염두에 둔다. 그러나 그 두 가지를 같은 정도로 염두에 두는 것은 아니다.

가령 어떤 사람이 달리기를 시작할 때처럼, 우리는 적어도 행동의 시작을 의도해야 한다. 그러나 달리기를 시작하는 사람은 결과를 전혀 염두에 두지 않을 수 있으며, 결과를 염두에 둔다 하더라도 그렇게 많은 것을 염두에 두지는 않는다.

이 점을 분명하게 보여 주기 위하여 벤담은, 사슴 사냥을 하면서 발터 티렐Walter Tyrrel 경卿에게서 입은 상처로 말미암아 죽은 영국의 왕 윌리엄 2세1087~1100년 재임의 이야기를 예로 들고 있습니다. 이때 벤담은 윌리엄 2세의 죽음을 여러 각도에서 가정해 봅니다. 티렐이 왕윌리엄 2세의 죽음에 대하여 모종의 생각을 가지고 있었을까요? 만약 그렇지 않다면, 살인은 전혀 의도되지 않은 것이었습니다. 사슴을 향해 총을 쏘았을 때, 티렐은 왕에게 위험이 닥칠 수도 있다고 생각했을까요? 만약 그렇다면, 티렐의 행동은 의도적이었지만, 의도가 빗나가고 말았습니다. 티렐은 왕에 대한 증오 때문에 그리고 왕을 파멸시키는 쾌락을 위해서 왕을 죽였을까요? 만약 그것이 사실이라면, 티렐의 행적은 궁극적으로 의도적인 것이었습니다. 이와 같은 예들은, 의도가 행동하고자 하는 동기 혹은 의지 이외에 행동이 일어나는 상황에 대한 이해를 포함하고 있음을 보여 줍니다.

벤담에 따르면, 의도에 대해서 칭찬하거나 비난할 때에 참작되어야 할 것은 주로 후자(행동이 일어나는 상황에 대한 이해)입니다. 왜냐하면 선하거나 악하다고 적절하게 말해질 수 있는 것은 결과이기 때문입니다. 벤담에 의하면, 의도가 선하거나 악한 것은 처음부터 결과가 염두에 두어지는 경우에만 한정됩니다.

의도적 행동의 동기나 의지는 선하지도 않고 악하지도 않다고 벤담은 주장합니다. 한 욕구는 다른 욕구와 마찬가지로 정당합니다. 그리고 어떤 사람이 적에게 상처를 줌으로써 얻는 쾌락은, 우리가 결과를 놓고서 그 사람의 행동에 대해서 어떻게 판단하든 간에, 그 쾌락 그 자체로 본다면 좋은 것입니다. 벤담은 허구적인 것들이 인간의 담론에서 차지하는 역할에 대해서 경계했습니다. 그래서 그는 허구적인 것들이 난점들을 제기하여 정확한 분석을 방해한다는 점을 주목했습니다. 예를 들어, '(금전상의) 탐욕'과 '나태'는 인간의 마음 안에 그것들에 상응하는 것이 아무것도 없는데도 동기로서의 행동이라고 가정됩니다. 이와 유사하게 음식물 섭취의 쾌락, 성적 만족의 쾌락, 소유의 쾌락 등과 같은 진짜 동기들은 '폭식', '정욕', '(남의 것에 대한) 탐욕' 등으로 명명됨으로써 마치 동기가 아닌 듯이 되어 버립니다.

이와 같은 혼동을 피하는 데 도움을 주기 위하여 벤담은 쾌락과 고통의 종류들에 대한 목록 전체를 되풀이해서 설명하고 있으며, 수많은 쾌락과 고통이 여러 개의 명칭을 가지고 있음을 주목했습니다. 예를 들어, 부富의 쾌락은, 환경이나 그 결과에 대한 우리들의 평가에 따라서 '금전상의 관심'(중립적인 용어), '(금전상의) 탐욕' 혹은 '(남의 것에 대한) 탐욕' 혹은 '강탈' 혹은 '이득'(이상은 비난조의 용어들), '경제' 혹은 '절약' 혹은 '검소' 혹은 '근면'(이상은 긍정적인 용어들) 등으로 명명된다는 것입니다. 그러나 각각의 경우에 있어서 그 동기는 동일하며, 동기에 대해서는 칭찬할 수도 없고 비난할 수도 없다는 것이 벤담의 생각입니다.

그럼에도 불구하고 벤담에 의하면, 약간의 동기들은 다른 동기들보다도 유틸리티의 원리에 더 잘 어울립니다. 벤담은 동기들을 사회적 동기(선의지, 덕망애, 우정욕, 종교), 비사회적 동기(불평불만), 자애적 동기(신체적 욕구, 금전상의 관심, 권력애, 자기보존) 등으로 분류했습니다. 그러나 벤담에 의하면, 가장 순수한 사회적 동기인 선의지善意志 조차도 언제나 유틸리티의 원리와 일치하는 것은 아닙니다. 선의지가 일단의 제한된 사람들의 관심에 한정될 때에 특히 그렇습니다.

어떤 행동을 하려고 할 때에 사람들은 흔히 자기를 다른 방향으로 이끌어 가게 되는 여러 가지 동기에서 행동하게 된다는 것을 벤담은 잘 알고 있었습니다. 그 동기들 중의 어떤 것들은 화를 불러일으키는 행동을 하도록 부추기고, 다른 것들은 그 반대되는 행동을 하도록 합니다. 어떤 사람이 쉽게 영향을 받도록 되어 있는 동기들이 총체적으로 모여 그 사람의 성향을 형성하게 됩니다. 벤담의 관점에서 보면, '성향'性向, disposition이란 또 다른 하나의 허구적인 관념이요, 이 관념은 다른 사람이 어떤 방식으로 행동할 것 같다고 평가하는 데 도움을 줄 뿐, 그 이상의 아무것도 나타내는 것이 없습니다. 그럼에도 불구하고 다른 사람이 어떤 방식으로 행동할 것 같다고 평가될 수 있는 한에 있어서 범죄자의 성향을 아는 것이 중요합니다. 또한 벤담은 좋고 나쁨에 대한 판단이 순수한 동기들에는 적용되지 않지만 성향에는 적용된다는 점을 인정했습니다. 범죄자의 성향이 타락해 가는 정도는 범죄자에게 화를 불러일으키는 행동을 하도록 부추기는 데 필요한 유혹의 강도에 반비례한다고 벤담은 생각했습니다.

그러나 벤담은 유틸리티의 원리에 어긋나지 않게 다음과 같이 주장했습니다.

> 엄격하게 말하자면, 행동의 결과만이 선하거나 악하다. 성향은 실재하는 것이 아니지만, 쾌락과 고통은 실재하는 것이다. 그리고 행동들 및 행위자에게 내재하는 의도들은, 그것들이 결과에 귀속할 때에만 선하거나 악하다.

벤담은 『도덕 및 입법의 원리 서설』의 거의 반 정도(후반부)를, 화를 불러일으키는 행동들을 구별해 내고 이들을 분류하는 데에 할애합니다. 여기에서의 주요한 구분은 제1화와 제2화 사이의 구분입니다. 범죄자가 행복에 직접적으로 영향을 미치는, 한 명 혹은 그 이상의 개인이 입는 화는 제1화이고, 일반 시민들 틈에 끼여 아직 체포되지 않고 있는 범죄자의 출현으로 말미암아 일반 시민들이 우려하게 되는 위험과 불안이 제2화입니다. 형법을 입법할 때에는 이 두 가지가 모두 고려되어야 합니다. 왜냐하면 제2화는 인간의 안전의식을 방해함으로써 제1화에 못지않게 일반적 행복을 감소시키기 때문입니다.

형법 입법에 관한 벤담의 원리들은 솔직히 말해서 계산적입니다. 법을 만드는 사람은 화를 불러일으키는 유혹의 강도를 평가해야 하며, 방해물로서의 행동에 아주 가혹한 형벌을 가해야 합니다. 형벌을 가볍게 한다고 해서 친절함이 있는 것은 결코 아니라고 벤담은 주장합니다. 왜냐하면 형벌이 아주 강하면 범죄를 저지르는 성향이 있는 사람들이 형벌을 견디어 낼 필요가 없을 것이지만, 형벌이 너무 가벼우면 그들이 형벌을 견디어 낼 것이기 때문입니다. 물론 가혹함이 고려되어야 할 유일한 사항은 아닙니다. 쾌락과 고통의 양을 계산하는 자기의 방법을 적용함에 있어서, 벤담은 형벌의 적절성뿐만 아니라 형벌의 확실성과 근접성 역시 고려되어야 한다고 주장했습니다.

『도덕 및 입법의 원리 서설』에는 형벌의 목적에 관한 상세한 설명이 전혀 없습니다. 그러나 한 각주에서 『형법원리』Principles of Penal Law라고 명명된 별도의 저작을 언급하면서, 벤담은 이렇게 설명하고 있습니다.

> 벌의 주요 목적은, 범죄자의 행동이든 그와 유사한 악행을 저지르도록 유혹받을 수 있는 다른 사람의 행동이든 그러한 행동을 통제하는 것이다. 형벌은 인간의 성향을 개조하는 것일 수도 있고 행동을 금지시키는 것일 수도 있으며 한 사람을 본보기로 처벌하는 것일 수도 있다.

벤담은 보복적인 쾌락도 좋은 것임을 잘 알고 있었지만, 보복적인 쾌락을 형벌의 기초로 삼는 것을 묵인하지는 않았을 것입니다.

벤담의 문하생이자 자유주의자인 존 스튜어트 밀John Stuart Mill, 1806~1873이 『자유론』On Liberty, 1859에서 주장한 것과 마찬가지로, 벤담도 모든 형벌은 해악이며 보다 더 큰 악을 막기 위해서만 인정될 수 있다고 주장했습니다. 벤담의 용어를 사용하자면, 많은 경우들에 있어서 '형벌은 가치 없는 것'입니다. 상처받은 편이 형벌에 가담하는 경우나, 죗값을 치르게 하는 것이 효과를 볼 수 없거나(가령 너무 늦게 죗값을 치르게 하는 경우), 범죄를 수사해서 기소하는 악이 방지하고자 하는 악보다 더 비싼 값을 치르게 되는 경우 등이 그러한 경우들입니다. 경우에 따라서는 형벌과는 다른 방식들로 해악을 더 잘 물리칠 수 있다는 것이 벤담의 생각입니다. 가령 유익한 원리들로 사람들을 교육함으로써 우리는 유해한 원리들의 전파를 극복할 수 있다는 것입니다.

효과적인 형벌 입법의 한계점이 어디인가 하는 것이 벤담의 제일 관심사였습니다. 그는 개인윤리와 교육이 입법보다도 더 중요하다고 강조했습니다. 윤리학에 관한 벤담의 견해는 대개 '현명한 이기심' enlightened self interest이라고 일컬어집니다. 왜냐하면 그는 다음과 같이 주장했기 때문입니다. 현명한 이기심이란 다른 사람들이나 자기가 속한 집단의 이익을 위해서 행동하면 궁극적으로 자기에게 이익이 된다고 생각하는 마음입니다.

> 대부분의 경우들에 있어서 사람들이 타인의 행복을 고려하게 되는 동기는 자기 자신의 관심에 의해서 규정된다.

그러나 벤담은 이기적인 동기와는 상관없이 사회적인 동기가 발동하는 경우들도 있다는 점을 인정했습니다. 벤담은 개인윤리를 자기 지배의 기술이라고 명명했으며, 교육은 젊은이들을 다스리는 기술이라고 명명했습니다. 누구나 인정하듯이, 개인윤리와 교육이 언제나 그 의도를 완전하게 성취하는 것은 아닙니다. 그러나 벤담에 의하면, 개인윤리와 교육의 결점을 형사상의 절차에 의해서 보완하고자 시도하는 것은 위험스럽고 헛된 일입니다.

벤담은 특히 당시의 법리학法理學에 대하여 비판적이었으며, 새로운 명칭을 만들어 내어 법리학에 대한 자기의 접근방법을 기존의 접근방법과 구별했습니다. 그는 다음과 같이 언급했습니다.

> 법리학에 관한 책은, 법이란 무엇인가를 확정하는 일과 법이란 무엇이어야 하는가를 확정하는 일 중의 어느 한 가지를 그 대상으로 할 수 있을 것이다. 법리학에 관한 대부분의 책들은 전자에 치중해 있다.

벤담은 전자에 치중하고 있는 책들을 '해설적 법리학서'라고 명명했습니다. 그 반면에 벤담 자신의 책은 후자에 치중하고 있습니다. 그는 자신의 책을 '비판적 법리학서' 혹은 '입법술'art of legislation이라고 명명했습니다.

지금까지 우리는 도덕 및 입법의 원리에 대한 벤담의 논의를 살펴보았습니다. 벤담의 논의를 따라가면서 우리는 일본 학자들이 '공리성'이라고 번역한 벤담의 용어 '유틸리티'를 번역하지 않고 그대로 사용했습니다. 벤담이 사용하고 있는 유틸리티는 단순한 유용성을 의미하는 것이 아니라, 현명한 이기심에서 비롯되는 행동의 특성을 가리키는 말입니다. 현명한 이기심에서 비롯되는 행동은 다른 사람 혹은 자기가 속한 집단을 위한 행동이 결과적으로 자기 자신에게 이익이 된다는 생각에서 비롯되는 행동입니다. 이런 연유로 해서 일본 학자들은 'utility'라는 영어를 '功利性'공리성이라는 한자어로 번역했던 것입니다. 재미있는 것은 '공리성'이라고 할 때 '공'자의 한자가 '公'이 아니라 '功'이라는 것입니다. 유틸리티는 공평한 이익, 즉 공리公利를 의미하는 것이 아닙니다. 개인의 이기적인 행동이 다수의 이익에 기여하는 경우를 가리키기 위하여 일본 학자들이 '공리'功利라는 한자어를 조어한 것으로 추정됩니다.

공리주의 윤리설

모든 인간은 쾌락을 추구하고 고통을 회피하고자 한다.

인간은 누구나 자기 자신에게 이익이 되지 않는 일은 하지 않는다.

비록 우리가 타인을 위해서 봉사한다고 할지라도 그것은 필경 자기 자신의 이익을 얻고자 하는 한 가지 방법에 불과하다.

이 말들은 공리주의를 창시한 영국의 철학자 제러미 벤담Jeremy Bentham, 1748~1832이 한 말들인데요, 벤담은 인간의 이와 같은 이기적 경향성을 토대로 하여 자신의 도덕이론을 전개하고 있습니다. 벤담은 개인적인 쾌락의 추구와 고통의 회피가 곧 개인의 행복을 가져온다고 말하면서 '쾌락의 추구와 고통의 회피가 모든 인간이 바라는 유일하고도 옳은 행위의 목적이다.'라는 도덕원리를 수립합니다. 이것이 바로 벤담의 공리주의의 제일원리입니다. 이 제일원리로부터 도덕이론과 관련하여 곧바로 연역되어 나오는 것이 있는데, 그것은 행위의 도덕성, 즉 행위의 옳고 그름은 행위의 결과를 보고 판단해야 한다는 것입니다. 다시 말해서, 어떤 행위가 결과적으로 쾌락을 가져온다면 옳은 행위가 되고 고통을 낳는다면 그른 행위가 된다는 것입니다. 또 벤담에 의하면, 어떤 행위의 결과로서 나타나는 쾌락이 결과로서 나타나는 고통의 양量보다 큰 행위는 도덕적으로 좋은 행위이며 반대로 고통을 낳는 결과가 쾌락을 낳는 결과보다 크다면 그 행위는 도덕적으로 나쁜 행위입니다. 따라서 어떠한 행위도 그 자체로서는 선도 아니고 악도 아니라는 것입니다. 행위 그 자체와 마찬가지로 행위의 의도나 동기 역시 그 자체로서는 선도 아니고 악도 아니라는 것이 벤담의 생각입니다. 이런 의미에서 우리는 공리주의 윤리설을 결과주의 윤리설이라고 합니다.

공리주의의 원리에 어긋나는 반공리적反功利的 원리로서 벤담은 다음의 세 원리를 들고 있습니다. 첫째는 금욕의 원리입니다. 금욕을 강조하는 사람들에는 도덕가와 종교가가 있습니다. 이들은 금욕이야말로 유일한 선이라고 주장합니다. 벤담은 대표적인 도덕가 집단으로서 고대 그리스의 퀴니코스 학파를 듭니다. 이 학파의 사람들은 쾌락을 악이라고 생각하여 쾌락의 추구를 적극적으로 배격하였습니다. 종교가들은 한걸음 더 나아가 금욕할 뿐만 아니라 고통마저 마다하지 않았습니다. 그러나 벤담에 의하면 이것은 모두 어리석은 짓이라고 합니다. 둘째는 동정同情 및 반감反感의 원리입니다. 이 원리를 따르는 사람들은 어떤 행위의 선악을 결정할 때, 그 행위가 결과적으로 행복을 낳았는지의 여부를 보는 것이 아니라, 단지 그 행위를 시인하거나 부인하고자 하는 느낌을 중요시한다는 것입니다. 그렇기 때문에 어떤 사람이 양심상 옳다고 판단하는 행위에 대해서 때와 장소에 따라 다른 사람은 양심상 그르다고 판단할 수도 있는 것입니다. 그러나 벤담은 느낌(도덕감)의 기능이든 양심의 기능이든 이성의 기능이든 인간에게는 선악을 판단하는 절대적인 기능이 있다고 생각하지 않습니다. 마지막으로 신학적 원리입니다. 이 원리는 선악의 기준을 신의 의지에 두고 있습니다. 그런데 만약 신이 인간을 행복하게 할 것을 바라고 있다면 신의 의지 안에는 이미 공리성의 원리가 들어 있으며, 만약 신이 인류를 고통스럽게 할 것을 바라고 있다면, 신의 의지 안에는 이미 금욕의 원리가 들어 있는 셈입니다. 그러므로 신학적 원리 역시 실제로는 아무런 의미가 없다는 것이 벤담의 생각입니다.

J. S. 밀John Stuart Mill, 1806~1873의 공리설 역시 벤담의 공리설과 거의 다를 바 없습니다. 밀은 영국 공리주의자 중에서 가장 잘 알려져 있는 인물입니다. 그는 공리주의 운동의 계승자이며, 거의 전적으로 가정에서 교육을 받았기 때문에 아버지인 제임스 밀이나 제러미 벤담, 데이비드 하틀리, 데이비드 리카르도 등의 철학적 견해, 사회학적 견해, 정치학적 견해, 경제학적 견해 등에 아주 정통하게 되었습니다. 그는 이들을 통해 로크, 버클리, 흄의 유산을 물려받았습니다. 그는 위대한 독창적 사상가는 아니었지만 자신에게 주어진 모든 것을 섭렵하고 분석하고 발전시켰습니다. 그는 자기에게 주어진 모든 것에 몇 가지 중요한 변화를 가하여 책으로 세상에 내놓았는데, 바로 이것이 그를 가장 영향력 있는 공리주의자로 만든 요인이었습니다. 그는 다소 통속적인 윤리학적 에세이와 사회학적 에세이로부터 당시의 논리학자와 형이상학자에 대한 비판에 이르는 많은 저작을 남겼습니다. 오늘날 그는 『공리주의』Utilitarianism, 1863라는 책과 『자유론』On Liberty, 1859이라는 책으로 유명한 인물이 되었으며, 그의 다양한 학설은 그의 또 다른 저서 『논리학의 체계』A System of Logic, 1843에 제시되어 있습니다. 이 저작으로 그는 즉각 동시대인들로부터 명성을 얻게 되었으며, 19세기의 나머지 기간 동안 논리학자라면 누구나 이 저작을 읽어야만 했습니다. 뿐만 아니라 20세기 초에도 이 저작은 여전히 온전하게 출판되고 있었습니다.

밀에 의하면, 행복을 증진하는 행위는 옳고 불행을 초래하는 행위는 그르다고 합니다. 밀에게 있어서 행복이란 고통의 결여 혹은 쾌락을 의미하며 불행이란 쾌락의 결여 혹은 고통을 의미합니다. 그러나 밀은 벤담과는 달리 쾌락에는 양적量的 차이뿐만 아니라 질적質的 차이도 있다고 주장합니다. 쾌락에는 고상한 쾌락과 저열한 쾌락이 있으며, 고상한 품성을 가진 사람은 아무리 양적으로 많다 하더라도 저열한 쾌락을 추구하지 않는다는 것이지요. 육체적인 쾌락밖에 누릴 줄 모르는 사람은 지적知的인 즐거움보다는 육체적인 쾌락 혹은 그것과 비슷한 종류의 쾌락만을 선택할 것입니다. 그러나 비록 약간의 고통이나 불만을 수반한다 하더라도 양이 많은 육체적인 쾌락 혹은 그것과 비슷한 종류의 쾌락을 버리고 지적인 즐거움을 선택하려는 사람들도 있다는 것이 밀의 생각입니다. 그런 사람들은 만족해 있는 돼지보다는 불만족스러운 인간인 것이 더 좋고, 만족해 있는 바보보다는 불평불만이 많은 철학자 소크라테스가 더 낫다고 믿기 때문이지요. 만일 돼지나 바보가 만족해 있는 돼지나 바보인 것이 더 좋다고 생각한다면, 그것은 바로 그들이 돼지나 바보이기 때문이며 그 때문에 그들은 문제의 일면, 즉 자기들의 입장밖에 모릅니다.

그러나 교양 있는 사람은 문제의 양면, 즉 돼지와 인간을 알고 있기 때문에, 양자를 비교함으로써 질적으로 우월한 쪽을 선택하게 됩니다. 이렇게 되는 까닭은 인간에게는 인격 특유의 '품위감'a sense of dignity이 있기 때문이라고 밀은 말하고 있습니다. 품위감이 강한 사람은 품위 있게 사는 것이 자신의 행복의 본질적 부분이라고 생각합니다. 오늘날 우리 사회에서 자주 언급되는 '삶의 질'이라는 말이 연상되는 대목입니다. 고상한 인간에게는 인간으로서의 품위를 손상하지 않는 것이 행복의 근본 조건이 됩니다. 따라서 만일 품위가 손상될 때는 아무리 육체적 혹은 정신적 쾌락이 얻어졌다고 하더라도 행복을 느낄 수는 없을 것입니다. 이런 의미에서 쾌락과 고통은 그 자체로서 독립해 있는 것이 아니라 인간의 품성에 달려 있다고 할 수 있습니다. 밀에 의하면, 인간 행위의 기준인 행복은 행위자 자신의 행복만을 의미하는 것이 아니라 관계자 전체의 행복을 의미합니다. 공리주의자는 마치 이해관계가 없는 인자한 방관자처럼 어떠한 행위가 자기 자신에게, 그리고 최대 다수의 사람들에게 최대의 행복을 가져오는가를 계산하고 그것을 판단함에 있어서 공평무사해야 한다는 점을 밀은 강조하고 있습니다. 이것은 최대 다수의 개인의 최대 행복을 의미하는 것이지, 결코 개인과 아무런 관계가 없는 추상적인 인간성이라든가 조직에 대해서 좋은 것이라고 이해되어서는 안 됩니다.

밀의 공리주의는 자기와 관계있는 사람들을 위해서 자신의 행복을 희생하는 사람에게 경의를 표합니다. 단 자기의 행복을 희생함으로 말미암아 보다 많은 사람이 보다 많은 행복을 누릴 수 있게 되는 경우에 말입니다. 우리에게 자기희생이 요구되는 까닭은 현존하는 사회가 아직 불완전하기 때문이며, 완전한 사회에서는 타인의 행복을 도모하는 것이 자기의 행복을 누리는 것과 같게 됩니다. "'너 자신이 남에게 대접받고자 하는 대로, 너도 남을 대접하라'는 나사렛 예수의 황금률이 그와 같은 공리주의 윤리의 정신을 완전하게 나타내고 있다."라고 밀은 말하고 있습니다.

공리주의 윤리의 정신은 현대 미국의 철학자 존 롤스에게도 전승되었습니다. 롤스는 1971년에 출간된 자신의 저서 『정의론』A Theory of Justice에서 사회적 약자들을 위한 역차별적인 분배정책을 역설하였습니다. 롤스에 의하면, 그동안 사회적인 혜택을 가장 적게 받은 사람들에게 가장 큰 이익이 돌아갈 수 있도록 하면 실질적인 기회의 평등이 실현되고 결과적으로 최대 다수의 사람이 최대의 행복을 누릴 수 있다고 합니다. 롤스는 이것을 '최소극대화의 원칙'이라고 불렀습니다.

부의 분배와 사회정의

현대 미국의 철학자 존 롤스John Rawls, 1921~2002는 20세기 후반 사회철학에서 가장 야심적이고 영향력 있는 책을 저술한 인물입니다. 이 책이 바로 『정의론』A Theory of Justice, 1971입니다. 이 책에서 롤스는 사회정의의 원리들을 제시하고 있습니다. 그리고 그는 이 원리들이 왜 수입收入과 부富가 불공평하게 재분배되고 있는 자유주의 사회에서만 적용될 수 있는가를 보여 주고자 합니다. 롤스는 영국 철학자 로크John Locke, 1632~1704와 프랑스 철학자 루소Jean Jacques Rousseau, 1712~1778의 사회계약 전통을 되살리고 있으며, 또한 공리주의와는 반대의 입장에 서 있는 독일 철학자 칸트Immanuel Kant, 1724~1804도 소생시키고 있습니다.

롤스는 이론의 필수불가결하고 가장 중요한 덕목이 진리이듯이, 정의는 사회제도의 필수불가결한, 그리고 제일의 덕목이라고 역설하고 있습니다. 도덕적으로 말하자면, 사회복지조차 정의에 기초하고 있는 각 개인의 신성불가침성을 유린할 수는 없습니다. 이것이 바로 전체의 복지만을 목표로 하고 또한 다수의 선을 위하여 소수의 희생을 묵인하는 공리주의 도덕이론이 옹호될 수 없는 이유입니다.

롤스는 개인이 사적인 관계에서 발휘할 수 있는 정의에는 관심이 없습니다. 그는 오로지 사회정의에만 관심을 가집니다. 사회는 상호 이익을 도모하기 위한 협동체입니다. 사람들이 협동해서 재화를 생산한다면, 각 개인이 자기 자신의 소비를 위해서 재화를 생산하는 경우보다 더 많은 재화가 만들어지게 될 것입니다. 그러나 사람들은 사회적 재화를 만들기 위하여 협동할 뿐만 아니라 만들어진 재화 때문에 서로 경쟁하기도 합니다. 사람은 누구나 적은 것보다는 많은 것을 좋아합니다. 이러한 사실들로 말미암아 분배적 정의의 문제가 야기됩니다. 재화들이 어떤 원리에 근거하여 분배되어야 하는지의 문제가 야기되는 것입니다.

어느 누구도 나머지 사람들을 지배할 수 없을 만큼 비슷한 다수의 개인이 한 영역 안에 공존하고 있을 때는 정의가 발휘될 수 있는 여지가 언제나 있습니다. 사회적 재화는 다소 부족하게 마련입니다. 그래서 모든 사람들이 만족할 수는 없게 되고 서로 충돌하게 될 것입니다.

롤스는 모든 사람들이 동의하는 정의의 개념과 정의의 상이한 개념들을 구별합니다. 롤스에 의하면, 정의의 개념은 기본권과 의무를 할당함에 있어 독단적으로 개인들을 구별하는 일이 전혀 일어나지 않을 때의 제도들이며, 또한 사회적 삶의 유리한 조건들을 경쟁적으로 요구하는 사람들 간에 적절한 균형을 잡아 주는 규칙이 존재할 때의 제도들입니다. 정의의 상이한 개념들은 개인들 간의 구별이 어떠할 때 독단적이며 어떠한 균형이 적절한가에 대해서 사람들이 서로 다르게 해석할 때 생겨납니다.

롤스가 피력하고 있는 사회정의는 사회의 기본구조와 관계있습니다. 즉 사회정의는 주요한 사회제도(주로 정부의 제도)가 기본권과 의무를 분배하는 방식 및 사회적 협동의 산물을 분배하는 방식에 관계합니다. 이것은 완전한 사회의 이념이 아니라 사회의 기본구조와 관련되는 분배적 정의를 의미합니다. 롤스는 분배적 사회정의에 관한 자기의 구상이, 모든 사람에게 각자의 몫을 제공하는 데에 정의가 있다는 전통적인 아리스토텔레스의 정의 개념과 부합한다고 주장합니다.

롤스의 논리를 따라가 보기로 합시다. 정의의 올바른 원리들은 자유롭고 이성적인 사람들, 게다가 그들 자신의 이익에 관심을 가지고 있는 사람들이 그들 조직체의 기본조건으로서 받아들일 것을 동의하게 될 바의 원리들입니다. 만약 그들의 동의가 당사자 모두에 대해서 공정한 조건하에서 이루어졌다면 말입니다. 롤스에 의하면, 이것은 '공정公正으로서의 정의'justice as fairness입니다. 동의한 당사자 중의 어느 누구도 자기 자신의 이익을 추구함에 있어서 다른 사람보다 유리한 입장에 있지 않을 때에 공정하기 위한 조건이 갖추어집니다. 롤스가 '원초적 입장'original position이라고 부르는 그와 같은 공정한 입장은 모든 당사자가 평등해야 할 것을 요구하는데, 이것은 전통적인 사회계약설에서의 '자연상태'에 상응합니다. 그러나 롤스는 여기에 덧붙여 계약 당사자 중의 그 누구도 자기가 속하게 될 사회에서 어떤 지위에 있게 될 것인지, 자기가 어떤 계급에 속하게 될 것인지, 자기의 사회적 지위가 무엇일 것이지, 그리고 심지어는 자기의 천부적인 강점과 재능, 지능, 강인함, 심리적 특성 등에 대해서조차 전혀 모르고 있어야 할 것을 요구합니다. 이것이 바로 당사자들로 하여금 이기적인 관심을 가지지 못하도록 하기 위해서 도입된 '무지無知의 베일'veil of ignorance입니다. 만약 당사자들이 정의의 원리에 대해서 숙고할 적에 도덕적으로는 아무런 상관이 없지만 자연의 선물에 기인하는 우연한 기회나 사회적 상황에 의하여 영향을 받을 수 있다면, 그것은 '공정'하지 못할 것입니다. 그러나 롤스는 모든 당사자가 심리학과 사회학의 법칙들 및 사회적 삶의 일반적 사실들을 알고 있다고 가정합니다. 당사자들은 또한 상호 무관심해야 합니다. 즉 그들은 다른 사람의 이익에 관하여 전혀 관심을 가지지 않으며, 그들 앞에 목적으로서 제출된 것이 무엇이든 간에 그 목적을 위해서 가장 효과적인 수단을 취할 수 있다는 점에서 이성적인 사람들입니다. 마지막으로 롤스는 당사자들이 시기심에 의해서 영향을 받지는 않는다고 가정합니다. 즉 그들은 자기들에게 좋은 것을 단순히 다른 사람들이 즐기지 못하게 할까 봐서 포기하지는 않을 것입니다. 당사자들에게 다른 사람들이 선에 대해서 어떤 생각을 가지게 될 것인지를 아는 것은 허용되지 않지만, 그들이 '선에 관한 천박한 이론'에 의해서 영향을 받는 것은 확실합니다. 그들은 모두 삶의 계획을 세우고자 합니다. 삶의 합리적 계획에서는 권리, 자유, 기회, 수입과 부, 자존심의 토대 등이 주요한 선善들입니다. 왜냐하면 이러한 것들을 욕구하는 것은 합리적이며, 선은 이성적 욕구의 대상이기 때문입니다. 그렇다면 정의의 원리들은 이와 같은 주요한 선들의 분배를 규제하는 것이 될 것입니다.

물론 현실적으로 살아가는 사람 중에서 그때그때의 분배 방식들에 대하여 전혀 모르는 사람은 아무도 없습니다. 또 현실적으로 살아가는 인간이 똑같은 정도로 합리적이거나 이익에 무관심하거나 시기심에서 벗어나 있는 것은 결코 아닙니다. 그러나 원초적 입장의 제한사항들은 독단적이거나 환상적인 것이 아니라, 우리가 확신하고 있는 요소들이 정의와는 무관하다는 논의를 배제하는 데 도움을 줍니다. 원초적 입장을 제한함으로써 결과하는 정의의 개념은 우리의 가장 강력한 직관(예를 들면, 종교적 차별대우나 인종적 차별대우는 부정의하다는 직관)을 타당하게 하는 개념임에 틀림없습니다. 우리는 정의에 관한 우리의 직관 내용이 우리의 원리들과 조화를 이루게 되는 '반성적 평형'을 목표로 해야 합니다. 반성적 평형은 직관이나 원리 중의 어느 하나에 혹은 양자에 조정을 요구할 수 있습니다. 원초적 입장의 조건들은 우리가 사실상 받아들이는 조건들이라고 롤스는 단언합니다. 혹은 우리는 원초적 조건들을 수락하도록 '설득될 수 있다'고 롤스는 단언합니다.

옳음의 개념에 구현되어 있는 형식적 속박 요소들이 있습니다. 즉 원리들은 일반적이고 보편적으로 적용되어야 하고 공적이어야 하며, 갈등을 야기하는 주장들을 질서 지울 수 있어야 하고 궁극적이어야 합니다. 이러한 조건들은 원초적 입장에서의 숙고라는 관념에 의해서 만족됩니다. 각 개인은 스스로를 확인할 수 없기 때문에 원리들을 자기의 이익에 맞출 수가 없습니다. 또한 각 개인이 서로와의 거래를 원만하게 수행하고자 노력함에 있어 그 어떤 핵심이 있는 것도 아닐 것입니다. 더 나아가서 롤스는 다음과 같이 가정합니다.

> 모든 사람이 똑같이 합리적이고 유사한 상황에 처해 있듯이, 각 개인은 동일한 논증들에 의해서 확신을 얻게 된다. 현실적으로 살아가는 인간은 누구나 원초적 입장의 제한 사항에 찬동할 적에 언제라도 원초적 입장에 들어갈 수 있다.

원초적 입장에 있는 당사자들은 정의의 두 가지 원리에 동의할 것이라고 롤스는 주장하고 있습니다. 첫 번째 원리는 모든 사람이 타인의 유사한 자유와 양립할 수 있는 가장 광범한 기본적 자유(정치적 자유와 지적 자유와 종교적 자유)에 대하여 동등한 권리를 가져야 한다는 원리입니다. 두 번째 원리는 사회적 불평등과 경제적 불평등이 (1) 모든 사람의 이익을 위한 불평등이 되도록 조정되어야 하고(롤스는 이것을 '차등의 원칙'이라고 부릅니다) (2) 모든 사람에게 개방된 지위와 결부되도록 조정되어야 한다는 원리입니다. 첫 번째 원리가 두 번째 원리보다 우선합니다. 즉 두 번째 원리가 적용될 수 있기 전에 첫 번째 원리가 충분히 만족되어야 합니다. 그리고 경제적 이익 혹은 사회적 이익을 위한 자유의 흥정은 결코 허용되어서는 안 됩니다.

정의의 두 원리에 숨어 있는 정의의 개념은, 불평등한 분배가 모든 사람에게 이익이 된다고 입증되지 않는다면 모든 사회적 가치가 평등하게 분배되어야 한다는 것입니다. 가령 모두의 몫으로 돌아가야 할 보다 큰 생산을 위한 동기를 제공함으로써 말입니다. 롤스는 부정의를 '모두에게 이익이 되지 않는 불평등'이라고 정의합니다.

당사자들이 두 원리에 만장일치로 표를 던지게 될 것임은 원초적 입장에 대한 자세한 설명들로부터 연역적으로 도출되리라고 롤스는 가정합니다. 롤스의 논증은 이렇습니다. 유권자들은 그들이 형성하고 있는 사회에서 그들의 지위가 무엇일지를 모르고 있을 뿐만 아니라 있음직한 대안을 산정해 낼 토대조차도 갖고 있지 않습니다. 더구나 원초적 입장에 있는 사람은 자기가 확신할 수 있는 최소량 이상으로 무엇을 얻을지에 대해서 별로 주의를 기울이지 않을 것이라고 롤스는 주장합니다. 그리고 상황은 중대한 위기 상황입니다. 즉 정의의 원칙들이 받아들일 수 없는 지위들을 그 사회에 존재하도록 허용한다면, 모든 유권자는 그 사회 안에서 최후를 마감하는 모험(자기가 짐작조차 할 수 없는 엄청난 규모의 모험)을 감행합니다. 이러한 조건하에서 합리적 선택론은 최악의 사태가 예상되는 가운데 최적의 선택을 하는 방법, 즉 '맥시민 해법'maximin solution을 요구합니다.

맥시민(최소극대화) 전략은 모든 사회적 재화의 평등 분배를 선택하도록 이끌어 갈 수도 있습니다. 만약 약간의 불평등이, 분배되어야 할 사회적 재화를 보다 더 많이 생산할 수 있다는 것이 사실이 아니라면 말입니다. 이러한 불평등을 허용함으로써, 최악인 사람을 포함한 모든 사람이 분배가 평등한 경우보다는 더 큰 몫의 재화를 가질 수 있게 됩니다. 선택하는 사람들은 적은 것보다는 많은 것을 원하고 시기심이 없는 것이 아니기 때문에, 이것, 즉 차등의 원칙을 받아들이지 말아야 할 이유가 없습니다. 최악인 사람을 포함한 모든 사람이 불평등으로부터 이득을 취할 때 허용되어야 할 불평등을 말입니다. 이 원칙은 평등이라는 공정한 조건하에서 선택되기 때문에 정의로운 원칙입니다.

'자유'라는 사회적 선은 평등하게 분배되어야 합니다. 원초적 입장에 있는 사람들은 만약 그들이 어떤 원칙을 받아들여야 한다면 평등한 종교적 자유의 원칙을 받아들여야 할 것입니다. 신앙의 자유에 관하여 말하자면, 그 원칙은 이렇습니다.

> 자유의 제한은 훨씬 더 큰 자유의 침해를 방지하는 것이어야 하며, 누구든 합리적 인간을 확신시킬 수 있는 논증에 의하여 뒷받침되어야 한다.

관대하지 않은 자를 관대하게 만드는 문제에 이 원칙을 적용하면서, 롤스는 관대한 자가 자기방어를 잘 하고 있는 관대하지 않은 자를 억압하는 것은 정의롭지 않은 것일 수가 없다고 주장합니다. 그러나 관대하지 않은 자가 진정한 위협이 되지 않을 때에는 관대한 자들은 관대해져야 합니다. 우리 자신의 나약함과 비합리성으로부터 우리 자신을 정부적 차원에서 보호해 주는 온정주의는 수용될 수 있습니다. 마치 원초적 입장에 있는 합리적인 사람들이 자기들도 비합리적인 사람이 될 수 있다는 것과 그런 도움을 필요로 한다는 것을 예견하듯이 말입니다.

롤스에 의하면, 부와 수입과 권위의 분배에 있어서만 불평등이 허용될 수 있습니다. 여기에서도 역시 평등이 '기준점'입니다. 평등한 분배는 정의롭지 않은 것이 아니라 단지 비효율적입니다. 롤스는 사람들이 신체적으로나 정신적으로 불평등한 재능을 부여받고 태어난다는 것과 사회적 조건이나 길들여진 조건이 사람들을 두드러지게 할 수 있다는 것을 잘 알고 있습니다. 그러나 이러한 불평등은 '도덕적 관점에서 보면 독단적인 것'입니다. 아무도 자기의 천부적 재능을 높이 평가하지 않으며, 침착하고 근면한 성향조차도 천성과 교육의 우연성에 의존합니다. 따라서 생산을 위한 재능과 근면성을 소유하고 있는 정도에 비례해서 사람들에게 보상해 주는 '자연적 자유의 체계'는 분배가 부적절하게도 '운수'에 의하여 영향받는 것을 허용합니다. 차등의 원칙은 자연적 재능을 모두 모아 놓은 연못을 모든 사람이 나누어 가지는 공동자산이라고 간주하는 데에 동의를 표명합니다. 운수는 정의로운 것도 아니고 정의롭지 않은 것도 아닌 반면에, 운수를 바탕으로 하여 재화를 분배하는 사회는 정의롭지 않은 사회입니다. 출생과 자연적 재능의 부당한 불평등이 시정되어야 합니다. 보다 많이 가지고 태어났기 때문에 보다 많이 차지해야 한다는 것은 정의롭지 않습니다.

차등의 원칙하에서는 자연의 혜택을 덜 받은 사람들이 불평등에 대해서 불평할 하등의 근거가 없습니다. 왜냐하면 그들은 자기들의 존재로부터 이득을 얻기 때문입니다. 자연의 혜택을 많이 받은 사람들은 자기들의 안녕이 협동에 의존하고 있음을 깨달아야 합니다. 이 협동은 차등의 원칙이 명시해 주는 합리적인 방식으로 획득되었음에 틀림없습니다. 따라서 차등의 원칙은 사회를 가정화家庭化함으로써 우애를 촉진시킵니다.

사람들이 어떤 것을 가치 있는 것으로 평가한다고 말해질 수 있는 유일한 의미는 이렇습니다. 만약 차등의 원칙에 부합해서 생산을 보다 많이 한 사람이 보다 많이 차지하게 될 것이라고 공표되었다면, 보다 수준 높은 생산자들은 자기들의 차별성을 가치 있다고 평가하며 자기들로부터 그러한 차별성을 억누르는 것은 정의롭지 못할 것입니다.

분배적 정의를 위한 배경적 제도는 민주적 자본주의자나 사회주의자 중의 어느 하나입니다. 그러나 배경적 제도에는 공적인 학교체계, 경제적 기회의 균등, 사회적 최저임금, 사회적 안전 등도 포함되어야 합니다.

롤스는 자기의 이론이 칸트의 정신 속에 들어 있다고 주장합니다. 칸트는 도덕적 원리가 자유롭고 평등한 이성적 존재자에 의한 합리적 선택의 대상이라고 주장하였습니다. 원초적 입장은 이러한 사상에 부합해서 착안된 것입니다. 우리의 행동이 자유와 합리성의 표현일 때 우리는 자율적으로 행동합니다. 원초적 입장에서는 타율적인 원칙들을 선택한다는 것이 불가능합니다. 더구나 롤스의 정의 원칙들은 칸트의 정언명법들입니다. 왜냐하면 정의의 원칙들은 누군가 특수한 목적을 가지고 있다고 가정하지 않기 때문입니다. 그러나 공정으로서의 정의는, 정의의 원칙들을 선택함에 있어서 우리는 어떻게 해서 우리의 본성을 합리적이고 자유로운 개별자(우리의 예지적 자아)로서 완전하게 표현하고 있는가를 보여 줌으로써 칸트보다 진보된 생각을 나타냅니다. 더구나 공정으로서의 정의에 있어서 평등의 토대는 도덕적 인간입니다. 도덕적 인간이 된다는 것은 자기 자신의 선에 대한 표상과 정의의 의미를 획득할 능력을 가지고 있다는 것을 의미합니다. 최초의 동의에 참여할 수 있는 사람은 (우연적인 경우는 별도로 하고) 모두 도덕적 인간입니다.

가장 중요한 사회적 선은 '자존감'self-respect이라고 롤스는 단호하게 주장합니다. 그는 자존감을 자기 자신의 가치에 대한 느낌이요, 선에 관한 자기의 표상 및 삶에 관한 자기의 계획을 수행할 수 있다는 자신감을 가지고 수행할 만한 가치가 있다는 확고한 신념이라고 정의합니다. 공정으로서의 정의는 자존감의 토대들을 평등하게 분배하도록 해 줍니다.

실용주의의 진리론

일상적으로 우리는 '실용적'實用的이라는 말을 자주 사용합니다. 단순히 한자로 풀이하면, 이 말은 '실제로 쓰기에 알맞다'라는 뜻을 지니고 있습니다. 그러나 '실용주의'라고 할 때에 '실용'이라는 말은 이보다 훨씬 더 깊은 의미를 담고 있습니다. 일본 학자들이 '실용'이라고 번역한 말은 그리스어 '프라그마'pragma입니다. 이 글자는 '이루어진 일', '행해진 행동' 등의 의미를 지니고 있습니다. 그렇다면 일본 학자들이 '프라그마'에서 유래한 영어 단어 '프라그마티즘'pragmatism을 왜 '실용주의'라고 번역했을까요? 현대 미국의 철학자 윌리엄 제임스William James, 1842~1910의 실용주의를 통해서 그 이유를 살펴보겠습니다.

어떤 책이 사람들의 태도에 영향을 미치고 마침내는 역사적으로 중요한 철학적 운동을 일으키는 원리들을 제공하는 데 성공하는 경우가 간혹 있습니다. 제임스의 『실용주의』Pragmatism, 1907가 바로 이런 책입니다. 제임스는 '실용주의'라는 용어를 동년배의 철학자인 퍼스Charles S. Peirce, 1839~1914로부터 빌려왔습니다. 그는 인쇄물로 제작한 자신의 강의록을 통하여 '실용주의'라는 말을 대중화하고자 하였으며 '여태까지 집합적 명칭을 결여하고 있었던 다수의 사조들'을 변호하였습니다. 그 결과 사람들은 실용주의가 미국의 독특한 철학적 입장이라고 인식하게 되었을 뿐만 아니라, 실용주의는 20년 이상 동안 미국의 지성적 무대를 지배하기에 이르렀습니다.

『실용주의』에 나오는 여덟 편의 에세이는 상호 관련되어 있으며, 실용주의의 기원과 의미에 관하여 논의하고 있을 뿐만 아니라 실용주의적 방법이 오랜 세월 동안 골치 아프게 끌어 온 형이상학적 문제와 종교적 문제에 어떻게 적용될 수 있는가를 보여 줍니다. 그리고 우리는 이 책을 통해서 철학하는 것에는 언제나 '상식적인 삶'과 '보통 사람을 위해서 보탬이 되는 것'이 포함되어 있어야 한다는 제임스의 신념을 읽을 수 있습니다.

제임스는 어떤 철학자도 자기의 기질氣質을 완전하게 감출 수는 없다고 주장합니다. 철학적 태도는 필연적으로 한 인간의 기질로 채색되고 만다는 것이지요. 『실용주의』의 서장序章인 '철학의 딜레마'에서 제임스는 근본적인 기질 대립이 사유의 역사, 즉 합리론과 경험론 간의 대립의 역사를 낳았다고 주장하고 있습니다. 합리론자는 '추상적이고 영원한 원리들'을 높이 평가하고, 경험론자는 '있는 그대로의 다양한 사실들'을 높이 평가한다는 것입니다. 제임스는 이와 같은 조악한 구별이 임시변통적일 뿐이라는 것을 알아차리고, 몇 가지 특성으로 합리론자와 경험론자를 구별하는 것이 가능하다고 가정합니다. 합리론자들은 '마음이 유약하고' '지적'이고 '관념론적'이고 '낙관적'이고 '종교적'이고 '자유의지론적'이고 '일원론적'이고 '독단적'인 반면에, 경험론자들은 '마음이 거칠고' '감각적'이고 '유물론적'이고 '염세적'이고 '비종교적'이고 '숙명론적'이고 '다원주의적'이고 '회의적'이라는 것입니다.

제임스는 합리론적 태도와 경험론적 태도를 구별하는 이와 같은 특성들을 당시의 철학적 상황에 대한 자기의 견해에 적용합니다. 당시의 철학적 상황은 어린애조차도 '거의 과학적으로 태어나는' 상황이었습니다. 사람들은 경험적 정신으로 가득 찬 것을 좋아했기 때문에, 실증주의와 과학적 유물론이 무대를 지배하는 경향이 있었습니다. 그렇지만 사람들은 또한 종교적인 요소도 간직하고자 했습니다. 제임스는 여기에서 철학적 딜레마가 발생한다고 주장합니다. 이 딜레마는 실증주의에 입각해 경험적 사실들을 존중하자니 종교를 무시해야 하고, 종교성을 보존하자니 경험적 사실들을 존중할 수 없게 된다는 딜레마입니다. 이러한 딜레마를 해소함에 있어서 제임스는 이 두 갈래 길 중의 어느 쪽으로도 나아가지 않습니다.

드라마틱하게 무대에 올려진 지적 곤경을 타개하기 위하여 제임스는 무대 옆에 철학적 영웅을 대기시켜 놓습니다. 그것이 바로 '실용주의'라는 기이한 이름을 가진 사물입니다. 제임스에 의하면, 실용주의는 인간의 다방면적인 사실 인식을 그르치지 않으면서 종교적 가치들을 구출해 낼 수 있는 철학이라고 합니다.

제임스에 의하면, 실용주의는 방법론이자 진리이론입니다. 매우 상이한 철학적 신념을 갖고 있는 사람들도 이 방법을 사용할 수 있다고 합니다. 이 방법의 주요한 기능은 사람들에게 심각한 혼란을 야기하는 형이상학적 논쟁들을 해결하는 것입니다. 형이상학적 논쟁에는 '개념 혹은 관념들'이 포함되어 있는데, 우리는 그 개념들이 '실제적 결과'를 낳는지 혹은 그렇지 않은지를 언제나 물을 수 있습니다. 그런 개념들이 유의미하다는 것이 증명될 수 있기 위해서는, 그런 개념들이 인간의 행동에 무언가 영향을 미친다는 것이 입증되어야 합니다. 우리는 제임스가 들고 있는 두 개의 예를 통해서 이 말이 무엇을 의미하는지를 예증할 수 있습니다.

하나의 예는 어떤 사람이 나무의 둘레를 돌고 있을 때 나무 둥치 위에서 다람쥐도 같이 돌고 있다면 그 사람이 다람쥐의 '둘레를 돌고 있다'go round고 말할 수 있는지의 논쟁에 관한 예입니다. 제임스는 그 대답이 '둘레를 돌고 있다'는 말의 의미에 따라 달라진다는 것을 보여 줍니다. 만약 '둘레를 돌고 있다'는 말이 차례로, 그리고 연속해서 다람쥐의 북쪽, 동쪽, 남쪽, 서쪽에 그 사람이 위치하게 된다는 것을 의미한다면, 그 사람은 다람쥐의 둘레를 돌고 있습니다. 다른 한편으로 그 말이 다음과 같은 것을 의미한다면, 즉 그 사람이 다람쥐의 뒤에 있다가 오른쪽으로 가고 그다음에 앞에 있다가 왼쪽으로 가는 것을 의미한다면, 그 사람은 실제로 다람쥐의 둘레를 돌지 않았을 수도 있습니다. 왜냐하면 다람쥐는 그 사람이 움직이는 것과 동시적으로 움직일 수도 있기 때문입니다. 이런 종류의 논쟁은 잘 분석해 보면 언어적 논쟁임이 드러난다고 제임스는 결론을 내리고 있습니다.

다른 하나의 예는 실용주의적 방법이 여러 개의 가능적 결과들과 양립할 수 있음을 예증해 줍니다. 제임스는 자기의 독자들에게 실용주의적 방법을 호텔의 복도와 같은 것으로 간주할 것을 요구합니다. 이 복도의 문을 열면 여러 개의 객실로 들어갈 수 있는데, 각 객실에는 가지각색의 지적 탐구에 열중하고 있는 사상가들이 있습니다. 지적 탐구는 형이상학적일 수도 있고 종교적일 수도 있고 과학적일 수도 있습니다. 형이상학적 탐구의 경우에 한 객실에는 관념론적 체계를 수립하고 있는 사람이 잠복해 있을 수도 있고 다른 객실에는 형이상학이 불가능한 것임을 보여 주고자 시도하고 있는 사람이 피신해 있을 수도 있습니다. 제임스는 실용주의적 방법이 각 객실에서 진행되고 있는 사고의 종류에 관련해서 중립적이라고 주장합니다. 그럼에도 불구하고 진리이론으로서의 실용주의는 구체적인 것들에 대한 유명론자의 선호, 유용한 것에 대한 공리주의자의 강조, 형이상학적 사변과 언어적일 뿐인 문제 해결에 대한 실증주의자의 혐오 등에 우호적이라고 제임스는 주장합니다. '신', '물질', '절대자', '이성', '에너지' 등과 같은 말을 좋아하는 사람들은 그러한 말들이 '실제로 어떠한 결과를 낳을 수 있는지'를 살펴봄에 있어서 실용주의적 방법을 사용해야 한다고 제임스는 믿고 있습니다.

신념은 의심하는 것의 중단을 의미합니다. 그러나 신념을 참이 되도록 하는 것은 무엇일까요? 어떤 관념이 그 관념을 믿는 사람에게 '우리 경험의 다른 부분들과 만족스러운 관계'에 있다면, 그 관념은 참이라고 제임스는 주장합니다. 영국의 박물학자이자 진화론자였던 다윈Charles Darwin, 1809~1882의 생물학에 영향을 받은 이 발생적 진리 이론은 관념이 원리상 언제나 변화할 수 있고 재평가될 수 있는 특수 상황에 대해서만 참인 것으로 간주합니다. 제임스를 비판하는 사람들 중에는 제임스가 강조하고 있는 것을, 누구나 자기를 안락하게 하는 것은 무엇이든 믿어도 좋다는 것을 의미하는 것으로 해석하는 사람도 있습니다. 그러나 제임스는 어떤 형태로든 실용주의적 진리가 개인의 소원 성취로 해석되는 것을 거부합니다. 관념들이 참이기 위해서는, 그 관념들이 현존하는 사실들과 부합될 수 있는 다른 관념들(여기에는 오래된 관념들도 포함됩니다)과 논리적 일관성을 지니고 있음이 입증되어야 하며 또한 경험적으로 확증될 수 있고 검증될 수 있어야 합니다.

제임스는 형이상학자들의 진리에 대한 주장들을 거부했습니다. 그럼에도 불구하고 신학적 관념들조차도 그 관념들을 변호하는 사람들에 의하여 인간의 어떤 현실적 행동이 그 관념들로부터 영향받고 있음이 입증될 수 있다면, 제임스는 그러한 관념들을 진리로 간주합니다. 사실 진리는 신념체계보다 대체로 위에 있습니다. 진리가 관심을 가지고 있는 것은 사실의 문제, 추상적 사물들과 그것들의 관계, 어떤 관념이 어떤 사람의 다른 신념체계 전체에 대해서 가지는 관계 등입니다. 사실에 관한 지식에 부합할 수 없는 관념은 제임스가 '현금가치'cash-value라고 명명하는 것을 절대로 가질 수 없습니다.

제임스를 비판하는 사람들 중에는 제임스가 주관주의적 진리이론을 옹호한다고 비난하는 사람들도 있습니다. 어디에선가 제임스는 문장의 의미를 검사하는 다음 두 개의 기준을 제안함으로써 자신의 견해를 방어하고 있습니다. 첫째, 문장은 만약 그것이 경험적으로 관찰할 수 있는 결과들을 낳는다면 의미를 가진다는 것입니다. 둘째, 문장은 만약 그것에 대한 어떤 사람의 신념이 결과적으로 어떤 행동을 낳는다면 유의미하다는 것입니다. 제임스가 과학적이고 사실적인 지식에 관하여 적고 있을 때에 제임스는 첫 번째 기준을 적용하고 있습니다. 그가 두 번째 기준을 적용하고 있는 것은 도덕적·종교적 신념들을 논의하고 있을 때입니다. 가령 특정의 종교적 신념이 어떤 사람의 삶에 중대한 변화를 가져왔다면, 그 신념은 유의미하다는 것입니다.

제임스에 의하면, 사람들은 문법적인 주어-술어 관계의 영향을 받아 어떤 실체에 대하여 고민하게 됩니다. 왜냐하면 사람들은 세계 내의 외적인 사물들과 심리적인 사물들이 '~로서' 경험되는 것을 넘어서서 그것들을 떠받치는 그 무엇인가가 있어야 한다고 가정하기 때문입니다. 그러나 경험을 넘어서 있는 그 무엇을 나타내는 실체라는 관념은 세계 내의 사물들에 대한 우리의 현실적 인식에 아무것도 보태 주지 않는다는 것이 제임스의 생각입니다.

제임스에 의하면, 이와 유사하게 우주의 기원과 발전을 가장 잘 설명해 주는 것이 신인지 혹은 물질인지에 관한 논증들은 관찰 가능한 사실들의 범위 내에서는 중요하지 않습니다. 미래에 대한 우리의 기대만이 유신론자-유물론자 문제를 중요한 것으로 만들 수 있습니다. 제임스에 따르면, 실용주의적 방법은 유물론唯物論보다 유신론有神論을 약간 '유리한' 입장에 서게 합니다. 왜냐하면 신에 대한 믿음은 지속적으로 보존될 이상적 질서를 보증하기 때문입니다. 비록 신이 세계를 창조했다고 하더라도 세계의 모습이 어떠한가는 끈기 있는 과학적 노고에 의해서 발견되어야 할 문제로 남아 있습니다. 세계의 기원에 관한 유신론적 입장은 사람들로 하여금 유물론이 배제하는 일종의 기쁨을 누리게 해 줍니다. 도덕적으로 유신론은 유물론보다 더 선호할 만한 것입니다. 왜냐하면 유물론은 도덕적 질서의 영속성을 부인하기 때문입니다.

제임스에 의하면, 세계 안에 모종의 의도가 있는지의 문제도 과학적 취지로 제기된다면 무의미합니다. 이 문제는 진정 종교적 문제이며, 순수하게 이성적으로 해결할 수 있는 문제가 아닙니다. 이 문제의 중요한 측면들은 과연 그 의도가 무엇인지와 의도한 자가 있다면 그 본성은 무엇인가 하는 것과 관련되어 있습니다. 제임스는 의지결정론과 자유의지론 간의 논전論戰도 이와 유사한 방식으로 다룹니다. 제임스에게 있어서 이 논전은 도덕적 판단 가능성에 대한 논의와 관련해서만 흥미를 가지게 되는 문제라기보다는 오히려 철저하게 형이상학적인 문제입니다. 자유의지론의 손을 들어 준다는 것은 우주가 인간의 노력을 통하여 개선될 수 있다는 신념의 수락을 의미합니다. 제임스는 개선 가능성에 대한 이러한 신념을 '세계개선주의'라고 명명합니다. 제임스에 의하면, 인간이성이 불충분할 때에는 신앙이 아주 올바른 결정을 내릴 수도 있다고 합니다. 왜냐하면 신앙은 미래의 약속에 대한 확신을 표현해 주며 우리의 현재의 삶을 위해서 유익한 결과를 낳기 때문입니다.

제임스에 의하면, 세계에 대한 우리의 지식은 과학적 비판, 상식, 철학적 비판 등을 통하여 완만하게 성장합니다. 이와 같은 인식방법들 중에서 가장 진실한 인식방법이 있다 하더라도 어느 것이 가장 진실한 것인지를 논증할 수 있는 사람은 아무도 없습니다. 상식은 경험의 자료들을 조직하는 관습적인 방식들을 확립합니다. 상식은 사물, 동일함 혹은 차이, 종류, 정신, 신체, 하나의 시간, 하나의 공간, 주체와 속성, 인과적 영향, 환상, 실재 등과 같은 개념들을 사용합니다. 과학적 비판은 이와 같은 상식적 개념들의 적절성에 의문을 제기하면서 '원자'나 '에테르'와 같은 보다 더 복잡한 개념들을 상식적 개념들에 보탭니다. 철학적 단계는 상식이나 과학적 비판에 견줄 만한 지식을 전혀 제공하지 않습니다. 철학적 비판은 자연에 대한 상세한 묘사를 가능하게 하지 않습니다. 그러므로 우리가 어느 철학적 관점을 받아들일 것인가는 이론적 기준보다는 실천적 기준에 따라 결정되어야 합니다.

『실용주의』에 들어 있는 여덟 편의 에세이에는 실용주의적 방법이 채택되기만 한다면, 진부할 뿐만 아니라 우리를 당황하게 하는 수많은 문제들이 실천적인 문제들로 바뀔 수 있다는 발견의 흥분이 흐르고 있습니다. 제임스는 사람들에게 그들의 경험적 욕구에 부합할 형이상학적 관점들을 발견하도록 돕고 싶은 열정을 가지고 있었던 철학자였습니다.

흥미와 관심의 차이가 궁금해요?

영어 단어 중에 'interest'라는 것이 있습니다. 독일어로는 'Interesse'입니다. 둘 다 라틴어로부터 유래한 글자인데, 어원적으로 '사이에 존재함'inter-esse을 의미합니다. 즉 인식주관과 인식객관, 수단과 목적 사이에 존재하면서 양자를 연결하고 양자 간의 거리를 없애는 것을 의미합니다. 우리말로 번역할 때, 심리학적인 관점에서 주로 사용되는 영어 'interest'는 '흥미'로, 인식론적인 관점에서 주로 사용되는 독일어 'Interesse'는 '관심'으로 번역하는 것이 자연스럽습니다. 전자는 주로 미국의 실용주의 철학자 존 듀이John Dewey, 1859~1952가 사용한 용어법이고, 후자는 독일의 현대 철학자 하버마스Jürgen Habermas, 1929~가 사용한 용어법입니다.

흥미를 정의하기에 앞서, 듀이는 심리학적인 관점에서 '흥미'의 상식적인 의미를 다음과 같이 기술하고 있습니다. 첫째, 흥미는 능동적입니다. 어떤 활동에 흥미를 가지게 되는 것은 우리가 그 활동에 능동적으로 관계한다는 것을 의미합니다. 둘째, 흥미는 객관적입니다. 우리는 어떤 사람이 어떤 활동에 흥미를 가지고 있다고 말할 수 있는데, 이것은 흥미가 객관적인 것임을 의미합니다. 셋째, 흥미는 개인적입니다. 발명품이나 정치는 인간의 주된 흥밋거리이지만, 개인적 복지와 만족이 어느 정도 발명품이나 정치와 밀접하게 관련되어 있다는 것을 의미합니다.

이제 듀이는 이와 같은 의미들을 토대로 하여 흥미의 개념을 정의하기 시작합니다. 듀이에 의하면, 사실상 이 세 가지 의미는 서로 동떨어져 있지도 않고 서로 엄밀하게 구분되는 것도 아니라고 합니다. 왜냐하면 어떤 활동이 가치 있는 것으로 판단되었으므로 그 활동에 능동적으로 참여하고 몰두한다는 것이 흥미의 근본적인 의미이기 때문입니다. 따라서 흥미를 가지고 전심으로 몰두하는 활동에서는 주관과 객관, 목적과 수단이 하나가 되어 서로 맞물려 있으며, 이런 의미에서 흥미는 하나의 통합된 활동이라고 할 수 있지요. 통합된 활동으로서의 흥미는 에너지의 분할과 낭비를 막아 줄 뿐만 아니라, 자기발달과 성장을 가능하게 합니다. 심리학적인 의미에서 흥미는 어떤 활동의 과정에서 자기 자신을 발견한다는 것을 의미하며, 진정한 흥미는 교육적 흥미와 일치한다고 듀이는 보고 있습니다. 왜냐하면 교육학적으로 볼 때 흥미란 무엇보다도 자기표현의 활동이며 자기활동을 통한 성장이기 때문입니다. 구체적인 흥미에서 추상적인 흥미에로의 발전, 단순한 흥미에서 복잡한 흥미에로의 발전, 직접적 흥미에서 간접적 흥미에로의 발전, 목적에 대한 흥미에서 수단에 대한 흥미에로의 발전 등은 자기성장의 적절한 예가 될 것입니다.

듀이는 흥미의 종류를 신체적 흥미, 구성적 흥미, 지성적 흥미, 사회적 흥미의 네 가지로 나누어 설명하고 있습니다. 그럼, 각각에 관해 구체적으로 살펴보겠습니다.

신체적 흥미란 단순한 재료나 간단한 도구와 함께 신체 기관을 직접 사용할 때의 자기활동을 가리킵니다. 이러한 자기활동은 페스탈로치의 교수법, 프뢰벨의 유치원 운동, 몬테소리의 교육방법 등을 통해 크게 진보되었습니다. 이것들은 교육적 성장에 있어서 신체적 활동의 중요성을 부각시켜 주었지요. 듀이는 신체적 활동도 학습의 대상인 경우에는 지적인 가치를 갖는다고 보았습니다. 듀이에 의하면, 종래 초등학교에서의 교육적 실패의 주된 원인은 신체적 활동의 이러한 지적 중요성을 이해하지 못한 데서 비롯되었다고 합니다.

구성적 흥미란 사물을 제작하려는 흥미를 가리킵니다. 신체적 흥미와는 달리 여기서는 목적을 달성하기 위해 도구의 사용이 증가됩니다. 듀이에 의하면, 실제로 인류와 개인의 역사 발전은 구성적 흥미에 따라 보다 정교한 도구를 발명하고 그것을 기술적으로 사용한 결과라고 합니다. 듀이는 어떤 목적을 성취하기 위해 도구나 장치를 지적으로 사용하는 일을 '작업'work이라고 명명하였습니다.

지성적 흥미란 어떤 상황에서 무엇이 일어나고 있는지를 발견하고자 하는 흥미를 가리킵니다. 듀이에게 있어서 지성이란 활동의 결과를 명확하게 지각하고 수단을 탐색하고 채택하는 능력을 의미합니다. 신체 활동과 구성 활동을 통합하는 것도 바로 이 지성의 활동이지요. 지성에는 다시 이론적 지성과 실천적 지성이 있습니다. 지식이 순수하게 이론적인 것에서 실제적 응용에로 나아간다고 본, 영국의 수학자이자 철학자이고 사회평론가인 러셀Bertrand Russell, 1872~1970과는 달리, 듀이는 과학적 원리의 발견이 실천적 지성에서 시작되는 것으로 보았습니다. 이처럼 듀이는 이론적 지성이 실천적 지성보다 우월한 것으로 인정하지 않았습니다. 듀이는 지성적 흥미의 예로서 새로운 것을 발견하기 위한 실험에 흥미를 가지는 것, 문제 해결을 위한 탐구와 학습에 흥미를 가지는 것 등을 들고 있습니다.

마지막으로 사회적 흥미에 대하여 살펴보겠습니다. 듀이에 의하면, 아동은 대부분의 보통 성인보다 사회적일 가능성이 더 많다고 합니다. 그리고 아동의 이와 같은 사회적 본성은 사물에 대한 흥미와 도덕적 흥미의 토대가 된다고 합니다. 이런 의미에서 도덕적 흥미와 사회적 흥미는 동일하다고 볼 수 있지요. 왜냐하면 도덕적 흥미는 사회적 흥미와 이해를 바탕으로 사회생활에 효과적으로 참여하면서 삶의 모든 장면에서 배우려고 하는 흥미이기 때문입니다. 듀이는 신체적 흥미로부터 사회적 흥미에로 나아갈수록 발전적이라는 점에서 도덕적 흥미 내지 사회적 흥미를 가장 고차적인 흥미로 간주합니다. 또 듀이는 아동을 교육함에 있어서 흥미의 여러 유형을 다양하게 활용할 것을 권장하였습니다.

하버마스는 인식론적인 반성을 통하여 관심Interesse의 개념을 다음과 같이 두 가지로 정의하고 있습니다.

"첫째, 관심은 인식이 성립하기 위한 조건이다." 과학주의자들은 관심이 주관적이기 때문에 객관적 인식을 방해하는 요소라고 주장하였습니다. 그러나 하버마스는 과학적 객관주의자들의 이러한 주장이 환상 내지 허구에 불과함을 폭로하였습니다. 그는 한걸음 더 나아가서 관심이 없으면 인식도 구성될 수 없다는 견해를 제시하였습니다. 하버마스의 논점은 인식주체의 관심 활동이 없으면 인식도 성립하지 않는다는 것입니다.

"둘째, 인식을 산출하는 관심은 준선험적이다." 원래 선험적이라 함은 칸트적인 의미에서 경험적 인식을 가능하게 하는 조건임을 의미합니다. 인식주체의 활동 또는 인식 자체의 성립 가능성의 측면에서 볼 때 관심은 분명히 선험적인 것입니다. 다른 한편으로 인식 주체가 역사적·자연적·사회적 조건 안에서 생활한다는 점에서 인식 관심은 선험적인 것이 아니라 경험적인 것으로 이해될 수도 있습니다. 이처럼 관심은 선험성과 경험성 모두를 포함하며, 이런 의미에서 하버마스는 관심의 속성을 준선험적이라고 규정하고 있습니다.

하버마스는 관심의 범주로 기술적 관심, 실천적 관심, 해방적 관심의 세 가지를 들고 있습니다. 이들에 대해 살펴보겠습니다.

기술적 관심은 경험과학적 인식을 성립시키는 관심입니다. 다시 말해서, 기술적 관심은 존재의 외적 조건을 기술적으로 통제하기 위한 정보를 얻으려는 관심이라고 할 수 있습니다. 이러한 관심은 노동을 통해서 인간과 자연의 관계를 객관적으로 인식하고자 한 독일의 경제학자이자 철학자였던 마르크스Karl Heinrich Marx, 1818~1883의 논리에서 확보된 것입니다. 그러나 하버마스에 의하면, 기술적 관심에 종속되는 과학적 인식은 그것 자신의 활동 조건인 상호작용과 문화 전승의 차원 및 언어의 중요성을 간과하고 있다고 합니다. 따라서 기술적 관심이 유일하고 절대적인 인식 범주가 될 수는 없다는 것이 하버마스의 생각입니다.

실천적 관심은 문화과학적 인식을 성립시키는 관심입니다. 다시 말해서, 실천적 관심은 어떤 행동이 문화적인 전통에 비추어 적절한지를 해석하려는 관심이라고 할 수 있습니다. 이러한 관심은 공동체 안에서 상호 주관적 의사소통과 의미 이해를 발전시키기 위해 사회적 맥락과 언어에 철두철미해야 한다는, 독일의 철학자 딜타이Wilhelm Dilthey, 1833~1911의 논리에서 확보된 것입니다. 그러나 하버마스에 의하면, 딜타이의 문화과학적 관심도 언어의 이데올로기적인 측면을 간파하지 못하고 결국 객관주의, 기술주의記述主義, 상대주의의 경향을 드러낸다는 점에서 인식을 구성하는 유일하고 절대적인 범주가 될 수 없다고 합니다.

해방적 관심은 비판적 사회과학의 인식을 성립시키는 관심입니다. 실체화된 권력의 지배로부터 의식을 해방시키려는 관심이 여기에 포함됩니다. 하버마스에 의하면, 해방적 관심이야말로 인식의 자율성과 타당성을 진정으로 확보할 수 있도록 해 준다는 점에서 기술적 관심이나 실천적 관심보다 우위를 차지한다고 합니다. 왜냐하면 기술적 관심이나 실천적 관심에 함축된 의미와 가치는 무엇보다도 해방, 즉 소외되지 않은 노동과 자유로운 의사소통을 위한 조건을 마련하는 데서 찾을 수 있기 때문입니다.

듀이의 흥미 개념은 아동 중심 교육의 기초가 된다는 점에서 직접적인 교육 원리로 활용될 수 있는 반면에, 하버마스의 관심 개념은 교육에 간접적으로 기여합니다. 그러나 교육학적인 관점에서 하버마스의 관심론을 듀이의 흥미론보다 더 높이 평가할 수도 있습니다. 왜냐하면 철학적(인식론적)인 반성을 통하여 형성된 하버마스의 관심론이 비록 난해하기는 하지만, 개인을 이데올로기적 억압으로부터 해방시켜 보다 합리적이고 이성적인 사회를 건설하고자 한 것이 하버마스의 의도였고, 이것은 곧 교육의 궁극 목적에 부합하기 때문입니다.

하르트만의 존재론

이 세상에는 참으로 많은 것들이 존재하고 있습니다. 고대로부터 현대에 이르기까지 철학자들은 존재하고 있는 것들을 다양한 방식으로 구분하고 분류해 왔습니다. 이러한 구분과 분류는 약간 어려운듯하면서도 매우 재미있습니다. 지금부터 독일의 현대철학자 니콜라이 하르트만Nicolai Hartmann, 1882~1950의 설명을 따라가면서, 존재하고 있는 것들에 대한 구분과 분류에 대하여 살펴보기로 하겠습니다. 우리나라에서는 하르트만이 많이 안 알려져 있지만, 하르트만보다 7살 연하였고 우리가 잘 아는 독일의 실존철학자인 하이데거Martin Heidegger, 1889~1976와 견줄 만큼 하르트만은 영향력이 있었던 인물입니다.

우선 존재하고 있는 모든 것들을 분석해 보면, 그것들은 단순히 존재하고 있음과 동시에 반드시 그 무엇으로 존재하고 있다는 것을 알 수 있습니다. 예를 들어, 소금은 존재할 뿐만 아니라 물질로서 존재하고 있는 것입니다. 또 사랑도 존재할 뿐만 아니라 인류가 보편적으로 추구해야 할 하나의 가치로서 존재하고 있는 것입니다.

존재하고 있는 것들 중에는 인식주관으로부터 독립해서 존재하고 있는 것도 있고 인식주관을 떠나서는 존재할 수 없는 것들도 있습니다. 소금은 전자의 예이고 사랑은 후자의 예입니다. 또 인식주관으로부터 독립해서 존재하고 있는 것들 중에는 공간을 차지하는 것들도 있고 공간을 차지하지 않는 것들도 있습니다. 우리는 공간을 차지하는 것들을 '물질적 존재자'라고 부르고, 공간을 차지하지 않는 것들을 '심적心的 존재자'라고 부릅니다.

우리는 물질적 존재자를 다른 말로 '물체', '신체' 등으로 부르고, 심적 존재자를 '의식', '마음' 등으로 부릅니다. 조금 전에 말씀드렸듯이, 물질적 존재자는 공간을 차지하고 심적 존재자는 공간을 차지하지 않습니다. 그러나 물질적 존재자나 심적 존재자는 다 같이 시간 안에서 존재한다는 점에서 시간의 제약을 받습니다. 따라서 인식주관으로부터 독립해서 존재하고 있는 것들은 모두 다 시간 안에서 생성·소멸하고 일회적이며 개별적으로 존재한다는 것을 알 수 있습니다. 이처럼 인식주관으로부터 독립해서 존재하고 있는 것들을 하르트만은 독일어로 '레알레 자인'reale Sein이라고 불렀습니다. 일본 학자들은 '레알레 자인'을 '실재적實在的 존재자'라고 번역합니다. 하르트만은 이와 같은 실재적 존재자를 그것이 무엇으로 존재하고 있는가에 따라 물질적 존재자, 생명적 존재자, 심리적 존재자, 정신적 존재자의 네 층으로 구분하고 있습니다.

이제 인식주관을 떠나서는 존재할 수 없는 것들에 대하여 살펴보겠습니다. 이것들은 공간을 전혀 차지하지 않을 뿐만 아니라 시간의 제약도 받지 않습니다. 따라서 이것들은 생성·변화의 과정을 겪지 않을 뿐만 아니라 인과율의 지배도 받지 않으며, 개별적으로 존재하는 것이 아니라 보편자로서 존재합니다. 예를 들어, 수학적 존재자(수, 도형), 논리적 존재자(동일률, 모순율, 배중률 등과 같은 논리적 법칙), 본질(플라톤의 이데아처럼 다수의 존재자가 공통적으로 갖고 있는 보편적 성질), 가치(진, 선, 미, 자유, 정의 등) 등은 모두 인식주관을 떠나서는 존재할 수 없는 것들입니다. 이런 것들을 하르트만은 독일어로 '이데알레 자인'ideale Sein이라고 불렀습니다. 일본 학자들은 '이데알레 자인'을 '이념적理念的 존재자'라고 번역합니다. 독일어로 '레알'real과 '이데알'ideal의 차이이던 것이 일본 학자들이 번역한 한자어, 즉 '실재적'과 '이념적' 때문에 그 둘의 관계가 쉽게 와 닿지 않게 된 것입니다.

다음으로, 존재하고 있는 모든 것들은 어떤 모양새를 취하면서 존재하고 있는지에 따라서, 즉 달리 존재할 수 없는 모양새(필연성)를 취하고 있는지 혹은 시간 안에서 이렇게도 될 수 있고 저렇게도 될 수 있는 모양새(가능성)를 취하고 있는지 혹은 이렇게도 될 수 있고 저렇게도 될 수 있는 둘 중의 어느 하나로 이미 실현되어 있는 모양새(현실성)를 취하고 있는지에 따라서 구분될 수도 있습니다. 이것이 바로 존재양상存在樣相에 따른 존재자의 구분입니다. 예를 들어 아무개의 죽음은 달리 있을 수 없는 필연적인 존재자이며, 폐암은 시간 속에서 발생할 수도 있고 발생하지 않을 수도 있는 가능적 존재자이며, 폐암이라는 가능적 존재자가 아무개에게 현재 발생해 있거나 발생해 있지 않은 아무개의 현재 모습은 현실적 존재자입니다.

필연적으로 존재하고 있는 것들은 다시 이념적으로 필연적인 것들과 실재적으로 필연적인 것들로 구분됩니다. 이념적 필연성이란 곧 논리적 필연성으로서 실재적 존재자와는 무관하게 전제와 결론 사이의 논리적 타당성을 근거로 하여 성립되는 초시간적 필연성을 의미합니다. 여기에 반하여 실재적 필연성은 시간 속에서 나타나는 원인과 결과 간의 필연성, 즉 인과계열 구조 안에서의 필연성이라고 볼 수 있습니다. 그런데 인과계열 구조 안에서 최초의 원인은 그 자체 또 다른 원인을 갖고 있지 않기 때문에, 실재적 필연성은 역설적으로 무원인으로서의 우연으로 환원된다고도 볼 수 있습니다. 그러나 실재세계가 철저하게 인과율의 지배를 받는다는 것을 전제한다면, 실재세계 안에는 '우연'이 존재하지 않습니다. 따라서 흔히 일상생활에서 우리가 사용하는 우연적 사건이라는 말은, 본질적으로는 필연적이지만 인간이 파악하고 있는 인과계열 선상에 그 원인이 아직 포함되어 있지 않는 사건을 의미하거나, 인간이 파악하고 있는 인과계열과는 다른 인과계열에 포함되어 있는 사건을 의미합니다. 예를 들어, 돌이 땅에 떨어지면서 개미 위에 떨어졌을 경우에 돌이 왜 땅에 떨어졌는가를 설명하는 인과계열은 인간이 파악하고 있는 인과계열 내에 있기 때문에 돌이 땅에 떨어진 것은 필연이지만, 왜 개미 위에 떨어졌는가는 인간이 파악하고 있는 인과계열에 포함되어 있지 않기 때문에 돌이 개미 위에 떨어진 것은 우연인 것입니다.

가능성이라는 존재양상도 시간의 제약 여부에 따라 이념적 가능성과 실재적 가능성으로 구분됩니다. 이념적 가능성이란 논리적 가능성, 즉 사유상의 무모순성만을 의미하는데, 예를 들어, '둥근 사각형'은 사유상 모순을 일으키기 때문에 논리적으로 불가능합니다. 그 반면에 '황금의 산'은 실재하는 것은 아니지만 전혀 모순을 일으키지 않기 때문에 논리적으로 가능합니다. 또 네 개의 직선은 여러 가지 사각형이 되기 위한 논리적 가능성을 지니고 있습니다. 실재적 가능성은 사유상 모순이 없어야 할 뿐만 아니라 인과법칙에도 어긋나지 않는 가능성을 의미합니다. 예를 들어, 금덩어리는 반지가 되기 위한 실재적 가능성을 지니고 있습니다.

아리스토텔레스에 의하면, 논리적이든 실재적이든 모든 가능성은 동시에 그 반대의 가능성이기도 합니다. 즉, A의 가능성은 동시에 '非A'의 가능성입니다. 그러나 이 두 개의 가능성은 그중 어떤 것이 현실성으로 드러나면 두 개의 가능성이 모두 소멸됩니다. 다시 말해서, 실재적 존재자에 있어서 가능성과 현실성은 공존할 수 없습니다. 그리고 실재세계는 곧 가능성이 현실성으로 드러난 것이기 때문에, 실재적 존재자에 있어서 현실성은 전면에 나타나 있다고 볼 수 있습니다. 그 반면에 이념적 존재자에 있어서는 필연성이 전면에 나타나고 현실성은 뒤로 숨어 버립니다. 다시 말해서, 이념적 존재자에서는 현실성이 가능성 속에 포함되어 버립니다. 가능성은 결국 현실성으로 드러나기 위하여 존재하는 것이며 가능성이 마침내 현실성으로 드러난다는 것은 어떤 사물이 목적을 실현하면서 완성되어 가는 것을 의미한다고 볼 수도 있는데, 이런 관점을 철학에서는 목적론적 사고방식이라고 합니다. 따라서 목적론적 사고방식은 현실성을 중시하는 사상입니다. 그러나 다른 한편으로 현실성이란 많은 가능성 중의 어느 하나가 실현된 것에 불과하다고 볼 수도 있습니다. 이런 관점에서 보면, 아직 완성되어 있지 않고 미래로 향하여 개방된 전적인 가능성이야말로 이미 무엇이 되어 버린 현실성보다 고차적인 것이요 중요한 것일 수도 있습니다. 인간의 주체적 자유를 강조하는 현대 실존철학은 이런 입장을 대변한다고 볼 수 있습니다. 실존철학자들에 의하면, 인간에게는 고정된 현실이란 없으며 가능성의 계속적인 실현과정만이 있다고 합니다. 다시 말해서, 인간존재에게는 가능성이 곧 현실성이라는 것입니다. 그래서 실존철학자 하이데거Martin Heidegger, 1889~1976는 인간을 가능적 존재로 규정하고 있습니다.

인식주관으로부터 독립해서 존재하고 있는 것들, 즉 실재적 존재자와 관련하여 다음과 같은 물음이 제기될 수 있습니다. '동물과 식물의 차이는 무엇인가?', '인간과 동물의 차이는 무엇인가? 물질과 생명의 관계는 무엇인가?', '인간의 정신은 무엇이고, 그 정신은 신체와 어떤 관계를 가지고 있는가?' 실재적 존재자를 어떤 방식으로 구분하는가에 따라 이 물음들에 대한 대답도 달라집니다. 고대 그리스의 철학자 아리스토텔레스는 실재적 존재자를 무생물, 식물, 동물, 인간, 신으로 구분하였고, 중세에는 그것을 신, 천사, 인간, 자연으로 구분하였으며, 현대 독일의 실존철학자 야스퍼스는 그것을 자연, 인간, 절대자로 구분하였고 현대 독일 철학자 하르트만은 그것을 물질, 생명, 마음, 정신으로 구분하였습니다.

하르트만에 의하면, 물질, 생명, 마음, 정신은 존재 층層을 이루고 있으며, 이 존재 층들이 일정한 법칙에 따라 성층成層됨으로써 물체, 식물, 동물, 인간이라는 존재형성물이 나타나고 이 존재형성물들이 실재세계를 구성한다고 합니다. 존재형성물은 바로 앞 단계의 존재 층을 기초로 하여 새로운 존재 층이 부가됨으로써 나타나기 때문에, 인간은 그 존재구조상 실재세계 전체와 같다고 볼 수 있으며 이런 의미에서 인간을 '소우주'라고도 한다는 것입니다. 또 존재 층들 사이의 관계는 수평적·병존적 관계가 아니라 수직적·중첩적인 관계라고 하르트만은 말하고 있습니다.

그럼, 각각의 존재 층을 살펴보겠습니다.

먼저, 물질 층은 형태는 갖고 있으나 생명을 갖고 있지 않은 일체의 존재자로 구성됩니다. 물질 층의 범주적 특성은 시간, 공간, 운동, 과정, 상태, 실체, 인과성, 자연법칙, 상호작용 등입니다.

이제 이 물질 층을 재료로 하여 생명 층이 만들어지고 생명을 가진 존재형성물, 즉 식물이 나타납니다. 그렇다면 생명이란 과연 무엇일까요? 생명이란 그것이 자리 잡고 있는 물체의 물질에 의한 물리·화학적인 작용에 불과한 것이라고 볼 수도 있고 물리·화학적인 힘과는 전혀 다른 종류의 힘이라고 볼 수도 있습니다. 전자의 견해가 바로 기계론이고, 후자의 견해가 생기론生氣論, vitalism입니다. 생기론은 물질과 생명이 원리적으로 구별된다는 입장이고, 기계론은 물질과 생명은 원리적으로 구별되는 것이 아니라 존재구조의 복잡성이나 정밀성 등에 있어서의 정도 차이만 있을 뿐이라는 입장입니다. 모든 존재자를 원자의 기계적 합성으로 본 고대 그리스의 철학자 데모크리토스Democritos, B.C. 460~B.C. 370와 에피쿠로스Epicuros, B.C. 306~B.C. 270, 물질과 정신을 철저하게 구별하면서 동물을 일종의 자동기계로 파악한 근대의 데카르트René Descartes, 1596~1650, 인간도 자동기계나 다름없다고 주장한 프랑스의 유물론자 라 메트리La Mettrie, 1709~1751, 생명현상을 인과적 기계적으로 설명하고자 시도하는 현대의 생물학 등은 모두 기계론을 대표한다고 볼 수 있습니다. 기계론자들과는 달리 생기론자들은 생명의 본질을, 물질에서는 전혀 찾아볼 수 없는 생명력 내지 생명소에서 찾습니다. 고대 그리스의 철학자 아리스토텔레스에 의하면, 생명체에는 물질적 요인 이외에 초물질적 요인, 즉 형상形相이 존재하며 이 형상이 생명체를 유기적으로 통제하고 보존한다고 합니다. 현대 독일의 생물학자이자 철학자인 드리슈Hans Driesch, 1867~1941에 의하면, 생명현상은 무기물을 지배하는 원리와는 다른 원리, 즉 엔텔레케이아entelecheia에 의해서 지배된다고 합니다. 이런 측면에서 생명 층은 개체, 신진대사, 자기통제, 자기복제(생식), 사망, 유전, 도태, 진화, 합목적성 등의 범주적 특성을 지닌다고 하르트만은 말하고 있습니다.

다음으로, 물질 층과 생명 층을 재료로 하는 마음 층에 대하여 살펴보기로 하겠습니다. 방금 우리가 '마음'이라고 한 말은 독일어의 '젤레'Seele를 번역한 말입니다. 영어로는 흔히 '소울'soul로 번역됩니다. 마음이란 무엇일까요? 마음은 다양한 심리현상을 지배하는 하나의 실체로서 존재하는 것일까요, 아니면 심적 현상을 총칭하는 명칭에 불과한 것일까요? 전자는 마음의 실체성을 인정하는 실체론적 입장이고, 후자는 마음의 실체성을 부정하고 작용적인 측면만을 인정하는 작용설적 입장입니다. 마음이 생성·변화하는 현상계의 운동원리라고 주장한 플라톤, 마음을 형상으로 이해하고 신체를 질료로서 이해한 아리스토텔레스, 마음과 물질을 각각 독립적인 실체로 파악한 프랑스 철학자 데카르트, 마음을 정신적인 실체로 인정한 독일 철학자 라이프니츠와 영국 철학자 버클리 등은 모두 실체설의 입장에 서는 사람들입니다. 그 반면에 신(자연)만을 유일한 실체로서 인정하고 정신이나 물질을 그 속성으로 보았던 네덜란드의 철학자 스피노자, 마음을 관념의 다발에 불과하다고 주장했던 영국의 경험론 철학자 흄, 프랑스 철학자 베르그송, 미국의 실용주의 철학자 제임스 등은 모두 작용설의 입장에 서는 사람들입니다.

한편 오늘날에 이르러서는 마음을 실체설이나 작용설과는 달리 설명하는 이론이 등장하였습니다. 이른바 전체설이라고 불리는 이 이론은 심신이 결합된 인간, 즉 전체로서의 인간을 지배하는 것이 바로 마음이라고 주장합니다. 전체설에 의하면, 마음은 육체와의 상호작용을 통해서 육체와 더불어 발전합니다. 마치 인간이 노동을 통해서 신체적으로나 정신적으로 발전하듯이, 마음도 노동(육체를 구성하는 일)을 통해서 발전한다는 것입니다. 거꾸로 유기체가 혼란되어 있을 때, 육체는 마음을 부자유스럽게 하기도 합니다. 마음 층의 고유한 범주적 특성으로는 비공간적 내면성, 의식 작용, 감정 작용 등을 들 수 있습니다.

마지막으로, 정신 층에 대하여 살펴보기로 하겠습니다. 전통적으로 정신은 초월적인 존재자(신)와 같은 종류의 존재자로 이해되어 왔습니다. 왜냐하면 인간의 정신은 그 고유한 범주적 특성으로서 보편성, 영속성, 통일성 등을 갖고 있는데, 이것들은 사실 초월적인 존재자가 갖고 있는 특성과 같기 때문입니다. 마음이 개인적이고 개별적인 데 반하여 정신은 초개별적이고 보편적이며, 마음이 시공의 제약을 받는 데 반하여 정신은 시공의 제약을 벗어나 있습니다. 그리고 정신은 인간의 사회와 현실 및 역사 속에서 영속하기도 합니다. 민족정신, 시대정신이라는 말이 가능한 것도 정신이 보편성을 가지면서 사회적으로나 역사적으로 영속할 수 있기 때문입니다. 사실 인간이 사물이나 자기 자신을 객관화하고 반성적으로 바라볼 수 있는 까닭도 인간에게는 신적인 정신세계가 있다는 사실에 있습니다. 인간은 충동과 의식의 흐름 속에서 스스로를 초월할 수 있는 능력, 즉 정신을 가지고 있는 존재입니다.

전통적으로 이 정신의 본질은 '이성'理性이라는 말로 이해되어 왔습니다. 이성을 본질로 하는 정신은 초월적 절대자의 세계와 감각적 경험세계를 통일적으로 이해하고자 하는 형이상학적 욕구를 가지며, 끊임없이 시공을 뛰어넘고자 하는 초월의 계기를 갖고 있습니다. 이런 의미에서 정신은 신적 요소가 인간 안에 내재화된 것이라고 볼 수 있습니다. 그리고 정신은 초월적 절대자와 함께 자기원인성을 공유함으로써 스스로 결단을 내리고 비판적으로 세계를 인식하며 가치 있는 것을 목적으로 설정하여 그것을 실현시켜 나갑니다. 이것은 바로 인간됨의 의미가 정신적 존재로서의 인간에 있음을 말해 주는 것이며, 정신적 삶의 가치가 인간존재의 본질로부터 유래하는 것임을 말해 주는 것입니다.

아리스토텔레스의 『형이상학』

'형이상학'形而上學이라는 말은 일본 학자들이 영어의 'metaphysics'나 독일어의 'Metaphysik'을 번역한 말입니다. 원래 그리스어로는 'ta meta ta physica'라고 합니다. 서양의 중세학자들은 그리스어 'ta meta ta physica'를 'metaphysica'라는 라틴어로 번역했고, 이 라틴어가 영어의 'metaphysics'나 독일어의 'Metaphysik' 등으로 번역되었던 것입니다. 동양 문헌 중에 『역전』易傳이라는 것이 있는데, 이 책의 「계사」繫辭편에 "형이상자위지도形而上者謂之道, 형이하자위지기形而下者謂之器"라는 표현이 나옵니다. 일본 학자들은 여기에서 '형이상'이라는 말을 빌려 왔다고 합니다. 그러므로 '形而上'이라는 한자어를 풀이하더라도 형이상학이 어떤 학문인지를 여전히 알 수는 없습니다. 그러나 일본 학자들의 번역어보다 더 나은 번역어를 찾아낼 수도 없습니다. 그럼, 아리스토텔레스의 저서 『형이상학』ta meta ta physica을 통해서 형이상학이 어떤 학문인지를 살펴보겠습니다.

아라비아 출신의 중세 철학자 아비첸나Avicenna, 980~1037는 아리스토텔레스의 저서 『형이상학』을 마흔 번이나 읽었지만 이해하지 못하였다고 고백하고 있습니다. 아비첸나의 고백은 '형이상학'이라는 학문에 관한 고백이기도 하고, 동시에 『형이상학』이라는 아리스토텔레스의 저서에 관한 고백이기도 합니다. 형이상학이라는 학문도 이해하기 어렵고 『형이상학』이라는 아리스토텔레스의 책도 이해하기 어려운 것은 사실입니다. 그러나 형이상학이라는 철학의 한 분과에 대해서 이해하고자 하는 사람은 아리스토텔레스와 더불어 시작하는 것이 좋습니다. 왜냐하면 아리스토텔레스의 『형이상학』이라는 책이 난해한 것은 사실이지만, 형이상학이 어떤 학문인지에 대해서 알고자 하는 사람들에게는 이 책이 가장 좋은 자료이기 때문입니다. 사실 아리스토텔레스의 저작들 내에서도 『형이상학』에 견줄 만한 저작은 없습니다. 『형이상학』이 해석되는 방식에 따라 아리스토텔레스의 다른 저작에 대한 일반적 해석의 많은 부분도 달라질 것입니다.

아리스토텔레스의 『형이상학』이라는 책은 그 구조부터 벌써 우리를 당황하게 합니다. 그 이유는 아리스토텔레스가 직접 『형이상학』을 편집한 것이 아니라, 제자들이 그의 강의를 기록해 두었다가 이것을 토대로 편집했기 때문입니다. '형이상학'이라는 불후의 명칭도 아리스토텔레스가 부여한 것이 아니었습니다. 아리스토텔레스가 죽고 난 다음에 아리스토텔레스학파의 사람들이 아리스토텔레스의 글들을 모아 정리하면서 형이상학적인 글들을 '자연학'ta physica의 '다음에'meta 배열하였는데, 여기에서 '형이상학'ta meta ta physica이라는 명칭이 생겨나게 된 것입니다. 참고로 'meta'라는 그리스어는 '~의 뒤에', '~을 넘어서 있는' 등을 의미합니다.

이처럼 '형이상학'이라는 책 제목이 우연하게 붙여지기는 했지만, 이 제목은 여전히 『형이상학』이라는 책의 내용을 상당히 정확하게 묘사하고 있습니다. 현대적으로 본다면 『자연학』ta physica이라는 책에서 다루어지는 내용 중의 많은 부분(특히 무한자에 관한 논의)이 형이상학으로 분류될 수 있으며, 실제로 『자연학』의 일부 주제(변화와 운동)는 『형이상학』에서 반복되고 있습니다. 그럼에도 불구하고 『형이상학』은 『자연학』을 넘어서고 있습니다. 왜냐하면 『형이상학』의 주제는 바로 '제일원리들'이기 때문입니다. 여기에서 '제일원리들'이란 만물의 불변적인 원인이나 우주의 필연적인 질서 등을 의미합니다. 제일원리들은 물리적 세계, 즉 자연계의 운동변화도 지배합니다. 그러나 『자연학』은 제일원리들을 주제로 하는 것이 아니라, 자연물에 내재하는 원리를 주제로 하고 있습니다. 이처럼 『형이상학』은 물리적 세계에 관한 물음들을 넘어서는 물음들을 과제로 삼고 있으며, 제일원리들을 다룰 뿐만 아니라 '부동不動의 원동자原動者'에로도 나아갑니다.

자기 자신은 움직이지도 변화하지도 않으면서 다른 존재를 움직이고 변화시키는 존재를 아리스토텔레스는 '부동의 원동자'그리스어로 'to kinoun akineton'라고 불렀습니다. 아리스토텔레스가 이 말을 생각해 내게 된 배경은 이렇습니다. 지금까지 존재하지 않던 것이 갑자기 존재하게 되었다면, 그것은 과연 어디서 생겨난 것일까요? 무無로부터 생겨난 것일까요? 그러나 무의 상태가 존재의 상태로 된다는 것은 논리적으로 불가능합니다. 그래서 자기 자신은 움직이지도 변화하지도 않으면서 다른 존재를 움직이고 변화시키는 것이 반드시 있어야 한다고 아리스토텔레스는 생각했습니다. 바로 이것을 아리스토텔레스는 부동의 원동자라고 불렀습니다. 기독교에서는 이 부동의 원동자를 '신'神이라고 부릅니다.

그럼, 이제 『형이상학』이라는 책의 내용을 살펴보겠습니다. "모든 사람은 본성상 알고자 한다."라는 유명한 말로 시작되는 알파A 권卷은 간혹 최초의 철학사라고 명명되기도 합니다. 알파 권에서 아리스토텔레스는 소크라테스 이전 철학자들의 여러 이론과 플라톤의 여러 이론을 검토하고 있습니다. 실제로 오늘날 우리가 소크라테스 이전 철학자들에 관해서 알고 있는 많은 정보는 아리스토텔레스의 설명에서 비롯됩니다. 아리스토텔레스는 자기 이전 철학자들의 이론을 비판적으로 평가함으로써 자신의 이론들을 세워 나갑니다. 이때 그는 각 이론의 장단점을 지적하고 나서 각각의 장점들을 자신의 이론에 흡수시키고 있습니다.

아리스토텔레스는 우선 간단한 인식론을 제공합니다. 그 내용은 다음과 같습니다. 인간은 감각할 수 있는 능력과 더불어 삶을 시작합니다. 이 능력은 인간 아닌 다른 동물들에게도 구비되어 있는 능력입니다. 인간의 마음은 감각내용을 간직합니다. 세계는 자기의 편에서 인간에게 감각내용상의 반복과 규칙성을 제공해 줍니다. 세계 안에 있는 여러 가지를 반복적으로 감각함으로써 우리의 감각적 식별력은 기억으로 발전하고, 기억은 다시 경험에로 발전합니다. 우리는 구체적인 인간들을 반복하여 지각함으로써 인간의 개념을 형성하게 되며, '우리가 보고 있는 이 사물은 인간이다.'라는 지식이 곧 경험적 지식입니다. 경험 혹은 개별자들에 관한 지식을 획득하고 나면, 우리는 보다 더 높은 단계의 지식, 즉 테크네techne와 에피스테메episteme를 획득할 수 있습니다.

아리스토텔레스에 의하면, 어떤 것에 대하여 단순히 알 뿐만 아니라 그것에 대하여 설명할 수 있을 때 우리는 그것에 대한 에피스테메를 가집니다. 에피스테메 중에서도 만물의 불변적인 원인이나 우주의 필연적인 질서와 같은 가장 고귀한 것들, 즉 제일원리들에 대한 에피스테메가 바로 소피아sophia입니다. 그런데 가장 중요한 것은 우리의 앎이 단계적으로 발전할 때 각 단계는 바로 앞 단계에 근거를 두고 있다는 사실입니다. 다시 말해서, 가장 높은 단계의 앎인 소피아에 도달하기 위해서는 감각으로부터 출발해서 기억, 경험, 테크네, 에피스테메의 단계를 모두 거쳐야 한다는 것입니다. 아리스토텔레스는 제일원리에는 네 가지가 있다는 유명한 이설을 내놓으면서 알파권을 끝맺고 있습니다.

중세 철학자들은 이 네 가지 원리를 각각 형상인形相因(사물의 본질), 목적인目的因(사물의 존재 목적), 시동인始動因(목적에로의 변화를 일으키는 것), 질료인質料因(사물의 물질적 원리)이라고 불렀습니다.

이와 같은 사四원리론은 형이상학에서 결정적으로 중요한 역할을 합니다. 왜냐하면 우리가 궁극적으로 바라는 것은 진리를 인식하는 것이고, 진리의 원인이 없다면 우리는 진리를 인식할 수 없기 때문입니다. 아리스토텔레스는 우리가 진리를 획득할 수 있다는 것을 보여주기 위하여 제일원리가 반드시 존재한다고 논증함과 동시에 무한히 많은 종류의 원리가 존재한다는 것은 불가능하다고 논증하고 있습니다. 만약 무한히 많은 종류의 원리가 존재하게 된다면, 진리는 결코 인식될 수 없을 것이기 때문입니다. 따라서 아리스토텔레스는 알파권에서 원리의 종류는 수적으로 한정되어 있으며 제일원리가 분명히 존재한다는 것을 입증하는 데에 많은 지면을 할애하고 있습니다. 원리들을 파악함으로써 진리가 인식됩니다. 그러나 원리들의 종류가 수적으로 무한히 많다면, 진리 인식은 불가능할 것입니다. 왜냐하면 인간의 정신은 유한한 실재만을 다룰 수 있을 뿐이기 때문입니다. 만약 형이상학의 목표가 소피아를 성취하는 것이라면, 현실적으로 무한성을 증명할 수 없다는 것, 원리의 수를 네 개로 한정한 것, 운동의 제일원인은 반드시 존재한다는 것 등은 우리가 반드시 알아야 할 중요한 것들입니다.

『형이상학』 베타B 권은 당시의 전통적인 문제, 즉 실재實在에 관한 문제를 다룹니다. 그 문제는 다음과 같습니다. '기본적인 실재의 종류는 얼마나 되며, 그중에서도 가장 기본적인 것, 즉 가장 안정적이고 변화의 근저에 놓여 있는 것은 무엇인가? 소멸되는 사물과 소멸되지 않는 사물을 지배하는 원리들은 완전히 동일한 것인가?' 형이상학적으로 '존재자'와 '단일성'은 둘 다 난해한 개념입니다. 아리스토텔레스는 이 두 개념이 그 자체 실체인지 혹은 사물의 속성에 불과한지를 생각해 봅니다. 불가피하게 그는 플라톤의 이데아론에 빠져들게 됩니다. 실체로서의 이데아는 받아들이지 않았지만, 다음의 점에서는 플라톤과 의견을 같이하고 있습니다.

> 개별자 그 자체는 결코 인식될 수 없으며, 어떤 사물이든 개별적 사물에 관한 인식은 그 사물의 보편적 속성들에 관한 인식이다.

『형이상학』 감마「 권에서 아리스토텔레스는 형이상학에 대한 유명한 정의와 더불어 시작합니다. 여기에서 그는 형이상학을 '존재자로서의 존재자'그리스어로는 'to on he on'를 탐구하는 학문으로서 정의합니다. '존재자로서의 존재자'라는 표현은 아주 묘한 표현입니다. 그리스어를 별달리 번역할 길이 없기 때문에 우리는 '존재자로서의 존재자'라는 표현을 그대로 사용하지만, 그 뜻을 풀이하면 다음과 같습니다. 학문의 다른 분야는 다양한 종류의 구체적인 사물들을 다루지만, 형이상학은 모든 사물의 출발점과 제일원리들과 최고의 원인들을 탐구합니다. 존재자는 직접 유개념에 포섭되기 때문에, 여러 학문은 이 유개념에 상응하게 됩니다. 그렇지만 존재자 그 자체에 고유한 속성들이 있기 때문에, 철학자가 해야 할 일은 이러한 속성들에 관한 진리를 발견하는 것이라고 아리스토텔레스는 말하고 있습니다.

그와 같은 기본적인 탐구를 수행하기 위해서는 일정한 원리들이 먼저 발견되어야 합니다. 아리스토텔레스는 그러한 원리의 한 예로서 모순율을 들고 있습니다. A를 하나의 명제로 할 때 'A는 A가 아니다.'라고 말하는 것은 앞뒤가 맞지 않는 말이며, A의 내용이 무엇이건 간에 그 말은 항상 옳지 않습니다. 따라서 'A는 A가 아닐 수 없다.'라는 명제는 항상 옳은 명제가 됩니다. 이 진리를 논리학에서는 모순율이라고 합니다. 우리는 흔히 '모순적으로 주장해서는 안 된다.'

라는 의미로 모순율이라는 말을 사용합니다. 모순율만큼의 확실성을 가지는 원리는 거의 없습니다. 모순율과 같은 기본적 공리들은 증명될 수 없습니다. 그 공리들이 직관에 의해서 혹은 그 공리들과 반대되는 것들이 참일 수 없음을 보여 줌으로써 간접적으로 그 공리들의 참이 수립될 수는 있지만 말입니다. 논증의 출발점이 논증일 수는 없고 그 자체 참인 것으로 받아들여진 어떤 것이어야 합니다. 형이상학자가 해야 할 일은, 모든 논증의 배후에 놓여 있는 기본적인 원리들을 파악하는 것입니다. 그다음에 형이상학자는 증명이 가능한 문제들에 대해서만 논증을 요구해야 합니다. 형이상학자는 '존재자로서의 존재자'의 원리 즉 존재자 그 자체의 원리를 파악해야 합니다.

『형이상학』 알파 권에서 언급되었던 네 개의 원리가 델타Δ 권에서 다시 한 번 언급됩니다. 이때 '필연'이라는 용어가 약간 특별한 관심을 끕니다. 왜냐하면 아리스토텔레스는 이 용어를 긍정적인 의미('달리 있을 수 없는 것')로 사용하고 있기 때문입니다. 이것은 마치 플라톤이 '영원불변'이라는 용어를 사용하고 있는 것과 같습니다. 그 반면에 플라톤은 『티마이오스』에서 '필연'을 비합리성과 카오스chaos의 상징으로 보았습니다. 또한 실체에 관한 유명한 정의, 즉 '실체란 속성들의 담지자이면서 그 자체는 속성이 아닌 개별적 사물이다.'라는 정의도 델타 권에 나옵니다.

『형이상학』 엡실론E 권에서 우리는 자연학, 수학, 형이상학에 대한 유명한 정의를 발견하게 됩니다. 자연학은 운동을 허용하지만 질료로부터 분리될 수 없는 존재자에 관하여 이론을 수립합니다. 수학은 움직이는 것은 불가능하지만 아마도 분리해서 존재하지 않는, 즉 질료 안에서 구현된 것으로만 존재하는 사물들을 다룹니다. 형이상학(제일철학)은 분리해서 존재하기도 하고 움직이는 것이 불가능하며 영원한 사물들을 다룹니다. 아리스토텔레스에 의하면, 우연적으로 존재하는 것에 대해서는 이상의 세 학문분야에서든 다른 어디에서든 그것을 학문적으로 다루는 방법은 전혀 없다고 합니다.

『형이상학』 제타Z 권에서 아리스토텔레스는 실체에 관한 결정적인 물음에로 돌아옵니다. 그는 여기에서 실체를 '모든 의미에 있어서 최초의 것'이라고 명명합니다. 본질 혹은 보편자, 유개념, 기체基體: 사물의 근저에 놓여 있는 것 등은 모두 실체라고 불립니다. 이 여러 개의 의미 중에서 어느 것이 가장 우선하는가를 결정함에 있어서 아리스토텔레스는 결코 분명한 태도를 취하지 않습니다. 앎이 관련되는 한, 본질이 우선한다는 것은 명백합니다. 그러나 아리스토텔레스가 플라톤의 이데아를 자존적自存的인 실체로서 보지 않았다는 것도 명백합니다. 왜냐하면 이데아 혹은 보편자는 사물 안에서만 존재하기 때문이지요. 다른 한편으로 순수가능태로서의 질료는 그 자체로 인식되지 않습니다.

아리스토텔레스가 탐구하려는 것은 실체들의 존재 원리들입니다. 그러나 감각적 실체들은 모두 질료를 가지고 있으며 따라서 쉽게 가능태로 됩니다. 본질은 분명히 형상形相에 붙어 있으며 또한 현실태에 붙어 있습니다. 이런 의미에서 사물의 형상은 실체라고 불릴 수 있습니다. 실체는 제일의 범주이며 다른 모든 범주는 실체에 의존합니다. 다른 모든 존재자들 역시 실체 개념에 의해서 존재한다고 말할 수 있습니다.

영원한 사물들은 소멸 가능한 사물들보다 존재론적으로 우선한다고 주장하고 나서, 아리스토텔레스는 영원한 최초의 원동자가 존재한다는 것을 논증하기 시작합니다. 영원한 사물들은 어떤 것도 가능태로서 존재하지 않습니다. 이러한 근거에서 아리스토텔레스는 현실적 무한자의 존재를 배제시켜 버립니다. 필연적인 것은 어떤 것도 가능태로 존재할 수 없습니다. 그렇지만 그와 같이 영원하고 필연적인 실체들도 존재해야 합니다. 왜냐하면 만약 이런 실체들이 존재하지 않는다면, 아무것도 존재하지 않았을 것이기 때문입니다. 시초부터 존재하고 있는 사물, 즉 영원한 사물 안에는 나쁜 것도 전혀 없고 결핍하고 있는 것도 전혀 없고 왜곡된 것도 전혀 없습니다. 영원하고 독립적이고 영속적인 그 무엇이 없다면, 과연 질서가 존재할 수 있었을까요? 진리를 추구함에 있어서 우리는 언제나 동일한 상태로 존재하고 어떤 변화도 허용하지 않는 존재자로부터 출발해야 합니다.

변화의 과정이 무한히 계속될 수는 없습니다. 영원한 부동不動의 실체가 있어야 하는 것은 필연적입니다. 운동이 존재하게 되거나 존재하기를 그만두어야 하는 것은 불가능합니다. 시간이 연속적이라는 의미에서 운동 역시 연속적입니다. 그렇다면 하나의 원리, 즉 바로 그 본질이 현실태인 원리가 있어야 합니다. 움직이지 않으면서 움직이게 하는 어떤 것, 즉 영원한 실체요, 현실태로서 존재하는 어떤 것이 있습니다. 욕구의 대상은 이런 식으로 움직입니다. 즉 욕구의 대상은 움직이지 않으면서 움직이게 합니다. 그렇다면 목적은 사랑받고 욕구되는 것으로서의 운동을 산출합니다. 그러나 다른 모든 것들은 움직여짐으로써 움직입니다.

그와 같은 최초의 원동자는 필연적으로 존재하며, 그것의 존재양태는 선善입니다. 천체와 자연계는 바로 그 원리에 의존하고 있습니다. 이 실체는 부분이 없이 존재하고 분할이 불가능하기 때문에 어떤 크기도 가질 수 없습니다. 신적神的인 사유의 본성은, 가장 신성하고 소중한 것에 대하여 사유하는 것이며 변화하지 않는다는 것입니다. 신적인 사유는 사유하는 것이 그것 자신의 본성이기 때문에, 그것의 사유는 사유에 대한 사유입니다. 신적인 사유와 그 대상은 하나입니다.

『형이상학』의 말미에는 플라톤의 이데아에 대한 아리스토텔레스의 유명한 검토가 포함되어 있습니다. 이 검토에서 아리스토텔레스는 이데아들이 독립해서 영원히 존재한다는 것을 거부합니다. 아리스토텔레스는 이데아들이 보편성을 지니고 있다는 것을 부인하지는 않습니다. 오히려 인식은 이데아들을 필요로 합니다. 아리스토텔레스가 거부하는 것은 이데아들이 구체적인 개별자들의 외부에 존재하고 있다는 것과 구체적인 개별자들보다 존재론적으로 우선해서 존재한다는 것입니다.

『형이상학』은 체계적인 구조를 결여하고 있을 뿐만 아니라, 일부 이론들의 경우에는 반복적이고 모호한 측면을 보여 줍니다. 부분들이 전체와 잘 조화되지 않음에도 불구하고 『형이상학』은 그것을 연구하는 사람들에게 매력을 잃은 적이 결코 없습니다. 『형이상학』은 여전히 형이상학의 고전적 자료로 남아 있으며, 그 저서가 다루고 있는 문제들과 그 저서에서 제시되고 있는 이론들은 계속해서 열띤 논쟁을 불러일으키고 있습니다. 『형이상학』을 완전하게 이해한다는 것은 불가능하며, 마찬가지로 『형이상학』을 잊어버리는 것도 불가능합니다. 『형이상학』은 근본적인 문제들을 추상해서 이론화하는 학습을 하고자 하는 사람들에게는 더없이 훌륭한 고전입니다.

신은 존재할까요?

이탈리아 출신이지만 영국 캔터베리에서 대주교를 지낸 성聖 안셀무스라는 인물이 있습니다. 안셀무스Anselmus, 1033~1109는 중세 철학자이자 신학자였습니다. 안셀무스는 초기 그리스도교 교회가 낳은 위대한 철학자이자 사상가인 아우구스티누스Aurelius Augustinus, 354~430를 신봉하였는데, 신플라톤주의자로서 고대 말기를 대표한 그리스 철학자이자 신비주의 사상가인 플로티노스Plotinos, 205~270에 대해서는 잘 몰랐으며, 아라비아 철학자들과 유태 철학자들을 거쳐서 아리스토텔레스의 저작들이 대량으로 유럽에 유입되기 직전에 살았던 사람입니다. 안셀무스가 명성을 떨치게 된 것은 주로 신앙이 이성보다 우선한다는 그의 신념 때문이었습니다. 그는 이 신념을 『대어록』對語錄, Proslogion에서 다음과 같이 표현하고 있습니다.

> 나는 내가 믿고 있는 것을 이해하려고 하는 것이 아니라, 이해하기 위하여 믿는다. 내가 믿는 또 하나의 이유는, 만약 내가 믿지 않는다면 나는 이해한다고 말할 수 없을 것이기 때문이다.

신앙을 기초로 하여 성서聖書나 교부敎父들을 통하여 제시되는 계시를 받아들인 연후에야, 이성이 계시의 의미를 명료하게 하거나 계시의 내용을 증명하는 등의 이차적 역할을 수행할 수 있게 된다는 것입니다. 그렇지만 안셀무스는 양면적인 인물이었습니다. 왜냐하면 그는 신앙의 우선성을 강조했음에도 불구하고, 이성적 증명에 의하여 신앙 내용을 뒷받침할 필요가 있음을 매우 강하게 느꼈던 사람이기 때문입니다. 사실 그는 자기 이후의 스콜라 학자들보다도 훨씬 더 넓게 이성의 범위를 확장시켰습니다. 왜냐하면 안셀무스 이후의 스콜라 학자들은 삼위일체설이나 신인설神人說과 같은 것을 이성적으로 증명하고자 하는 생각을 하지 않았기 때문입니다. 이와 같은 안셀무스의 이성주의 때문에, 후세의 사람들은 그를 최초의 스콜라 학자라고 부르게 되었던 것입니다.

안셀무스의 이성주의는 그를 유명하게 한, 소위 '존재론적 신神 논증'에서 극치에 달하게 됩니다. '존재론적 논증'독일어로 'Ontologischer Beweis'이라는 말은 나중에 독일의 철학자 칸트Immanuel Kant, 1724~1804가 안셀무스의 논증에 붙여 준 이름입니다. 『대어록』에서 전개되고 있는 존재론적 논증은 『대어록』보다 먼저 저술된 『독어록』獨語錄, Monologion에서의 세 증명과 관련되기 때문에, 먼저 이 세 증명에 대하여 살펴보기로 하겠습니다.

첫 번째 논증에 따르면, 이 세계 안에 있는 사물들이 선善하게 되는 것은 그것들을 선하게 한 것이 있기 때문이며, 따라서 그것들은 하나의 선한 사물 혹은 다수의 선한 사물들로부터 유래되었음에 틀림없습니다. 그러나 다수의 선한 사물들이 선을 공통적으로 소유하고 있다면, 그 사물들을 선하게 한 것은 바로 그 선입니다. 따라서 우리는 다수의 선한 사물들에게 공통하는 선의 원천이 있다는 것을 당연하게 받아들여야 합니다. 이리하여 사물들을 선하게 하는 것이 한 개이든 다수이든, 우리는 선의 원천이 유일하다는 것을 알게 됩니다. 그것은 모든 선의 원천이기 때문에, 다른 어떤 것 때문에 선하게 되는 것이 아니라 그 자체가 선입니다. 이 논증은 본질들이 실재한다고 보는 학설에 의존하고 있음을 주목할 필요가 있습니다. 이 학설에 따르면, 선과 같은 본질은 사물의 형상形相으로서 기능할 뿐만 아니라 능동적인 제일원인으로서도 기능합니다. 여하튼 신은 단순히 선을 소유하는 어떤 것이 아니라, 선 그 자체입니다.

두 번째 논증도 첫 번째 논증과 유사하게 전개됩니다. 그러나 두 번째 논증은 선한 사물들과 관련되는 논증이 아니라 사물들의 존재와 관련되는 논증입니다. 존재하는 것은 무엇이나 그것을 존재하게 한 것, 즉 존재하게 한 원인이 있어야 하며 그 원인을 무한히 소급한다는 것은 불가능하기 때문에, 무한하지 않은 하나의 궁극적 원인이 있어야 하거나 무한하지 않은 여러 개의 궁극적 원인이 있어야 합니다. 전자의 경우라면, 우리는 이미 신과 조우해 왔습니다. 후자의 경우라면 여러 개의 원인이 서로 의존해서 존재하고 있거나 독립적으로 존재합니다. 여러 개의 원인이 서로 의존하는 것은 불가능합니다. 왜냐하면 다른 것에 의존하고 있는 그 무엇이, 바로 그 무엇에 의존하고 있는 것의 원인이 될 수는 없기 때문입니다. 그러나 독립적인 궁극적 원인이 여러 개 있다면, 각 원인은 스스로의 힘으로 존재하고 있음에 틀림없으며, 따라서 여러 개의 궁극적 원인들은 각자 스스로를 존재하게 한 힘을 공통적으로 소유하고 있음에 틀림없습니다. 그런데 이것들이 공통적으로 가지고 있는 힘이란 다른 모든 것을 존재하게 하는 원천이기 때문에, 원인이 여러 개일 수는 없고 오로지 한 개뿐입니다. 이 증명 역시 앞에서 언급된 학설, 즉 본질들이 실재한다는 학설에 의존하고 있습니다. 신은 최상의 힘을 소유하고 있는 어떤 것이 아니라, 바로 이 힘입니다.

세 번째 증명은, 이 세계 안에 있는 사물들은 '품위'의 정도나 선함의 정도 및 실재성의 정도에 따라서 서열 지어질 수 있다는 사실에 의존하고 있습니다. 안셀무스가 들고 있는 예는 다음과 같습니다. 누구나 한 조각의 나무토막보다 말馬이 더 많은 실재성을 소유하고 있다는 것을 인정할 것입니다. 왜냐하면 말은 살아 있기 때문입니다. 이와 유사하게 인간은 말보다 지위가 높습니다. 왜냐하면 인간은 이성적이기 때문입니다. 그러나 실재성의 정도를 연속해서 나타내는 것이 무한히 계속될 수는 없습니다. 왜냐하면 모종의 경계선, 다른 모든 것들이 평가될 수 있도록 해 주는 모종의 극한적 가치, 절대적으로 실재하는 가치가 틀림없이 있기 때문입니다. 이와 같은 정도의 실재성을 공유하고 있는 것이 여러 개 있다고 하더라도, 그것들은 우월성을 공통적으로 가지고 있다는 점에서 동등합니다. 이 우월성이 바로 모든 상대적 실재성의 원천인 절대적 실재성입니다.

안셀무스는 이상의 세 증명이 너무 복잡하다고 생각했음이 분명합니다. 왜냐하면 그는 『대어록』에서 보다 더 단순한 신 존재 증명을 찾기까지 오랜 시간이 걸렸다고 말하고 있기 때문입니다. 오랜 시간 동안 탐색한 결과가 바로 잘 알려져 있는 존재론적 신 논증입니다.

우리가 어떤 것에 대해서 생각할 때, 그 어떤 것에 의해서 연상되는 언어적 기호를 입 밖으로 내뱉는 것이 아니라 진정으로 그 어떤 것에 대해서 생각할 때, 그 어떤 것은 우리의 지성 안에 들어와 있다고 안셀무스는 말하고 있습니다. 물론 우리는 그것이 존재한다고 이해할 필요는 없습니다. 왜냐하면 마음속으로 신은 존재하지 않는다고 말하는 어리석은 자의 경우처럼, 존재하지 않는다고 믿어지는 어떤 것에 대해서도 우리는 생각할 수 있기 때문이며, 혹은 그 존재를 확신할 수 없는 어떤 것에 대해서도 우리는 생각할 수 있기 때문입니다.

그러나 이 중의 어느 경우이든, 만약 우리가 어떤 것에 대하여 생각하고 있다면, 그리고 그것을 이해하고 있다면, 다른 어떤 것이 아니라 바로 그것이 우리의 지성 안에 들어와 있습니다. 이 점은 신을 포함한 다른 것에 대한 우리의 사유에도 적용됩니다. 그러나 신의 경우에 우리는 독특한 것에 관하여 생각하고 있습니다. 왜냐하면 우리는 생각해 낼 수 있는 것 중에서 가장 큰 것, 즉 '보다 더 큰 것이 아무것도 생각될 수 없는' 존재에 관하여 생각하고 있기 때문입니다. 그런데 만약 어떤 존재자가 지성 안에서만 존재하고 있다면, 그것은 우리가 생각해 낼 수 있는 것 중에서 가장 큰 것이 될 수 없습니다. 왜냐하면 지성 안에서뿐만 아니라 실제로 존재하는 존재자가 보다 더 클 것이기 때문입니다. 따라서 신은 우리가 생각해 낼 수 있는 것 중에서 가장 큰 것이기 때문에, 지성 안에서와 마찬가지로 실제로 존재하고 있음에 틀림없다는 것입니다.

다시 말해서, 우리가 생각해 낼 수 있는 것 중에서 가장 큰 존재자가 지성 안에서만 존재하고 있다면, 그 존재자는 우리가 생각해 낼 수 있는 것 중에서 가장 큰 존재자가 아니라는 것입니다. 우리가 생각해 낼 수 있는 것 중에서 가장 큰 존재자가 지성 안에서만 존재하고 있다고 말한다면, 조금 전에 살펴본 바와 같이 우리는 논리적으로 모순에 빠집니다.

안셀무스의 논증을 정리하면 다음과 같이 됩니다.

> 우리는 신을 우리가 생각해 낼 수 있는 것 중에서 가장 큰 존재자라고 생각하는데, 바로 여기에서 신이 존재한다는 것이 이끌어져 나온다. 왜냐하면 신이 우리의 지성 안에서만 존재하고 실제로 존재하는 것이 아니라고 한다면, 단지 지성 안에서만 존재하고 있는 것보다는 지성 안에서도 존재하고 있으면서 실제로 존재하는 것이 한층 더 완전하기 때문에 신보다 더 큰 존재자가 있을 수 있게 되기 때문이다.

이 논증을 타당한 가언논증인 후건부정식으로 나타내면 다음과 같습니다.

만약 신이 우리의 지성 안에서만 존재하고 실제로 존재하는 것이 아니라고 한다면, (단지 지성 안에서만 존재하고 있는 것보다는 지성 안에서도 존재하고 있으면서 실제로 존재하는 것이 한층 더 완전하기 때문에) 신보다 더 큰 존재자가 있을 수 있게 된다. (대전제)

(우리는 신을 우리가 생각해 낼 수 있는 것 중에서 가장 큰 존재자라고 생각하기 때문에) 신보다 더 큰 존재자란 있을 수 없다. (소전제)

그러므로 신은 우리의 지성 안에서도 존재하지만 실제로도 존재하는 것이다. (결론)

이 논증은 처음부터 가우닐로Gaunilo라는 수도사의 반박을 받습니다. 가우닐로는 『어리석은 자를 대신하여』라는 자신의 저서에서 안셀무스를 비판하고 있습니다. 우선 가우닐로는 다음과 같이 언급합니다.

신의 본성은 본질적으로 신비스러운 것이기 때문에, 우리는 신의 관념을 가지지 않는다. 신의 관념을 가진다고 생각할 수는 있지만, 우리가 가지는 것은 언어적 기호일 뿐이다. '신'이라는 말을 들을 때에, 우리가 생각해 내거나 상상할 수 있는 것이 무엇이란 말인가? 그렇다면 안셀무스의 증명은 실패하고 만다. '신'이라는 용어는 우리가 생각해 낼 수 있는 그 어떤 것의 외연을 나타내는 것이 아니기 때문이다.

두 번째로 가우닐로는 다음과 같이 언급합니다.

> 만약 안셀무스의 논증이 건전한 논증(타당한 논증임과 동시에 전제들의 참이 합리적으로 수립될 수 있는 논증)이라면, 우리는 다른 것의 존재도 증명할 수 있을 것이다.

가우닐로는 그 예로서 우리로 하여금 하나의 섬에 대하여 생각해 보도록 합니다.

> 이 섬은 다른 섬보다 더 좋은 특징들을 가지고 있는 축복받은 섬이며, 따라서 우리가 알고 있는 그 어떤 현실적인 땅보다도 더 좋은 섬이다.

그런 다음에 그는 그 섬의 존재를 인정해야 한다고 제안합니다. 왜냐하면 만약 그 섬이 지성 안에서만 존재한다면, 그 섬은 실제로 존재하는 것으로 우리가 알고 있는 땅들만큼 좋지 않을 것이기 때문입니다.

세 번째로 가우닐로는 다음과 같이 언급합니다.

> 관념이나 개념은 지성 그 자체의 한 부분일 뿐이며, 만약 관념이나 개념에 상응해서 존재하고 있는 사물이 있다면 그것은 관념이나 개념과는 다른 어떤 것이다. 관념이 생겨난다는 사실로부터 관념과는 지위가 전혀 다른 어떤 것 역시 생겨난다는 것이 귀결되는 것은 아니다. 내가 어떤 존재자에 대하여 생각하고 있다는 사실, 내가 그 존재자를 생각해 낼 수 있는 것 중에서 가장 큰 존재자로 생각하고 있다는 사실, 따라서 그 존재자가 필연적으로 존재하고 있는 것으로 생각하고 있다는 사실은 그런 존재자가 현실적으로 있다는 것에 대한 최소한의 증거도 제공하지 않는다. 왜냐하면

필연적으로 존재하고 있는 존재자에 대한 사유와 필연적으로 존재하고 있는 존재자는 서로 별개의 것이기 때문이다.

첫 번째 반론에 대하여 안셀무스는 다음과 같이 대답합니다.

나의 증명은 신에 대한 완전한 이해를 필요로 하는 것이 아니다. 우리는 신이 무엇이든 간에 우리가 생각해 낼 수 있는 것 중에서 그보다 더 큰 것이 전혀 없게 되는 존재자라는 것만 이해하면 된다. 어리석은 자조차도 신앙을 거부하기 전에, 이 정도는 인정해야 한다.

두 번째 반론에 대해서는 다음과 같이 대답합니다.

축복받은 섬과는 달리 신은, 단순히 일정한 유형 중에서 가장 큰 것 혹은 심지어 모든 것 중에서 가장 큰 것으로서 간주되는 것이 아니라 더 큰 것이 아무것도 생각될 수 없는 존재자로서 간주된다. 이 후자의 개념은 오로지 한 사물만을 지시할 수 있으며, 아주 분명한 사실이지만 그 사물은 축복받은 섬이 아니다.

나중에 데카르트René Descartes, 1596~1650와 같이 안셀무스의 논증을 지지한 사람들도 안셀무스와 비슷하게 말하고 있습니다. 더 큰 것이 아무것도 생각될 수 없는 존재자의 존재는 유일한 사물, 즉 우리가 생각해 낼 수 있는 존재자 중에서 가장 큰 존재자의 본질에 포함되어 있다고 그들은 주장하고 있습니다.

오늘날까지도 안셀무스의 논증에 대한 표준적인 반론이 되고 있는 세 번째 반론은 앞의 두 개의 반론보다도 다루기가 더 어렵습니다. 세 번째 반론은 안셀무스의 논증이 지니고 있는 명백한 허점을 정확하게 지적하고 있는 것처럼 보이기 때문입니다. 그렇지만 안셀무스와 다른 많은 사람들이 세 번째 반론에 의하여 기세가 꺾이지는 않았습니다. 가우닐로의 세 번째 반론에 대답할 때에, 안셀무스는 이 반론을 거의 의식하지 않은 듯합니다. 왜냐하면 안셀무스는, 마치 그 반론이 제기되지 않았던 양, 만약 우리가 어떤 사물을 이해한다면 그 사물은 지성 안에 존재한다는 말만 다시 되풀이하고 있기 때문입니다. 왜 세 번째 반론이 안셀무스에게는 그렇게 중요하지 않은 것처럼 보였는지를 알기 위해서, 우리는 신적인 존재자의 본성을 조금 더 탐구해야 합니다.

안셀무스는 신을 자기원인적인 것으로 간주했지만, 자기원인이라는 본성은 전적으로 신비스럽습니다. 신이 자기 자신의 시동인始動因, 질료인質料因 혹은 도구적 원인으로서 기능할 수는 없었을 것입니다. 왜냐하면 이 모든 원인들은 그것들의 결과보다도 우선해야 하는데, 신조차도 자기 자신보다 먼저 존재할 수는 없었을 것이기 때문입니다. 유사한 이유 때문에 신은 자기 자신을 창조하지 않았습니다. 그럼에도 신은 자기 자신을 통하여 존재하고 자기 자신으로부터 존재합니다. 설명을 위하여 안셀무스는 우리에게 하나의 모델을 제시하는데, 그것이 바로 빛입니다. 빛은 다른 사물 위에 떨어짐으로써 그 사물을 비춥니다. 그러나 빛은 또한 자기 자신을 비춥니다. 왜냐하면 빛은 빛을 발하고 있기 때문입니다. 빛의 발함은 자기 자신으로부터 유래하는 것이 틀림없습니다. 물론 빛이 자기 자신에게 떨어지는 것은 아니지만 말입니다. 이제 안셀무스는 신에게 있어서 본질, 존재하게 하는 것, 존재(존재하고 있는 것)의 관계는 빛, 비추는 것, 빛을 발하는 것의 관계와 같다고 말하고 있습니다. 이 말이 함의하는 것은 신의 본질과 신이 향유하는 존재와 이 존재를 생기게 하는 것은 완전히 동일하다는 것입니다. 아우구스티누스와 마찬가지로 안셀무스는 신을 능동적인 본질이요, 필연적으로 존재하는 하나의 활동이라고 생각했습니다. 왜냐하면 신은 능동적일 뿐만 아니라 그 활동이 존재의 활동이기 때문입니다.

안셀무스는 신이 질료와 형상形相을 가지는 실체가 아님을 아주 분명하게 지적하고 있습니다. 우선 그는 다음과 같은 점을 지적합니다.

> 만약 신이 질료와 형상을 가지는 실체라면, 신은 복합체일 것이다. 그런데 복합체는 모든 것의 유일한 원천이 되는 존재 상태로 있는 것이 불가능하며, 더 우선하는 원인을 전혀 가지지 않는 존재 상태로 있는 것이 불가능하다. 더 나아가서 신은 공정, 지혜, 진리, 선 등과 같은 성질들을 소유하고 있는 실체일 수가 없다. 왜냐하면 신이 그런 성질들을 소유하고 있는 실체라면, 신은 자기 자신을 통해서가 아니라 다른 것을 통해서 정의롭고 지혜롭고 참되고 선하게 될 것이기 때문이다. 신은 공정과 지혜를 소유하는 것이 아니라, 정의요 지혜이다.

즉 앞의 세 증명에서 지적되었듯이, 신은 이러한 본질들과 동일하다는 것입니다. 그리고 신 안에서 이러한 본질들은 완전히 동일한 본질이기 때문에, 신은 하나의 본질이라는 것입니다.

우리는 다른 길, 즉 창조의 길에 의해서도 이와 동일한 결론에 도달하게 됩니다. 순수정신으로서의 신은 무無로부터 세계의 질료를 창조해 냅니다. 그러나 신은 창조 이전에 자기 마음속에 두고 있었던 모델에 따라 세계의 질료를 창조합니다. 즉 일찍이 아우구스티누스가 말했듯이, 세계 안에 드러나 있는 모든 본질은 창조 이전에 신의 사유 속에 존재했던 것들입니다. 신의 사유 속에 존재했던 본질들을 모델로 해서 세계가 창조되었다면, 그 본질들은 세계의 최초 형상인形相因입니다. 아우구스티누스는 신적인 관념들을 '이유들'이라고 불렀습니다. 그리고 최초원인으로서의 그 본질들은 신과 동일합니다. 아우구스티누스를 따라서 안셀무스는 신이 세계의 이와 같은 표현인 한에 있어서 신은 지성을 가지고 있다고 말합니다. 신은 지혜요, 말씀이요, 성자聖子입니다. 그러나 존재론적 논증이 관련되는 한에 있어서 중요한 것은, 신이 일상적인 의미에서의 실체로서 간주되는 것이 아니라 본질聖父로서 간주되며 또한 본질들의 집합체聖子로서 간주된다는 점입니다. 이때 본질 및 본질들의 집합체는 각각 세계의 작용인과 형상인으로서 기능합니다. 『독어록』의 증명들에서처럼 다시 한 번 창조자인 신은 작용하는 본질로서 간주됩니다. 우리는 성부인 신 안에서 본질이 향유할 수 있는 최고 등급의 실재성, 즉 자기 자신 안에서 존재하고 자기 자신을 통해서 존재하면서 영원히 작용하는 본질의 실재성을 가진다는 것을 주목해야 합니다.

만약 안셀무스를 정당하게 평가하고자 한다면, 그리고 존재론적 논증이 안셀무스에게나 다른 많은 사람들에게 대해서 가지는 강한 호소력을 이해하고자 한다면, 우리는 안셀무스가 존재론적 논증을 통하여 말하고 있는 것이 '현실존재'라틴어로 'existentia'가 아니라 '본질존재'라틴어로 'essentia'라는 사실을 명백하게 알고 있어야 합니다. 존재론적 논증의 전제들은 본질에 관한 전제들이며, 결론도 바로 이 동일한 본질에 관한 진술입니다. 존재론적 논증의 결론은 가우닐로가 주장했던 결론, 즉 다른 어떤 것에 관한 결론이 아닙니다. 만약 안셀무스가 그 본질은 질료에 드러나 있다고 결론을 내렸다면, 축복받은 섬을 예로 제시한 가우닐로의 반론은 타당했을 것입니다. 그러나 그 본질이 질료에서 드러나는 것은 언제나 우연적이기 때문에, 축복받은 섬은 본질만의 검토에 의해서 발견될 수 있는 어떤 것이 아닙니다.

존재론적 논증에서 결정적으로 중요한 것은, 질료 안에서의 존재는 최고 수준의 존재라고 생각될 수 없으며, 존재론적 논증에서 증명하고자 하는 존재자가 형상과 질료의 복합체로 간주되어서는 안 된다는 것입니다. 존재론적 논증은 본질로부터 순수본질 혹은 본질존재essentia에로 이동할 뿐입니다. 즉 존재론적 논증은 본질 이상의 어떤 것을 우리에게 드러내어 줄 뿐입니다. 존재론적 논증은 우리가 이해하고 있는 본질들 중의 하나가 능동적인 자립적 본질임을 보여 주는 것일 뿐입니다.

역사적으로 볼 때, 안셀무스의 논증을 받아들였던 철학자들은 본질의 역할이 강조되고 질료의 역할은 축소되는 플라톤주의적 실재론 혹은 신플라톤주의적 실재론으로 기울어 있었습니다. 존재론적 증명은 안셀무스 이후 4~5세기 동안 철학계를 지배한 아리스토텔레스주의자들에게는 받아들여지지 않았으며, 지난 300년 동안 철학적 사유의 그렇게도 많은 부분을 지배해 온 유명론자唯名論者들과 경험론자들에 의해서도 받아들여지지 않았습니다. 그러나 안셀무스의 존재론적 증명은 데카르트, 라이프니츠, 스피노자, 헤겔 등에 의해서는 이런저런 형식으로 바뀌어 받아들여졌습니다. 이들은 근본적 입장이 서로 달랐음에도 불구하고 각각 플라톤, 플로티노스 혹은 아우구스티누스 등으로부터 직접적으로나 간접적으로 영향을 받은 사람들입니다.

형이상학을 거부한 논리실증주의

1920년대에 오스트리아 비엔나에서 독일의 철학자 모리츠 슐리크Moritz Schlick, 1882~1936를 주축으로 '비엔나 서클'Wiener Kreis이 결성되었습니다. 이 서클의 회원들은 처음에는 슐리크를 중심으로 활발한 논의를 펼쳤으나, 제2차 세계대전과 함께 회원들이 줄어들면서 1938년에 이 서클은 와해되었습니다. 비엔나 서클의 회원들은 수학자, 경제학자, 물리학자, 언어학자 등 다양한 학자들로 구성되었습니다. 비엔나 서클에 몸담고 있었던 학자들은 종래의 사변적思辨的인 형이상학에 반기를 들고 철학을 과학과 같이 객관적인 학문으로 만들려고 하였습니다.

비엔나 서클의 회원들에 의하면, 과학적이고 경험적인 지식만이 유일한 의미를 가지며 모든 형이상학적 논쟁과 학설은 무의미한 것으로 부정해야 한다고 합니다. 이들은 모든 지식이 개개인의 경험이 아니라 공적이고 객관적인 실험에 의해서 검증되어야 한다고 보았습니다. 얼마 지나지 않아 이들의 입장은 '논리실증주의'logical positivism라는 이름으로 불리게 됩니다. 비엔나 서클과 그들의 주장은 20세기의 경험주의를 발전시키는 데 기여하였으며, 철학에 관해 새로운 관점을 제시해 후세대에도 영향을 미쳤다는 점에서 철학사적 의의를 지닙니다.

대표적인 논리실증주의자로는 오스트리아 출신의 영국 철학자 비트겐슈타인Ludwig Wittgenstein, 1889~1951이 있습니다. 여기서는 현대 영국의 분석철학자 에이어Alfred Jules Ayer, 1910~1989를 통해서 논리실증주의의 근본 입장을 살펴보겠습니다.

에이어는 자신의 저서 『언어, 논리, 진리』Language, truth and logic, 1936에서 '수정된 논리실증주의'를 제시하고 있습니다. 그리고 그는 논리실증주의를 '논리적 경험주의'라고 부르기를 더 좋아했습니다. 그러나 에이어가 주장하고 있는 것들, 특히 그 주장들이 철학에 대해서 함의하고 있는 것들은 논리실증주의의 주장들과 대부분 같습니다. 『언어, 논리, 진리』는 논리실증주의의 주장들을 한데 모아 간결하고도 박진감 있게 전달해 주고 있습니다. 그러므로 이 책은 20세기의 실증주의를 대표하는 문헌자료로서뿐만 아니라 실증주의가 내세우고 있는 것들에 대한 논의의 장場으로서 매우 중요한 가치를 지니고 있습니다.

『언어, 논리, 진리』에서 에이어는 실재, 지각, 귀납, 지식, 의미, 진리, 가치, 타아他我 등의 문제에 대한 해결책을 내놓고 있습니다. 그는 새롭거나 큰 아이디어는 전혀 제시하지 않습니다. 오히려 그의 해결책은 다른 사람들이 제안한 해결책과 같습니다. 그렇지만 그는 다른 사람들이 제안한 해결책들을 수정하고 그것들에 논리적 일관성을 부여하였습니다.

10년 후인 1946년에 『언어, 논리, 진리』 제2판이 출간됩니다. 이 책의 서론에서 에이어는 이 책의 제1판 출간 이후 자신에게 가해진 비판들에 대하여 대답하고 있습니다. 여기에서 에이어는 설명을 추가하고 생각을 약간 변화시키기는 했지만, 자기 입장의 본질은 그대로 유지하고 있습니다.

에이어는 다음과 같이 말하면서 형이상학의 가능성을 부정합니다.

나는 경험의 한계를 초월하는 지식을 얻고자 시도하는 것이 아무 소용없다는 것을, '언어가 지니고 있는 글자 그대로의 의미를 결정하는 규칙'으로부터 연역해 낼 것이다. 형이상학의 문장들은 이 규칙을 따르지 않으며, 따라서 무의미하다.

에이어는 '검증 원리'verification principle에서 다음과 같이 의미의 기준을 발견합니다.

우리는 이렇게 말한다. 어떤 문장에 의해서 표현되고 있는 바의 것, 즉 어떤 문장에 얹혀 있는 명제를 검증하는 방법을 어떤 사람이 알고 있는 경우에만, 즉 일정한 조건하에서 어떤 문장에 얹혀 있는 명제를 참인 것으로서 받아들이거나 거짓인 것으로서 받아들이지 않도록 하는 관찰방법을 알고 있을 경우에만, 그 문장이 그 사람에게 실질적인 의미를 지닌다.

어떤 문장이 의미를 지닐 수 있는 또 다른 가능성은 그 문장에 얹혀 있는 명제가 동어반복명제tautology인 경우이다. 이 두 기준에 의하여 그 명제가 동어반복명제도 아니고 검증 가능한 명제도 아닌 모든 문장은 무의미한meaningless 문장이요, 그 문장에 얹혀 있는 명제는 사이비 명제pseudo-proposition이다.

이와 같은 검증 원리에는 몇 가지 제한이 따릅니다.

우선 에이어는 '실제적인' 검증 가능성과 '원리상의' 검증 가능성을 구별하고 있습니다. 어떤 문장들에 대해서는 검증 방법이 용이하지 않거나 과학이나 문화의 현재 수준 때문에 실제적으로 검증하는 것이 불가능합니다. 예를 들면, '금성에는 토끼가 살고 있다.'라는 문장이 그런 문장입니다. 그러나 만약 우리가 그러한 문장들에 대해서 검증하는 방법을 알 수 있다면, 그러한 문장들의 명제는 원리상 검증 가능합니다.

더 나아가 에이어는 '강한' 검증 가능성과 '약한' 검증 가능성을 구별하고 있습니다. 논리실증주의자들의 단체인 비엔나 서클이 발전시켰던 '강한' 이론에 따르면, 경험적으로 아주 확실하게 검증될 수 있을 때에만 어떤 문장이 의미를 가지게 됩니다. 에이어는 '강한' 이론을 포기하고 '약한' 이론을 선택합니다. 에이어가 그렇게 한 이유는 다음과 같습니다.

> 경험적 증명이 지금까지 100%로 확실했던 적은 한 번도 없었기 때문에, '강한' 이론에 따르면 어떤 경험적 진술도 의미 있는 진술이 되지 못한다.

에이어는 '약한' 이론을 사용함으로써, 자기 이전의 실증주의자들이 어려움을 겪었던 두 유형의 명제, 즉 과학의 일반 명제와 과거에 관한 명제가 의미를 가지도록 했다고 생각합니다. 에이어가 제안한 이 원리에 따르면, '감각의 세계는 실재하지 않는다.'라고 하는 주장들이나 '실체는 하나인가 다수인가?'라고 묻는 물음들은 검증 가능성으로부터 배제됩니다. 경험에 의해서는 결코 그와 같은 주장들이나 물음들에 대하여 어떤 결정도 내릴 수 없다는 것이지요. 그래서 그것들은 글자상의 의미를 전혀 가지지 않습니다. 에이어에 의하면, 형이상학자들은 대개 자기들이 사용하는 언어의 문법에 의하여 오도誤導되어 왔다고 합니다. 그래서 형이상학자들은 문법이 문장의 주어로서 명사名詞를 요구하는 곳에 무엇인가가 실체로서 존재하고 있는 것으로 가정합니다. 사유는 전혀 그러한 요구를 하지 않을 수도 있는데 말입니다.

에이어에 의하면, 철학자는 형이상학을 포기함으로써 제일원리들로부터 우주의 연역적 체계를 구성해 내는 자기의 직분에서 벗어나게 됩니다. 왜냐하면 제일원리들은 가설에 불과할 뿐이고 결코 경험으로부터 유래할 수가 없기 때문입니다. 그러나 만약 제일원리들이 선천적으로 받아들여진다면, 그것들은 사실에 관한 지식이 아니기 때문에 세계에 적용될 수 없는 동어반복명제들일 뿐입니다. 동어반복명제tautology란 논리적 구조를 분석하는 것만으로 참과 거짓이 결정되는 명제를 가리킵니다. 예를 들면, '이순신은 남자이거나 여자이다.'라는 명제가 동어반복명제입니다. 왜냐하면 이 명제가 참이라는 것을 우리는 단순히 이 명제의 논리적 구조만으로도 알 수 있기 때문입니다.

에이어에 의하면, 우리는 귀납의 정당화 문제를 진정한 문제가 아닌 것으로서 무시해도 좋다고 합니다. 귀납의 정당화 문제는 과거의 경험으로부터 도출된 귀납적 일반화가 미래에도 잘 유지될 것임을 증명하려는 시도입니다. 이러한 시도는 선천적인 방식으로 해결되어야 하거나 경험적인 방식으로 해결되어야 합니다. 그러나 전자의 경우에 동어반복명제들을 경험에 적용하는 것은 적절하지 못합니다. 왜냐하면 사실의 문제에 동어반복명제들을 적용할 수는 없기 때문입니다. 그리고 후자의 경우에 우리는 우리가 증명하고자 착수했던 것을 당연한 것으로 상정想定할 뿐입니다. 귀납의 정당화 문제를 해결해 줄 경험적 검사 방법을 하나도 생각해 낼 수 없었기 때문에, 에이어는 귀납의 정당화 문제가 진정한 문제가 아니라는 결론을 내리고 있습니다. 실제로 우리는 과학적 일반화가 우리에게 미래를 예견하게 해 주고, 따라서 우리의 환경을 지배할 수 있도록 하는 것으로 믿습니다. 그러므로 우리가 늘 행하고 있는 이와 같은 일들에 대해서는 논리적 문제란 전혀 있을 수 없다는 것이 에이어의 생각입니다.

에이어에 의하면, 우리가 흔히 저지르게 되는 과오 중의 하나는 우리에게는 물질적 사물의 존재를 믿을 만한 자격이 없다고 주장하는 것이라고 합니다. 그러나 물질적 사물의 존재를 믿을 수 있는 권리는 단순히 우리가 감각을 가지고 있다는 사실로부터 유래한다는 것이 에이어의 생각입니다. 왜냐하면 사물이 존재한다고 말하는 것은 사물에 대한 감각이 획득될 수 있다고 말하는 것과 같기 때문입니다. 그러므로 철학자가 할 일은 물질적 사물을 감각의 방식으로 정확하게 정의하는 것입니다. 철학자는 세계 안에 있는 사물들의 속성에 관심을 가질 것이 아니라 우리가 사물들의 속성에 관하여 말하는 방식에만 관심을 가져야 합니다. 철학의 명제들은 그 성격상 사실에 관한 명제가 아니라 언어와 관련되는 명제이기 때문입니다.

에이어는 명제들이 어떻게 해서 타당하게 되는지를 보여 주는 것이 진리이론의 임무라고 생각합니다. '진리란 무엇인가?'라는 물음은, 이와 유사한 형식의 모든 물음과 마찬가지로 정의定義를 요구합니다. 따라서 이 물음에 대답하기 위해서는 사실에 관한 이론은 전혀 불필요합니다. 진리이론의 진정한 물음은 '진리란 무엇인가?'라는 물음이 아니라, '무엇이 명제를 참 혹은 거짓으로 만드는가?'라는 물음이어야 한다는 것입니다.

에이어는 독일 철학자 칸트Immanuel Kant, 1724~1804로부터 유래하는 분석명제와 종합명제의 구별을 받아들입니다. 분석명제와 종합명제는 각각 자기 자신을 타당하게 하는 방식을 가지고 있습니다.

> 어떤 명제의 타당성이 그 명제에 포함되어 있는 기호들의 정의에만 의존하고 있을 경우에 그 명제는 분석적이고, 그 타당성이 경험적 사실들에 의해서 결정될 경우에 그 명제는 종합적이다.

'기생적인 개미가 적어도 한 마리 있거나 어떤 개미도 기생적이지 않다.'라는 분석명제는 의심할 바 없이, 그리고 필연적으로 참이기는 하지만, 개미에 관한 실질적인 정보는 아무것도 제공해 주지 않습니다. 분석명제는 동어반복명제로서 사실에 관한 내용을 전혀 갖고 있지 않으며, 언어의 문제를 이해하는 데 도움을 줄 뿐입니다. 논리적으로 타당한 명제들은 동어반복명제임으로 해서 참이며, 문장에 숨겨져 있는 논리적 함의들을 드러나게 하는 데 유용합니다. 논리적으로 타당한 명제들은 우리들에게 경험적 지식을 획득하도록 도움을 줄 수는 있지만, 경험적 지식을 타당하게 하는 것이 동어반복명제인 것은 아닙니다. 기하학이 물리적 공간에 현실적으로 적용될 수 있는지의 여부는, 기하학 그 자체의 범위를 벗어나 있는 경험적 문제입니다. 따라서 논리학과 수학의 분석적 명제들을 세계에 적용할 수 있는 가능성이란 전혀 없다는 것이 에이어의 생각입니다. 분석명제와는 달리 종합명제는 경험에 의해서 타당하게 된다고 에이어는 단언하고 있습니다. 경험은 감각의 형식으로 주어집니다. 감각은 참도 아니고 거짓도 아니고 단순히 일어날 뿐입니다. 감각에 관한 명제는 논리적으로 참 혹은 거짓으로 결정되지 않습니다. '모든 종합명제는 미래의 경험을 예견하기 위한 규칙들'이라고 에이어는 말하고 있습니다.

에이어는 경험적 원리에 입각하여 가치에 관한 진술들을 일관되게 설명하고 있습니다. 기술적記述的인 윤리적 문장들은 경험적 진술들이고, 규범적인 윤리적 문장들은 '절대적'이거나 '본래적'이며 경험적으로 예측할 수 없고 사실에 입각해서 정의할 수 없는 문장들이라고 에이어는 주장합니다. 문장 안에 있는 규범적 기호들은 전혀 개념을 명명하지 않으며, 사실적 내용에 아무것도 보태 주지 않습니다. 따라서 규범적인 문장들은 참이거나 거짓일 수 없습니다. 그것들은 단지 화자話者의 일정한 감정을 표현할 뿐입니다. 그것들은 심지어 화자가 일정한 감정을 가지고 있다고 주장하는 것도 아닙니다. 왜냐하면 그런 주장은 경험적일 것이며 의심받을 수 있을 것이기 때문입니다. 따라서 우리는 규범적 문장들이 타당한지를 문제 삼을 하등의 이유가 없다고 에이어는 말하고 있습니다.

그렇다면 우리는 어떻게 해서 가치에 관하여 논쟁을 벌일 수 있을까요? 실제로 우리는 가치의 문제에 관해서 논쟁을 벌이는 것이 아니라 사실의 문제에 관해서만 논쟁을 벌인다고 에이어는 주장합니다. 에이어에 의하면, 그런 논쟁에서 우리가 하고 있는 것은 논쟁의 상대자에게 우리가 사실들이라고 믿고 있는 것을 보여 주면서 우리가 사실들을 바라보는 방식을 그에게 심어 주고자 시도하는 것입니다. 그래서 "거짓말하는 것은 나쁘다."라고 말할 때에 우리는 거짓말하는 것이 나쁘다는 우리의 감정을 표현하면서 다른 사람들에게도 그와 같은 감정을 가지도록 시도한다는 것입니다. 이와 같은 입장을 윤리학에서는 '정서주의'emotivism라고 합니다.

종교적 지식과 관련하여 에이어는 다음과 같이 말하고 있습니다. 우리는 신에 관한 진리를 위하여 동어반복명제에 호소할 수는 없습니다. 왜냐하면 그러한 동어반복명제들은 단순히 우리 자신이 약정한 것들에 불과하기 때문입니다. 우리는 신에 관한 경험적 명제들을 가질 수도 없습니다. 왜냐하면 신이 존재하지 않는 것이 아니라 존재한다고 하더라도, 우리는 우리에게 상이한 감각내용을 가져다줄 어떤 경험도 생각해 낼 수가 없기 때문입니다. 따라서 신 관념은 형이상학적이고 무의미하다는 것이 에이어의 생각입니다.

에이어는 철학과 제 과학의 통일을 주장합니다. 철학자가 해야 할 일은 과학적 이론을 현실적으로 타당하게 하는 것이라기보다는, 과학적 이론에 들어 있는 기호들을 설명하는 것입니다. 그러한 일을 수행하기 위해서는 철학자가 과학을 이해하는 것이 필수적입니다. 철학은 과학의 논리학으로 발전되어야 한다는 것이지요.

『언어, 논리, 진리』의 제2판을 내면서 에이어는, 서론에 새로운 설명을 추가하기도 하고 초판의 일부 내용을 수정하기도 했습니다. 에이어가 일부 내용을 수정했다는 사실은 주목할 만한 가치가 있습니다. 재판이 나오기까지의 기간 동안 에이어는, 초판에서 자기가 반대했던 논리실증주의자들의 신념, 즉 경험적 진술 중의 일부는 결정적으로 검증되는 것으로 생각될 수 있다는 신념을 받아들이게 됩니다. 이와 같은 경험적 진술들이 바로, 단 한 개의 경험으로 구성되는 감각내용을 언급하는 '기본 진술들'입니다. 그리고 이 진술들에 대한 결정적 검증은, 그 진술들이 언급하는 경험이 직접적으로 일어난다는 것입니다. 경험되는 것을 단순히 기록할 뿐이고 다른 아무것도 말하지 않는 한에 있어서, 이 진술들은 사실적으로 잘못된 진술일 리가 없습니다. 왜냐하면 이 진술들은 다른 어떤 사실을 논파할 수 있다는 주장을 전혀 하지 않기 때문입니다. 그러나 제2판에서의 이러한 변화는 자기의 주요 이설에 별다른 영향을 미치지 않는 미미한 것이라고 에이어는 말하고 있습니다. 에이어에 의하면 그 이유는, 거의 대부분의 명제는 이와 같은 종류의 명제가 아니기 때문입니다.

에이어는 '현실적으로 관찰할 수 있거나 관찰이 가능한' 진술을 나타내기 위하여 '관찰 진술'observation-statement이라는 용어를 도입합니다. 원래의 검증 원리는 모든 서술문이 의미를 가지도록 허용한다는 반론을 없애기 위하여, 에이어는 검증 원리의 표현을 수정합니다. 그리하여 그는 검증 원리가 다음과 같은 것을 의미하도록 합니다.

> 검증 원리는, 글자 그대로의 의미를 지니고 있고 비분석적인 진술에 대하여 그 진술이 직접적으로 검증될 수 있어야 하거나 간접적으로 검증될 수 있어야 하는 것을 요구한다. 직접적으로 검증될

수 있기 위해서 그 진술은 관찰 진술이어야 하거나, 한 개 혹은 그 이상의 관찰 진술과 결합되어야 하며, 다른 관찰 진술을 적어도 한 개는 수반해야 한다. 이 다른 관찰 진술은 다른 관찰 진술들 만에 의해서는 수반되지 않는다. 간접적으로 검증될 수 있기 위해서 첫째, 그 진술은 다른 전제들과 결합하여 한 개 혹은 그 이상의 직접적으로 검증 가능한 진술(이 진술은 다른 전제들만으로부터는 연역되지 않는다)을 수반해야 하며, 둘째, 다른 전제들은 분석적이지 않거나 직접적으로 검증 가능하지 않거나 독자적으로 간접적인 검증이 가능하지 않은 어떤 진술도 포함해서는 안 된다.

마지막으로 에이어는 철학적 진술을 과학적 진술과 나란히 분류하지 않고 다음과 같이 말하고 있습니다.

철학적 명제가 전혀 없다고 말하는 것은 옳지 않다. 왜냐하면 철학적 명제가 참이든 거짓이든 간에 본서와 같은 책에서 표현된 명제들은, 철학자들에 의해서 주장되거나 부인된 …… 특별한 범주에 속하는 명제이기 때문이다.

로고스의 철학자 헤라클레이토스

고대 그리스의 철학자 중에 헤라클레이토스Herakleitos, B.C. 540~B.C. 480라는 사람이 있습니다. 그는 우리가 잘 알고 있는 소크라테스보다 약 70년이나 먼저 태어난 철학자입니다. 근대 독일의 대철학자 헤겔Georg Wilhelm Friedrich Hegel, 1770~1831은 "우리는 헤라클레이토스에게서 변증법의 조국을 발견한다. 헤라클레이토스의 명제에서 나의 철학에 받아들여지지 않은 것은 아무것도 없다."라고 하면서 헤라클레이토스를 높이 평가하고 있습니다.

헤라클레이토스가 남긴 잠언풍의 문장이 난해하여 그에게는 '어두운 자'라는 별명이 붙었습니다. 그럼에도 불구하고, 우리에게 전해져 오고 있는 그의 단편 중에는 더할 나위 없이 분명한 문장이 150여 개나 됩니다. 문헌학자 딜스Hermann Diels가 정리한 단편들 중 몇 개를 예로 들어 보면 다음과 같습니다.

> 에페소스 사람들은 어른이면 누구나 목을 매달아야 한다. 나라를 소년들에게 맡기고 떠나야 한다. 에페소스 사람들은 "우리들 중에 그 누구도 가장 위대한 사람이 되도록 하지 말자! 만약 그런 사람이 한 명이라도 있다면, 다른 사람들이 있는 곳으로 쫓아내 버리자!"라고 말하면서 그들 중에서 가장 위대한 사람인 헤르모도로스

를 추방시킨 사람들이다.

– 동료 시민들을 고발하는 단편 –

많은 것을 배워 안다고 해서 지혜롭게 되는 것은 아니다. 만약 그렇지 않다면 헤시오도스, 피타고라스, 크세노파네스, 헤카타이오스 등은 모두 지혜롭게 되었을 것이다.

– 탁월한 선행자들에 대해서 불평하는 단편 –

신앙심이 두터운 사람은 자신을 다른 사람의 피로 오염시킴으로써 스스로를 '정화시킨다.' 마치 진흙탕에 들어갔던 사람이 진흙으로 몸을 씻어 내야 하듯이 말이다. 만약 어떤 사람이 자기가 이런 식으로 행동하고 있다는 것을 알게 된다면, 미쳤다는 생각이 들 것이다. 그리고 신앙심이 두터운 사람은 우상을 숭배하고 있다. 마치 신들이나 영웅들의 본성에 대해서는 아무것도 모르고 말馬과 대화를 하는 것과 꼭 마찬가지로 말이다.

– 신앙심이 두터운 사람들에 대해서 평가하는 내용의 단편 –

개는 모르는 사람이면 누구에게나 짖는다.
당나귀는 금보다 음식 찌꺼기를 더 좋아할 것이다.

– 어리석은 사람들에 대하여 언급한 단편 –

헤라클레이토스의 친구인 헤르모도로스Hermodoros 이외에 헤라클레이토스의 비난을 모면한 유일한 사람은 그리스의 이오니아 식민지인 프리에네 출신의 비아스Bias입니다. 그것은 그가 "대부분의 사람들은 나쁘다."라고 말했기 때문입니다.

헤라클레이토스는 다른 사람들을 경멸했습니다. 왜냐하면 헤라클레이토스는 자기가 생각하기에 누구나 알 수 있고, 또한 아주 중요한 그 무엇을 하나 발견했는데, 다른 사람들이 이것을 제대로 평가해 주지 않았기 때문입니다. 이것은 헤라클레이토스로서는 용서할 수 없는 일이었습니다. 헤라클레이토스가 발견한 것은 바로 자신이 '로고스'logos라고 부른 것입니다. '로고스'라는 그리스어는 오늘날의 언어로는 만족스럽게 번역될 수 없는 말입니다. 왜냐하면 로고스는 '말'을 의미할 뿐만 아니라, 말과 관련되는 다른 어떤 것이나 말로써 나타낼 수 있는 어떤 것도 의미하기 때문입니다. 여기에는 설명, 담화, 논증, 명성, 이성, 공식, 형型, 원리 등이 모두 포함됩니다. 이 중에서도 헤라클레이토스가 발견한 로고스와 관련해서 번역상의 이견異見을 최소화할 수 있는 것은 아마 '원리'일 것입니다.

헤라클레이토스의 단편들 중에는 다음과 같은 내용이 있습니다.

> 사람들은 영원불변한 로고스에 대하여 모르고 있음이 분명하다. 이것은 그들이 이 말을 듣기 전이나 막 듣기 시작했을 때나 마찬가지이다. 왜냐하면 비록 모든 것 혹은 모든 일이 로고스에 부합해서 일어났다고 하더라도, 사람들은 내가 지금 하고 있는 것처럼 말이나 저서에 의하여 각 사물을 그 본성에 따라 구별하고 그 본성이 무엇인가를 설명하는데, 이것은 그들이 로고스를 처음 대하는 것과 마찬가지이기 때문이다. 그러나 그들이 깨어 있을 때 행하는 그와 같은 일들은 다른 사람들에게는 잊히고 만다. 이것은 마치 그들이 잠자고 있을 때 행하는 일들에 대하여 잊어버리는 것과 마찬가지이다.

지난 2,500년 동안 엄청나게 많은 사람들이 헤라클레이토스의 가르침에 대하여 다양하게 해석해 왔습니다. 이 같은 사실로 미루어 볼 때, 지금도 사람들은 헤라클레이토스가 발견한 '로고스'에 대하여 처음으로 듣는 것과 마찬가지로 '로고스'를 모르고 있습니다. 이러한 평가는 의심할 바 없이 현재 우리가 하고 있는 설명에도 역시 적용됩니다.

> 나에게 귀를 기울이지 말고 로고스에 귀를 기울여 만물이 하나라는 것에 동의하는 것이 지혜롭다.

이 단편은 로고스의 내용에 대한 간결한 설명입니다. 로고스는 만물의 통일을 의미한다는 것입니다. 여기에서 헤라클레이토스가 무엇을 말하고자 했는지는, 그가 받아들이지 않고 있는 견해를 살펴봄으로써 가장 잘 설명될 수 있습니다.

대부분의 사람들은 세계가 많은 수數의 사물로 가득 차 있다고 가정합니다. 이때 각 사물은 잡다한 집합체로 구성되어 있습니다. 피타고라스나 헤시오도스 같은 사람들이 실천한 것이 있는데, 그것은 바로 '많은 것을 배워 아는 것'입니다. '많은 것을 배워 알고 있는 사람들'은 '대립자들의 표'에 따라 집합체의 구성요소들을 분류하고 대립자들이 어떻게 해서 존재하게 되었는지를 설명할 수 있는 사람을 의미합니다. 이런 의미에서 이해란 곧 분석이었습니다. 이러한 접근은 온통 잘못되어 있다고 헤라클레이토스는 항변합니다. 헤라클레이토스에 의하면, 대립자들이 스스로 존재할 수 없는 것은 자석의 양극이 음극 없이는 존재할 수 없는 것과 같다고 합니다.

헤라클레이토스는 대립자들이 '동일하게' 되는 네 가지 의미를 독특한 역설로 보여 주고 있습니다. 그럼, 그 의미와 그에 관한 단편을 살펴보겠습니다.

첫째, 통일되어 있는 것을 분석해 보면 대립자들로 가득 차 있음을 상식적으로 알 수 있습니다. 다시 말해서, 대립자가 없으면 통일도 불가능하다는 것입니다. 이런 의미에서 대립자는 같은 것이 됩니다.

> 같은 강에 발을 들여놓았던 사람의 발 위에는 계속해서 다른 물이 흐르고 있다.

풀이하자면, 서로 다른 물이 계속해서 흐름으로써 강물이 된다는 것입니다. 그러므로 서로 다른 물, 즉 대립하는 물들을 통틀어서 강물이라고 한다는 것입니다.

> 문서文書에서 볼 수 있듯이 문자文字의 길은 곧으면서 구부러져 있다.

풀이하자면, 곧은 모양만으로는 혹은 구부러져 있는 모양만으로는 문자를 형성할 수 없다는 뜻입니다. 그러므로 서로 대립하는 모양, 즉 곧은 모양과 구부러져 있는 모양이 함께 문자를 형성한다는 것입니다.

> 원둘레에서는 시작과 끝이 같다.

풀이하자면, 시작과 끝은 서로 대립하지만, 원둘레에서는 시작과 끝이 구별되지 않습니다. 이런 의미에서 원둘레에서는 시작과 끝이 같다는 것입니다.

둘째, 대립자 중의 어느 하나가 없으면 다른 하나도 존재할 수 없습니다. 이런 의미에서 대립자들은 동등한 것입니다.

만약 정의롭지 못한 일들이 존재하지 않았다면, 사람들은 '정의'라는 명칭을 몰랐을 것이다.

질병은 건강을, 배고픔은 포만감을, 피로는 휴식을 유쾌하고 좋은 것으로 만든다.

풀이하자면, 부정의와 정의, 질병과 건강, 배고픔과 포만감, 피로와 휴식은 서로 대립하지만, 부정의가 없다면 정의도 없고 질병이 없다면 건강도 없고 배고픔이 없다면 포만감도 없고 피로함이 없다면 휴식도 없다는 것입니다. 다시 말해서, 대립자 중의 어느 하나가 없다면, 다른 하나도 무의미하다는 것입니다. 같은 맥락에서 사회가 없다면 개인도 있을 수 없지요.

셋째, 특별한 종류의 대립이 있는데, 한 사물이 그 대립자에 의해서 규칙적으로 계승되는 경우입니다. 이런 의미에서 대립자는 동일하다는 것입니다.

대부분의 사람들의 스승은 헤시오도스이다. 사람들은 낮과 밤이 무엇인지를 몰랐던 그가 많은 것을 알고 있다고 생각했다. 왜냐하면 낮과 밤은 같은 것이기 때문이다.

풀이하자면, 낮과 밤은 서로 대립하지만 낮이 지나면 밤이 오고 다시 밤이 지나면 낮이 온다는 뜻입니다. 다시 말해서, 대립자가 연속적으로 교체되면서 번갈아 나타난다는 것입니다. 이런 의미에서 대립자는 동일하다는 것이지요. 헤시오도스Hesiodos는 B.C. 8세기 말경 호메로스Homeros와 어깨를 나란히 한, 그리스의 대표적 서사 시인입니다.

이어서 마찬가지의 뜻을 지닌 단편을 보겠습니다.

찬 것은 뜨겁게 되고 뜨거운 것은 차게 되며, 젖은 것은 건조하게 되고 바짝 마른 것은 축축하게 된다.

풀이하자면, 찬 것과 뜨거운 것은 서로 대립하지만, 찬 것은 뜨거운 것으로 되고 뜨거운 것은 다시 찬 것으로 되면서 번갈아 나타난다는 것입니다. 젖은 것과 건조한 것의 경우도 마찬가지입니다. 물론 이 두 경우가 낮과 밤의 경우만큼 규칙적이지는 않습니다.

넷째, 많은 대립들은 '주관적' 대립이며, 본질적 특성 때문에 대립하는 것이 아니라 인식주체의 관점이나 본성이나 관심에 의해서 대립합니다. 그러므로 대립자 중에는 우리에게 대립하는 것으로 보일 뿐, 사실은 동일한 것을 가리키는 경우가 많다는 것입니다.

돼지는 오물을 좋아한다.

풀이하자면, 어떤 음식이 우리가 보기에는 오물이지만 돼지에게는 오물이 아니라 맛있는 음식이라는 뜻입니다. 같은 음식이 인식주체의 본성에 따라 오물과 맛있는 음식으로 대립한다는 것입니다. 이런 의미에서 대립자는 동일하다는 것입니다.

바닷물은 가장 깨끗하면서도 가장 더러운 물이다. 왜냐하면 물고기는 그 물을 마심으로써 살찌우지만, 인간에게는 그 물이 마실 수 없는 유독한 것이기 때문이다.

풀이하자면, 바닷물이 물고기에게는 생명수이지만 인간에게는 유독한 물질이라는 것입니다. 돼지와 오물의 경우처럼 같은 바닷물이 주체의 본성에 따라 생명수와 유독한 물질로 대립한다는 것입니다.

수술하는 의사들은 보수가 적절치 못하다고 불평한다.

풀이하자면, 일정한 액수의 돈이, 수술하는 의사들에게는 적다고 여겨지고 환자의 입장에서는 많다고 여겨질 수 있다는 것입니다. 동일한 액수의 돈이 이해당사자의 관점에 따라 대립자로 된다는 것입니다. 이런 의미에서 대립자는 동일하다는 것입니다.

오르막길과 내리막길은 완전히 같은 것이다.

풀이하자면, 같은 길이, 계곡에 있는 사람에게는 '오르막길'이 되고 언덕 위에 있는 사람에게는 내리막길이 된다는 뜻입니다. 다시 말해서, 같은 길이 인식주체의 관점에 따라 오르막길과 내리막길로 대립하게 되었다는 것입니다. 이런 의미에서 대립자는 동일하다는 것입니다.

지금까지 말씀드린 것을 헤라클레이토스는 요약해서 이렇게 말하고 있습니다.

사물들은 전체이면서 전체가 아니다. 전체로 된 것은 부분화되는 것이다. 조화는 부조화다. 그리고 만물로부터 하나가 생기고 하나로부터 만물이 생긴다.

대립자들의 통일(상호의존)에 대한 헤라클레이토스의 주장이 대립의 존재를 부정하는 것으로 잘못 해석되어서는 안 됩니다. 오히려 그와는 반대로 대립자들이 하는 일은 대립하는 것이며, 대립자들의 투쟁은 존재의 기본적 사실입니다.

헤라클레이토스는 또 다음과 같이 말합니다.

투쟁은 존재하는 모든 것에 공통한다는 것과 정의正義는 곧 투쟁이라는 것과 모든 일은 투쟁에 부합해서 일어난다는 것을 알 필요가 있다.

투쟁은 만물의 아버지요, 왕이다. 그리고 투쟁은 어떤 것들은 신이고 어떤 것들은 인간이라는 것을 보여 주며, 어떤 것들은 노예가 되게 하고 어떤 것들은 자유로운 존재가 되도록 한다.

전쟁의 종식을 기원하는 것은 세계의 종말을 갈구하는 것과 같다.

이처럼 헤라클레이토스의 근본적인 존재론적 범주는 '실체'가 아니라 '대립자들의 투쟁 과정'이었습니다.

그러나 만약 세계가 아무런 연관성이 없는 사물들로 구성되는 것이 아니라면, 세계는 또한 우연한 사건들의 혼돈도 아닙니다. 우연히 일어나는 것은 '척도들'그리스어로 'metra'에 따라서 일어나며, 척도들의 모범이 바로 로고스 혹은 정의입니다. 우리는 이것을 다음의 단편들에서 확인할 수 있습니다.

태양은 척도들을 짓밟지 않을 것이다. 만약 태양이 그렇게 한다면, 정의의 수호자인 복수의 여신들이 태양의 의도를 간파해 낼 것이다.

신에게나 인간에게나 동일한 것인 이 우주를 만든 것은 신도 아니요, 인간도 아니다. 그것은 영원히 살아 있는 불이다. 불은 과거에도 존재했고 현재도 존재하고 있으며 미래에도 존재할 것이다. 불에는 타오르고 꺼지는 척도가 있다.

> 지혜sophia란 만물이 처음부터 끝까지 어떻게 존재해 가는지에 대한 로고스를 아는 것이다.

사물의 본성에 관한 철학적 사변(이것은 신화적 설명과는 구별됩니다)의 역사는 헤라클레이토스가 단편들을 쓰기 시작할 무렵, 겨우 1세기에 불과했습니다. 그의 선행자들은 세계가 하나의 기본적인 질료로 구성되어 있다는 것을 당연시했습니다. 이런 발상은 아마도 창조신화로부터 물려받은 것입니다. 이 질료는 '태초에는' 전혀 분화되지 않은 상태로 존재하고 있었습니다. 헤라클레이토스의 선행자들은 자기들의 문제가 두 가지라고 생각했습니다. 한 가지는 이 기본적인 질료가 무엇인지를 확인하는 것이었습니다. 탈레스는 '물'을, 아낙시만드로스는 '무한자'를, 아낙시메네스는 '공기'를, 피타고라스는 '수'를 기본적인 질료로서 확인했습니다. 다른 한 가지는 우리가 알고 있는 대로의 이 세계가 어떤 분화의 과정을 거쳐서 만들어졌는가를 그려 내는 것이었습니다.

헤라클레이토스는 이러한 전통에 반기를 들었습니다. 척도에 따라서 진행되는 과정으로서의 세계는 영원합니다. 그 과정이 아무리 복잡하다 하더라도 말입니다. 분명히 세계는 '영원히 살아 있는 불'입니다. 그러나 이때의 '불'은 과정의 상징으로서 선택된 것이지, 물이나 공기나 그 밖의 다른 것에 대체되는 것으로서 내세워진 '기본적인 질료'가 아닙니다.

헤라클레이토스는 영혼이 불멸한다고 가르쳤습니다. 여기에서 우리가 '영혼'이라고 번역한 말의 그리스어는 '프시케'psyche입니다. 프시케는 흔히 '영혼'으로 번역되지만, 그 의미는 생명을 가지고 있는 모든 존재로 하여금 생명을 갖도록 해 주는 것입니다. 우리는 관례에 따라 프시케를 '영혼'이라고 번역하겠지만, 그 뜻은 '생명의 원리'임을 명심하기 바랍니다. 헤라클레이토스에 의하면, 영혼은 질료가 아니라 연속적인 국면들을 경험하는 하나의 과정입니다.

불멸적인 것-가사적인 것, 가사적인 것-불멸적인 것, 서로의 죽음을 사는 것-서로의 삶을 죽는 것.

영혼에게는 죽음이 물로 되는 것이며, 물에게는 죽음이 흙으로 되는 것이다. 그러나 흙은 물로부터 존재하게 되고 따라서 영혼은 물로부터 존재하게 된다.

영혼이 축축하게 되면 즐겁기는 하다. 어떤 사람이 술에 취하게 되면, 미성숙한 소년이 되고 비틀거리고 자기 집을 제대로 못 찾는다. 그 사람의 영혼은 젖어 있다. 따라서 건조한 영혼이 가장 지혜롭고 가장 좋다.

헤라클레이토스의 정치적 견해들은 명백하게 비민주적이었습니다. 이와 관련된 단편에는 헤라클레이토스가 자기의 친구 헤르모도로스를 추방시킨 사람들에 대하여 고발하는 단편 이외에도 세 개의 단편이 더 있습니다.

나에게는 한 사람이 천 명이 될 수도 있다. 만약 그가 가장 좋은 사람이라면 말이다.

한 사람의 충고에 의해서 설득될 수 있는 것이 법이다.

모든 금수禽獸는 두들겨 패야 말을 듣는다.

방금 인용한 단편들 중에서 마지막 단편은 나중에 플라톤의 『국가』에서 소제목으로 나타나게 됩니다. 헤라클레이토스는 소크라테스와 마찬가지로 도덕적 타락을 지적 이해의 결핍과 동일시합니다. 모든 것에 '공통하는' 로고스를 알지 못하는 것이 모든 악의 뿌리라는 것입니다.

> 그러므로 우리는 모든 것에 공통하는 것을 따라야 한다. 그러나 로고스가 공통하는 것이기는 하지만, 일반 대중은 마치 사적으로 로고스를 소유하고 있는 것처럼 하면서 살아간다.

헤라클레이토스는 '일반 대중'을 잠자고 있는 사람에 자주 비유합니다.

> 왜냐하면 깨어 있는 사람들에게는 하나의 공통적인 우주가 있지만, 잠자고 있는 사람들은 각자 사적인 세계로 돌아가 버리기 때문이다.

> 잠들어 있는 사람처럼 행동하고 말하는 것은 옳지 않다.

헤라클레이토스는 "어떤 사람의 성격이 그 사람의 운명을 결정한다."라고 말했는데, 이러한 언급은 특히 헤라클레이토스 자신에게 잘 어울리는 말입니다. 우리에게는 헤라클레이토스의 생애에 관한 신뢰할 만한 정보가 전혀 없지만, 냉혹하고 당당하고 수수께끼 같은 그러면서도 힘차고 묘한 매력을 주는 그의 문체는, 한 인간으로서의 헤라클레이토스에 관하여 우리가 알 필요가 있는 모든 것을 말해 줍니다. 소크라테스 이전의 그리스 역사에서 한 개인으로서 이렇게 날카롭게 묘사된 사람은 아무도 없습니다. 후세 사람들에 의하여 수없이 많이 인용되는 과정을 거치면서 짤막했음에 틀림없는 그의 단편의 많은 부분이 보존되도록 해 준 것은 바로 그의 문체입니다. 불가피하게 그의 가르침을 왜곡하고 오해하게 한 것도 역시 그의 문체입니다.

아직도 헤라클레이토스라는 이름에 가장 일반적으로 따라다니는 두 개의 진술이 있습니다. 그것은 "모든 것은 흘러간다."panta rhei.라는 진술과 "여러분은 같은 강물에 두 번이나 들어갈 수 없다."라는 진술입니다. 이 진술들 때문에 헤라클레이토스는 철학의 역사에서 영속적 변화의 이설을 설파했던 사람으로 묘사되고 있으며, 변화라고 하는 것은 결코 존재하지 않는다고 가르쳤던 파르메니데스와 대조되고 있습니다. 그러나 사실은 이 두 진술 중의 어느 것도 순수한 헤라클레이토스의 단편이 아닙니다. 둘 다 오해를 불러일으킬 수 있는 플라톤적인 의역입니다. 헤라클레이토스는 과정철학자로서 활동이 곧 실재라는 견해를 가지고 있었지만, 변화의 보편성이 그의 사상의 핵심이었던 것은 결코 아닙니다. 오히려 그가 강조한 것은, 로고스가 존재의 흐름 속에서 식별해 내는 것은 질서 있는 영원한 형식이라는 것이었습니다. 이것은 '많은 것을 배워 아는 것'에 대비되는 것입니다.

"모든 것은 흘러간다."라는 진술에 대해서는 특별히 언급할 가치가 없습니다. 왜냐하면 그 진술이 헤라클레이토스와 어떤 관련이 있는지가 그렇게 명백하지 않기 때문입니다. 다만 강에 대해서는 앞에서 살펴본 것처럼 헤라클레이토스가 언급한 적이 있습니다. 헤라클레이토스가 실제로 말했던 것은, 우리는 자주 같은 강물에 들어갈 수 있지만, 들어갈 때마다 계속해서 다른 물이 발 위로 흘러가게 될 것이라는 것입니다. 이 말의 핵심은 덧없이 변화하는 개별자들이 고정되어 있는 형식에 대해서 가지는 관계를 예증해 주는 것입니다.

고대 후반기에 와서 스토아학파의 사람들은 헤라클레이토스의 범신론과 자연법 이설에서 그들 자신의 철학과 유사한 것을 많이 발견했습니다. 그 결과, 그들은 헤라클레이토스를 선배로 간주했습니다. 그들은 헤라클레이토스의 이설들을 자기들의 이설들에 적용했습니다. 이 과정에서 그들은 '헤라클레이토스가 우주의 기본적인 질료는 불火이라고 했으며 우주는 주기적으로 순환한다고 했다.'라고 제자들에게 가르쳤습니다. 이것은 오늘날 입증된 사실입니다. 최근 백 년간 헤라클레이토스는 헤겔학도의 원형, 파시스트의 원형, 마르크스주의자의 원형, 니체학도의 원형, 실존주의자의 원형 등으로 평가되면서 명예와 불명예를 함께 얻고 있습니다.

헤라클레이토스가 실제로 가르친 것들은 그리스 철학이 전개되는 과정에 거의 영향을 미치지 못했습니다. 여기서 헤라클레이토스가 실제로 가르친 것들이란, 헤라클레이토스와는 아무 상관없이 도달된 견해들을 장식하기 위하여 그의 단편들을 소급해서 인용하는 것과는 구별되는 것을 의미합니다. 헤라클레이토스와 거의 동시대에 살았던 밀레토스학파의 사람들이나 피타고라스학파의 사람들과는 달리, 헤라클레이토스는 자연과학의 발전에는 전혀 기여하지 못했습니다. 도덕적 규범을 세계관과 관련시켰다는 점에서 아마도 그는 철학적 윤리학의 창시자로 간주되어야 할 것입니다. 그러나 이 문제에 관련되는 증거는 미약하며, 그가 이러한 연관을 아주 상세하게 연구한 것 같지는 않습니다. 그리고 그가 로고스를 인식의 적절한 대상으로서 주장한 것은 매우 중요하지만, 그것에 대한 공로는 밀레토스학파의 사람들이나 피타고라스학파의 사람들과 공유되어야 합니다. 물론 헤라클레이토스가 그들의 천박성에 대하여 조롱했음에도 불구하고 말입니다.

그러나 문장가로서, 명필가로서, 비평가로서의 헤라클레이토스는 그들과는 달리 독특합니다. 헤라클레이토스는 스스로 자기를 '재미도 없고 꾸밈도 없고 향기도 없고 거침없이 말을 뱉어 냈던 시빌'에 비유했습니다. 시빌Sibyl은 그리스 신화에 나오는 무녀巫女입니다. 이 여신은 자기의 목소리를 천 년 이상 지속시켰다고 합니다. 헤라클레이토스는 그 여신을 능가했습니다. 왜냐하면 헤라클레이토스의 목소리는 때로는 묵살당하기도 했지만, 2,500년 후인 지금도 들려오고 있으며 아직도 불타오르고 있기 때문입니다.

최초의 과학자 아낙시만드로스

전통적으로 최초의 철학자는 밀레토스 출신의 탈레스Thales, B.C. 624~B.C. 546라고 여겨져 왔습니다. 왜냐하면 탈레스는 사물의 본성과 기원을 설명함에 있어서 신화적인 방식을 탈피한 최초의 사람이기 때문입니다. 그러나 그가 만물의 기원은 물水이라고 주장했다는 것 이상으로 우리가 그에 관하여 아는 것은 거의 없습니다. 뿐만 아니라 탈레스는 자기가 그렇게 주장한 것에 대하여 상세하게 설명하고 있는 것도 아닙니다. 최초의 포괄적인 자연철학, 즉 놀라울 정도로 예리하고 정교한 하나의 체계를 수립하는 일은 탈레스의 제자이자 계승자인 아낙시만드로스Anaximandros, B.C. 610~B.C. 546에게 남겨져 있었습니다.

아낙시만드로스는 애초에 주어져 있던 '단순한 것'으로부터 현재의 우주가 어떻게 발전해 왔는가를 설명하는 것이 자기가 해야 할 일이라고 생각했습니다. 분명히 그는 사물들이 언제나 처음과 거의 비슷하게 존재해 왔을 가능성을 배제합니다. 이 점에서 그는 근동近東 지방의 신화들로부터 진화의 관념을 물려받고 있습니다. 근동지방의 모든 신화에서는 미리 존재하고 있는 '카오스'chaos 혹은 동질의 질료(대개는 이것이 물이었다)로부터 세계가 어떤 과정을 거쳐 만들어졌는가에 대하여 말하고 있었습니다. 이때 신화에서는 변화를 일으키는 힘으로서 인격신적인 것을 설정하였지만, 아낙시만드로스는 이를 받아들이지 않았습니다. 또한 신화에서는 창조의 과정이 연속적이라고 하고 있었지만, 아낙시만드로스는 이를 분리된 개별적 사건들이라고 보았습니다. 이 점에 있어서 아낙시만드로스는 근동지방의 신화적인 발상을 근본적으로 변혁시키고 있습니다.

아낙시만드로스는 세계를 생겨나게 한 하나의 질료(전혀 분화되지 않은 질료)가 있었다고 가정하고, 이것을 그리스어로 '토 아페이론'to apeiron이라고 불렀습니다. 일본 학자들은 '토 아페이론'을 어원적 의미 그대로 '무한자'無限者라고 번역했습니다. 그리스어로 '페라스' peras는 '끝', '한계' 등을 의미합니다. 그래서 '토 아페이론'은 '끝이 없는 것', '한계가 없는 것', 즉 '무한자'이지요. 무한자는 흙, 공기(당시의 의미로는 '안개'), 불, 물 등과 같이 이전부터 '원소들'이라고 알려져 있는 것들 중의 어느 하나가 아니라, '원소들을 매개하는 어떤 것'이었습니다. 무한자는 젖은 것도 아니고 건조한 것도 아니며 뜨거운 것도 아니고 찬 것도 아니기 때문에, 아마도 약간 축축하고 따뜻한 것이었다고 볼 수 있습니다. 근본물질이 물水이라고 주장했던 탈레스에 반대하여, 아낙시만드로스는 근본물질이 원소들에 대하여 중립적인 것이라고 생각했습니다. 아낙시만드로스는 그 이유를 다음과 같이 제시하고 있습니다.

> 원소들은 서로 대립하고 있다. 즉 흙은 건조하고 물은 젖어 있으며 공기는 차고 불은 뜨겁다. 그러므로 만약 원소들 중의 어느 하나가 무한적인 것이라면, 그 나머지의 것들은 지금쯤 존재하기를 그만두었을 것이다.

이것은 기록된 것 중에서 발견할 수 있는 최초의 철학적 논증입니다. 왜냐하면 그것은 나름대로의 근거가 있는 선행자의 견해를 비판함에 있어서 어떤 사실을 폭로하거나 특별한 방식의 직관적 통찰에 의존한 것이 아니라, 이성에 호소하고 있기 때문입니다.

아낙시만드로스에 의하면, 무한자는 그 범위에 있어서 한계가 없으며 '불로불사'不老不死, 즉 시간상 영원합니다. 그래서 아낙시만드로스는 무한자를 '신적인' 것이라고 명명한 것 같습니다. 그러나 무한자가 신적인 이유는 불로불사 때문일 뿐입니다. 왜냐하면 아낙시만드로스는 인격성이라든가 지성적인 의식과 같은 속성을 무한자에 전혀 부여하지 않았기 때문입니다.

아낙시만드로스에 의하면, 무한자는 또한 '모든 세계들을 에워싸고' 있습니다. 이것은 이 세계와 같은 개별적 세계가 수적으로 무한히 많다는 것을 논리적으로 함의합니다. 무한자의 영원한 운동의 결과로서 '영원한 것으로부터 뜨겁게 할 수 있는 힘과 차게 할 수 있는 힘을 함께 가지고 있는 어떤 것이 분리되어 나옴으로써' 세계의 발생이 시작됩니다. 다음으로 이 어떤 것은 뜨거운 것과 찬 것으로 분리됩니다. 여기에서 주의해야 할 것이 있습니다. 아낙시만드로스를 비롯한 초기의 그리스 철학자 중에는 '뜨거운 것'과 '찬 것'을 어떤 사물의 속성이라고 생각한 것이 아니라, '뜨거운 것'과 '찬 것' 그 자체가 바로 하나의 사물이라고 생각한 사람이 많았다는 것입니다. 뜨겁게 할 수 있는 힘과 차게 할 수 있는 힘을 함께 가지고 있는 어떤 것이 뜨거운 것과 찬 것으로 분리됨과 동시에 이것들에는 선회운동이 부여됩니다. 뜨거운 것(불)은 '마치 나무껍질처럼' 찬 것(여기에는 흙, 안개, 물 등이 분리되지 않은 채로 섞여 있습니다)을 에워쌉니다. 적당한 때가 되면 찬 것 역시 흙, 안개, 물 등으로 분리되는데, 선회운동의 중심부에 머무르게 되는 것이 흙이고, 흙을 둘러싸고 있는 것이 물이며, 이 물을 둘러싸고 있는 것이 안개입니다. 안개와 물을 둘러싸고 있는 불은 그것들을 가열시켜 압력이 생기도록 하는데, 이 압력은 선회운동의 원심력과 결합하여 우주를 폭발시킵니다. 그 결과, 불은 안개에 의하여 거대한 여러 개의 고리(이 고리들은 마치 타이어의 튜브와 같은 모양을 하고 있으며, 흙 둘레를 돕니다) 안에 갇히게 됩니다.

지구는 원통 모양을 하고 있으며 직경이 높이의 3배나 됩니다. 우리는 평평한 표면 위의 어느 한 곳에서 살고 있습니다. 지탱하고 있는 것이 아무것도 없음에도 불구하고, 지구는 중심부에 머물러 있습니다. 왜냐하면 지구는 모든 것으로부터 같은 거리에 있기 때문이라고 아낙시만드로스는 말하고 있습니다. 지구 표면은 처음에는 완전히 물에 잠기어 있었지만, 지금은 부분적으로 건조한 곳도 있으며 계속되는 증발로 인하여 점점 더 건조해지고 있다는 것입니다.

> 원래의 젖은 상태가 그대로 있는 곳이 바다이다. 불은 원래부터 젖어 있는 곳의 대부분을 건조시켜 오고 있으며, 그 나머지 부분은 태워서 소금으로 바꾸어 오고 있다.

지구 반경의 18배의 거리와 27배의 거리에 있는 안개 고리들(이 고리들의 내부는 불로 가득 차 있습니다)이 지구를 둘러싸서 그 둘레를 회전하고 있습니다. 이 고리들의 각각은 안쪽에 한 개의 구멍(이 구멍은 마치 고무주머니의 주둥이와 같습니다. 혹은 보다 더 현대적인 모양으로는 타이어의 튜브에 있는 공기 주입구와 같습니다)이 있는데, 이 구멍을 통하여 불빛이 새어 나옵니다. 지구 반경의 18배 되는 곳에 있는 고리가 달이고, 지구로부터 가장 멀리 떨어져 있는 고리가 태양입니다. 태양의 직경(태양 고리의 트인 구멍의 직경)은 지구의 직경과 같습니다. 일식日蝕과 달 모양의 변화는 각 구멍 위의 장애물 때문입니다. 그러나 그 장애물들이 무엇인지에 대해서는 아낙시만드로스가 설명하지 않고 있습니다. 별들은 우리로부터 가장 가까운 곳에 있는 고리들인데, 아마 지구 반경의 9배 되는 곳에 있습니다. 아낙시만드로스가 별들이 우리로부터 가장 가까이 있는 고리들이라고 쉽게 추리한 이유는 아마 다음과 같습니다.

> 만약 별들이 우리로부터 가장 가까이 있는 고리들이 아니라면,
> 태양과 달의 고리들은 밤하늘에 검은 띠로 나타나야 한다.

그러나 이 가늘고 희미한 별의 고리들이 태양과 달의 보다 더 강한 빛을 방해하지는 않을 것입니다.

비록 아낙시만드로스가 지구의 자전을 확신하지는 못했지만, 아낙시만드로스가 제시한 세계의 모델에는 매우 중요한 두 개의 새로운 사상이 들어 있습니다.

그중의 하나는 지구를 떠받치고 있는 것이 아무것도 없다는 사상입니다. 아낙시만드로스 이전의 모든 학자들과 이후의 많은 학자들은, 지구가 고정되어 있는 것을 설명하기 위해서는 지구를 떠받치고 있는 것이 무엇인지를 밝혀야 한다고 생각했습니다. 아낙시만드로스는 그렇게 하더라도 문제가 해결되는 것이 아님을 통찰하고서 대담하게도 지구는 '모든 것으로부터 같은 거리에 있기 때문에' 중심부에 정지하고 있다고 선언했던 것입니다.

다른 하나의 새로운 사상은 가상된 실재들을 포함하고 있는 이론에 의하여 설명을 시도했다는 것입니다. 왜냐하면 우리는 분명히 고리들을 보는 것이 아니라, 고리들이 '빛을 발하는 구멍들'을 볼 뿐이기 때문입니다. 왜 아낙시만드로스는 구형 혹은 원판형의 불덩이라는 '보다 더 단순한' 상식에 만족하지 않고 고리들을 가상했을까요? 아낙시만드로스의 단편들은 여기에 대하여 아무것도 암시해 주지 않

습니다. 그러나 한 가지 대답이 가능할 듯합니다.

아낙시만드로스는 틀림없이 다음과 같은 방식으로 추리했습니다.

> 지구 가까이에 있는 무거운 물체들은 무게중심의 중심부, 즉 지구의 중심부를 향하여 움직이는 경향이 있다. 이제 지구도 매우 무거운 하나의 물체이므로 같은 방식으로 가장 큰 무게중심(만약 이런 것이 한 개 있다면 말이다)을 향하여 움직여야 한다. 이런 것에는 두 개가 있는 것처럼 보인다. 바로 태양과 달이다. 그러므로 만약 태양과 달이 우리에게 보이는 대로의 것이라면, 지구는 태양과 달을 향하여 움직여야 한다(혹은 태양과 달이 우리를 향하여 움직여야 한다). 이런 일은 일어나지 않기 때문에 지구는 사실 태양과 달로부터 같은 거리에 있어야 한다. 물론 겉으로는 그렇게 안 보인다. 지구가 태양과 달로부터 같은 거리에 있어야 한다는 조건은 오로지 태양과 달이 지구를 대칭적으로 둘러쌀 때에만, 즉 고리일 때에만 만족될 수 있을 것이다. 우리는 이 고리들의 '빛을 발하는 구멍'만을 볼 수 있을 뿐이다.

불을 감싸고 있는 안개라는 발상은 우리에게는 이상하게 보이지만 아낙시만드로스에게는 아주 자연스러운 것입니다. 왜냐하면 구름에서 새어 나오는 불빛이 그런 관념을 쉽게 연상시켜 주기 때문입니다. 실제로 아낙시만드로스는 불빛을 다음과 같이 설명하고 있습니다.

> 바람이 구름 속에 갇히어 격렬하게 폭발할 때, 구름이 찢어지면서 천둥소리를 내고 갈라진 틈새로 섬광이 나타나누나.

만약 아낙시만드로스의 생각이 이상과 같은 것이라면, 아낙시만드로스는 오늘날 우리가 '이론적 설명'이라고 일컫는 것의 본질적 특성을 이미 파악하고 있었다고 볼 수 있습니다. 즉 아낙시만드로스는 어떤 개념(예를 들어, '중력'과 같은 개념)이 보편적으로 적용될 수 있고, 관찰 내용(물체가 지구 표면에 낙하하는 것)을 설명해 주거나 관찰 내용으로부터 일반화되는, 그리고 관찰된 현상(태양과 달이 낙하하지 않는 것)을 관찰되지 않은 다른 것들(고리들)에 대한 가설과 부합하도록 해 주는 법칙 내지 자연의 규칙성에 대하여 잘 파악하고 있었던 것입니다. 이러한 것들은 현재 우리가 알고 있는 '과학적 방법'의 9/10에 해당한다고 할 수 있습니다. 만약 아낙시만드로스가 고리에 대한 가설을 검증하는 방법을 생각해 내었더라면(혹은 그것이 필요하다고 생각했더라면), 그는 나머지 1/10도 확보했을 것입니다.

아낙시만드로스 사상의 위력과 독창성은 그의 생물학에서 탁월하게 발휘됩니다. 신화에서는 언제나 인간을 포함하는 동물들이 어디선가 모르는 곳으로부터 (신들의 특별한 창조 활동의 결과로서 혹은 모종의 설명이 불가능한 방식으로) 지금의 형태를 갖추고 출현한 것으로 간주했습니다. 아낙시만드로스의 설명 방식은 이와 같은 간편한 설명 방식과는 극명하게 대조됩니다. 왜냐하면 아낙시만드로스는 '환경에의 적응'과 '적자생존'이라는 사상에 기초한 동물 진화론을 제창했기 때문입니다.

아낙시만드로스의 출발점은 다음과 같은 관찰이었습니다.

> 다른 동물들은 태어난 지 얼마 되지 않아 스스로 먹이를 찾아내지만, 유독 인간만은 제법 긴 보육기간을 필요로 한다. 따라서 만약 인간이 원래 지금의 모습 그대로였다면, 결코 생존할 수 없었을 것이다.

말하자면, 세계가 진화한다는 이론은 (갓난아이로서의) 인간이 갑자기 출현했다는 것과 양립할 수 없습니다. 왜냐하면 만약 인간이 갑자기 출현했다면, 인간은 '자연 상태'에서 결코 생존할 수 없었을 것이기 때문입니다. 따라서 유아기가 긴 동물들은 세계에 적응할 수 있었던 다른 어떤 종류의 생명으로부터 점진적으로 발전한 (아마도 사회화를 포함해서) 산물임이 틀림없다는 것입니다. 더 나아가서 맨 처음에 건조한 땅은 전혀 없었다는 이론은, 모든 생명이 바다에서 비롯되었음을 (요구하지는 않는다 하더라도) 암시합니다. 따라서 생물은 태양에 의해서 수분이 증발되는 가운데 축축한 원소로부터 생겨났다는 것입니다. 해양생물로부터 육상생물에로의 전이轉移가 일어난 과정은 다음과 같습니다.

> 최초의 동물들은 습한 곳에서 생겨났으며, 각 생물은 가시투성이인 나무껍질 속에 들어 있었다. 시간이 흐름에 따라 이것들은 밖으로 나와서 보다 더 건조한 장소에 자리 잡았다. 나무껍질이 터졌을 때, 그것들은 잠시 동안 생존했다.

특히 인간존재에 대해서 말하자면, 인간존재 역시 다음과 같은 존재입니다.

> 처음에는 다른 동물들, 즉 물고기와 비슷했다. …… 최초의 인간은 물고기의 내부에서 생겨났다. 상어처럼 길들여져 스스로를 보호할 수 있게 된 후에, 마침내 해안으로 밀려 올라와 육지에 도달했다.

여기에서 아낙시만드로스가 상어를 언급한 것은 상상에 의한 것이 아니라 정확한 관찰에 기초를 두고 있었습니다. 이 관찰이란 지중

해 동부의 상어들이 몸 내부에서 알을 부화시키므로 상어가 마치 포유동물과 유사하다는 관찰입니다. 아낙시만드로스가 직접 그것을 관찰한 것은 아니라고 합니다. 그렇다면 이 관찰은 다른 누군가에 의해서 행해진 것임이 분명합니다.

아낙시만드로스는 서양세계 최초의 과학적 저작을 남겼는데, 그 일부분이 보존되어 왔습니다.

> 사물들은 원래의 자리로 되돌아간다. 왜냐하면 원래의 자리는 시간의 질서 안으로 들어오면서 생긴 부정의不正義를 보상해 주기 때문이다.

이것으로 미루어 볼 때, 아낙시만드로스의 철학은 당시 그리스 사회에 충만해 있던 '정의'正義의 개념을 사용한 것임이 명백합니다. 이 개념에 따르면, 자연 안에는 사물들의 균형을 유지하는 비개인적이고 냉혹한 하나의 힘이 있습니다. 사회 안에서, 그리고 세계 안에서 일반적으로 모든 사람과 국가와 원소는 각기 할당된 몫을 가지고 있는데, 부정의하게 행하면, 즉 그 경계를 넘어 어떤 것을 침해하면, 원형을 복구하고자 하는 힘에 의하여 반드시 보복을 당하게 되어 있다는 것입니다. 이와 같은 정의 개념의 근저에는 그리스의 도덕정신과 자연법 사상이 동시에 놓여 있습니다.

아낙시만드로스의 직접적인 후계자인 아낙시메네스Anaximenes, B.C. 585~B.C. 525가 아낙시만드로스만큼 과감한 사색을 할 수 없었다는 것은 놀라운 일이 아닙니다. 아낙시메네스는 약간 '상식적인' 철학을 가르쳤습니다. 이 상식적인 철학에서는 지구가 '안개'로 떠받쳐져 있으며, 관찰이 불가능한 고리들은 무시되었고, 태양과 달과 별은 공중에 떠 있는 '불잎'과 같은 것이었습니다. 말하자면 아낙시메네스는 최초의 실증주의자였습니다. 지구를 지탱하고 있는 것이 필요하다는 생각은 아낙시만드로스의 고향인 밀레토스에서 한 세기 동안이나 계속해서 주장되었으며, 아낙사고라스Anaxagoras, B.C. 500~B.C. 428까지도 그렇게 생각했습니다. 사실 이 점만 제외한다면, 아낙사고라스의 철학은 본질적으로 아낙시만드로스의 철학을 세련시킨 것이었습니다. 그러나 피타고라스학파의 사람들이 처음으로 아낙시만드로스의 천문학과 고리 이론 등 모든 것을 받아들였습니다. 잘 알려져 있는 바와 같이, 코페르니쿠스와 케플러는 피타고라스학파의 이론들로부터 강한 영향을 받았기 때문에 그리스의 밀레토스로부터 미국의 캘리포니아에 있는 '팔로마산山 천문대'에 이르기까지 천문학에 있어서 연속적인 발전이 있었음을 논증하는 것이 가능합니다.

천문학에 있어서와 마찬가지로 생물학에 있어서도 아낙시만드로스는 산뜻하게 출발했지만, 불행하게도 그 이후에 아무런 결실도 거두지 못했습니다. 엠페도클레스 역시 적응의 원리를 알고 있었지만, 그의 진화론의 상세한 내용들은 공상적이었습니다. 종種이 불변적이라고 주장한 아리스토텔레스의 권위는 그 이후 고대세계에 있어서의 진화론적 사색에 종지부를 찍게 하고 말았습니다. 2,000년 후에 영국의 찰스 다윈Charles Darwin, 1809~1882에 의하여 소생된 진화론은 아낙시만드로스에게 빚지고 있는 것이 아무것도 없습니다.

엠페도클레스를 아시나요?

기원전 5세기경에 활동한 고대 그리스의 철학자 엠페도클레스 Empedokles, B.C. 490~B.C. 430는 철학자이기도 했지만, 민주적인 정치가이자 중요한 의술학교의 창시자였으며 종교 지도자이자 종교 개혁가였습니다. 그는 또한 자기 자신이 타락한 신이라고 주장했던 사람입니다. 그리고 그는 우리가 잘 알고 있는 소크라테스보다 21년 먼저 태어난 인물입니다.

엠페도클레스의 스승으로 추정되는 인물이 여러 명 있는데, 그 중의 한 명이 파르메니데스Parmenides, B.C. 515~B.C. 445입니다. 엠페도클레스는 파르메니데스에게 신중하게, 그리고 어느 정도는 성공적으로 대답하고자 한 최초의 사상가입니다. 파르메니데스는 진정으로 존재하는 것은 어떤 구별도 어떤 변화도 어떤 운동도 없는 둥근 물체라고 말했습니다. 그래서 우리는 무심코 파르메니데스가 정신이 나갔으며 파르메니데스에게 관심을 기울이는 사람도 누구든지 마찬가지로 정신이 나갔다고 생각할 가능성이 많습니다. 그러나 사실 파르메니데스는 위대한 천재였고, 진정한 의미에서 논리학의 창시자였습니다.

파르메니데스 자신을 포함해서 그에게 이르기까지의 모든 탐구자가 자명한 것으로 간주한 세 개의 가정된 명제가 있습니다. 그는 이 세 개의 명제로부터 논리적으로 이상야릇한 세계관이 생겨난다는 것을 보여 주었습니다. 이 세 개의 명제는 다음과 같은 것들입니다.

> 첫째, 무無로부터는 아무것도 생길 수 없다. 혹은 무에로 들어가 사라져 버리는 것은 아무것도 없다. 다시 말해서, 갑자기 나타나거나 흔적도 없이 사라지는 것은 아무것도 없다.
>
> 둘째, 근본적으로 실재는 단 한 개이다. 개별적 사물들은 이 실재를 재료로 하여 변형된 것들이다.
>
> 셋째, 진정으로 존재하는 것은 그것이 무엇이든 간에 그것의 속성(이 속성이 무엇이든 간에)과 동일하다.

이 중에서 세 번째 명제는 고대 그리스 초기의 철학자들에게는 너무나 당연한 것으로 여겨졌기 때문에, 세 번째 명제의 의미를 명백한 형태로 진술한 사람은 아무도 없었습니다. 그리고 당시에 세 번째 명제의 의미를 명백한 형태로 진술할 수 있었던 사람이 도대체 있었을는지 의심스러울 정도로 세 번째 명제는 달리 생각될 수가 없었습니다. 가령 우리는 오늘날 물과 그 속성들(축축함과 차가움)을 구별하지만, 초기 그리스인들에게는 물이 진정으로 존재하는 것이었기 때문에 물은 단순히 '축축하고 차가운 것'이었습니다.

일단 이 마지막 명제가 파악되고 나면, 파르메니데스가 옳았다는 것이 명백해집니다. 왜냐하면 질료의 종류가 하나뿐이라면, 질료는 여러 속성(속성이 무엇이든 간에)과 동일하므로 변화한다는 것이 불가능하기 때문입니다. 가령 그 질료가 뜨겁다고, 즉 '뜨거운 것'이라고 가정해 봅시다. 그렇다면 그 질료는 차갑게 될 수 없습니다. 왜냐하면 만약 그 질료가 차갑게 되었다면, '뜨거운 것'은 무無에로 들어가 사라져 버려야 할 것이고 '차가운 것'이 무로부터 생겨나야 할 것이기 때문입니다. 파르메니데스 이전의 사상가들은 아주 자연스럽게 다음과 같이 가정했습니다.

> 무로부터는 아무것도 생겨나지 않는다는 원리를 위반함이 없이도 특정한 어떤 사물이 차갑게 될 수 있다. 차갑게 되는 사물을 보상하기 위하여 다른 어떤 것이 뜨겁게 된다면 말이다.

그러나 이것은 겉만 번지르르한 추론이라고 파르메니데스는 지적했습니다. 만약 실재가 하나뿐이라면, 그리고 실재가 뜨겁다면(뜨거운 것과 같은 것이라면), 실재는 또한 차갑다고 말하는 것은 논리적으로 모순이기 때문입니다.

파르메니데스의 결론들이 그 자신에게 아주 잘 어울렸던 것은 아마도 그의 신비주의적 경향성 때문일 것입니다. 그의 결론들이 경험과는 정반대였다는 사실이 그를 괴롭히지는 않았습니다. 만약 논리가 우리에게 어떤 것을 말해 주고 감각들이 다른 어떤 것을 우리에게 말해 준다면, 감각들은 그만큼 더 불리해집니다. 그는 다음과 같이 경고했습니다.

> 여러분의 사고가 탐구의 이 길(즉, 감각)을 피하도록 하라. 그리고 수많은 경험으로부터 형성된 습관이 여러분으로 하여금 보려고 하지 않는 눈과 시끄러운 귀와 혀가 지배하고 있는 이 길을 따르도록 하는 것을 내버려 두지 말라. 그러나 내가 언명하는 이 논란거리가 많은 것을 논리적으로 증명하라.

그러나 엠페도클레스는 감각들을 포기할 생각이 없었습니다. '경험론자'의 기질로써 그는 다음과 같이 적고 있습니다.

> 이제 여러분의 모든 힘을 동원하여 어떻게 해서 각 사물이 명백해지는가를 생각해 보라. 여러분의 청력과 비교했을 적에 여러분의 시력이 더 신뢰할 수 있다고 생각하지 말 것이며, 여러분의 혀가 가르쳐 주는 명백한 교훈보다도 명성을 울려 퍼지게 하는 여러분의 귀가 더 가치 있다고 하지 말라. 그리고 이해의 통로인 여러분의 신체의 다른 부분들 중의 어느 하나에 대한 자신감을 억제하지 말고, 모든 것을 이해가 명백해지는 방식으로 생각하라.

엠페도클레스는 논리도 포기하지 않았습니다. 그는 파르메니데스의 결론이 타당하게 도출되었음을 알고 있었습니다. 그러므로 파르메니데스의 결론을 받아들이지 않으려면, 우리는 그 결론을 낳게 한 전제들 중에서 적어도 하나는 버려야 할 것입니다. 어느 전제를 버려야 할까요? 세 번째 전제는 아닙니다. 엠페도클레스는 세 번째 전제가 파르메니데스 논증의 전제였다는 것을 모르고 있었습니다. 이 단순한 이유 때문에 세 번째 전제를 버리지 않습니다. 세 번째 전제는 머지않아 원자론자인 레우키포스Leukippos, B.C. 500~B.C. 440와 그의 원자론을 계승한 데모크리토스Demokritos, B.C. 460~B.C. 370에게 이해되기 시작했습니다. 자연학의 깊이를 더하게 한 것은 바로 원자론자들의 '사물'과 '성질'의 구별이었습니다.

엠페도클레스가 버려야 할 전제는 분명히 첫 번째 전제도 아닙니다. 파르메니데스는 다음과 같이 말했습니다.

> 아무리 강력한 믿음을 갖고 있는 사람이라 하더라도, 자기 자신 이외의 어떤 사물이 비존재로부터 생겨날 수 있다는 것을 결코 허용하지 않을 것이다. …… 따라서 발생이란 없고 파괴란 것도 있을 수 없다.

엠페도클레스도 언어상으로는 파르메니데스가 말했던 것과 거의 비슷하게 말하고 있습니다.

> 어리석은 자들은 깊이 사유하지 않기 때문에 이전에 존재하지 않았던 것이 존재하게 된다고 생각하거나, 어떤 것이 소멸할 수 있고 완전하게 파괴될 수 있다고 생각한다. 그러나 존재하지 않는 것으로부터 어떤 것이 생겨날 수는 없으며, 존재가 소멸해야 한다는 것도 불가능한 일이다.

따라서 엠페도클레스가 파르메니데스를 공격할 수 있는 명제는 두 번째 명제, 즉 실재가 한 개뿐이라는 명제입니다. 엠페도클레스는 기본적인 실재가 한 개가 아니라 네 개라고 선언합니다. 혹은, 우리가 곧 살펴보게 되겠지만, 여섯 개라고 선언합니다. 이 네 개의 기본적 실재는 세계를 구성하는 커다란 물질 덩어리들인 흙, 공기, 불, 물 등입니다. 나중에 아리스토텔레스는 이것들을 '원소들'그리스어로 'somata'이라고 불렀지만, 엠페도클레스는 '뿌리들'그리스어로 'rhizomata'이라고 불렀습니다. 엠페도클레스는 신들의 이름으로 이 네 가지 뿌리를 명명하고 있습니다.

> 우선 만물의 네 뿌리에 귀를 기울여 보라. 네 뿌리란 빛나는 제우스(공기), 생명을 가져오는 헤라(흙), 아이도네우스(불), 네스티스(물) 등인데, 이것들의 눈물방울이 인간에게는 무한한 자원이 된다.

엠페도클레스에 의하면, 이 뿌리들은 파르메니데스의 '존재'와 마찬가지로 발생된 것도 아니고 파괴될 수도 없으며 변화하지도 않습니다. 소멸하는 구체적인 사물들은 네 뿌리가 일시적으로 결합되어 있는 것들입니다.

> 소멸하는 모든 사물에는 그 사물이 무엇이든 간에 '피시스'란 것이 없으며, 소멸을 중단시킬 방법도 전혀 없다. 소멸하는 모든 사물은 네 뿌리가 혼합된 것일 뿐이요, 혼합되었던 것을 서로 주고받은 것일 뿐이다. '피시스'란 이러한 사물들에 인간이 부여한 명칭에 불과할 뿐이다.

'피시스'physis란 자연, 본성, 본질적 존재 등을 의미하는 그리스어입니다. 이처럼 엠페도클레스는 변화하지 않는 것들이 서로 혼합됨으로써 변화가 일어난다고 주장하고 있습니다. 그러나 엠페도클레스는 그렇게 주장하기에 앞서 또 다른 하나의 장애물을 극복해야 했습니다. 그것은 바로 운동이 존재할 수 없다는 것이었습니다. 파르메니데스는 자신의 중심이론과는 상관없이 다음과 같이 주장했습니다.

> 만약 어떤 것이 운동하고 있다면, 그것이 운동할 수 있는 빈 공간이 존재해야 한다. 그러나 빈 공간, 즉 빈 곳은 단순한 '무'無, 즉 '존재하지 않는 바의 것'이다. 그리고 존재하지 않는 바의 것을 존재한다고 말하는 것은 논리적으로 모순이기 때문에, 빈 곳이란 존재할 수 없으며, 따라서 운동이란 존재할 수 없다.

엠페도클레스가 이와 같은 논리 전개에 말려들었는지는 알 수 없습니다. 하지만 빈 곳이 결코 존재하지 않는다는 것에 대해서는 엠페도클레스도 파르메니데스에게 동의하여 다음과 같이 말하고 있습니다.

우주 안에는 공허한 무도 존재하지 않고 가득 찬 무도 존재하지 않는다.

엠페도클레스가 이러한 견해를 취한 데에는 나름대로의 경험적 이유가 있었습니다. 이 때문에 엠페도클레스는 다음과 같은 사실을 간파한 최초의 사람입니다.

우리가 빈 공간일 뿐이라고 생각하고 있는 곳에는 실제로 질료, 즉 공기가 있다.

엠페도클레스는 이러한 결론을 당시의 주방기구인 클레프시드라 Clepsydra로 예증해 주었습니다. 클레프시드라는 금속관인데, 아래쪽에는 작은 구멍들이 뚫려 있으며 위쪽은 손가락 하나로도 막을 수 있을 만큼의 좁은 입구를 가지고 있습니다. 클레프시드라는 주로 뾰족하고 좁은 주둥이를 가진 항아리 안에 있는 액체를 약간만 끄집어내는 데 사용되었습니다. 이 항아리는 너무 무거워서 소량의 액체를 주둥이로 길러 내기에는 매우 불편했습니다. 엠페도클레스는 클레프시드라가 해내는 일을 아주 화려하게 설명하고 있습니다.

반짝이는 구릿빛 클레프시드라를 만지작거리고 있는 한 소녀가 예쁜 손으로 클레프시드라의 입구를 막고 엄청난 양의 맑은 물에 담글 때에, 물이 클레프시드라 안쪽으로 흘러들어 가는 것이 아니라, 안쪽에 있는 공기의 대부분이 작은 구멍들을 누름으로써 그녀가 손가락을 뗄 때까지는 물이 흘러들어오는 것을 막아 준다. 그러나 손가락을 떼면, 공기는 사라지고 사라진 공기와 같은 양의 물이 안으로 들어온다.

이와 똑같은 방식으로 구리로 만들어진 용기에 물이 가득 차 있고 손으로 입구를 차단해 물의 흐름을 정지시켰을 때, 그 용기의 안쪽으로 들어가는 공기는 차단됩니다. 바람이나 먼지로부터 구별되는 것으로서의 공기에 관한 이러한 발견은 엠페도클레스가 과학에 크게 기여한 것이었습니다.

그럼에도 불구하고 운동은 빈 공간 없이도, 그리고 이상야릇한 논리를 전개하지 않고서도 일어날 수 있다고 엠페도클레스는 주장했습니다. 운동하고 있는 물체 앞의 장애물이 다른 것으로 대체될 수 있는 한에 있어서 말입니다. 이것은 마치 공기가 빠져나갈 수 있는 출구가 없으면 물이 클레프시드라 안으로 들어갈 수 없는 것과 같습니다. 일반적으로 클레프시드라의 관管처럼 실체가 통과할 수 있는 작은 문들이 있다면 한 사물은 다른 사물과 혼합될 수 있다고 엠페도클레스는 주장합니다. 그의 생각은 다음과 같은 것입니다.

> 우리가 숨을 들이쉴 때 공기가 피부의 문들을 통하여 신체 안으로 밀려들어 와서 피를 신체의 중심부로 되돌아가게 하고, 숨을 내쉴 때 공기를 밖으로 나가게 함으로써 피가 표면 쪽으로 나온다.

> 불, 물, 흙, 무한대의 공기 등과는 별도로 투쟁과 사랑이 존재한다. 투쟁은 앞의 네 가지와 무게가 같으며, 이것들의 가운데에 자리 잡고 있는 사랑은 길이와 넓이에 있어서 앞의 네 가지와 같다. …… 사랑은 인간에게 심어져 있는 것이며, 인간으로 하여금 사랑하는 마음을 불러일으켜서 평화를 성취하도록 해 준다. 사람들은 이 사랑을 아프로디테라는 이름으로 부른다.

사랑과 투쟁은 운동(넓은 의미로는 '변화')을 야기하는 힘입니다.

물론 엠페도클레스는 이 두 가지를, 운동을 일으키는 힘으로서 간주한 동시에 일종의 질료로서 간주한 것 같습니다. 투쟁과 사랑은 의식적인 존재가 아닙니다. '아프로디테'는 바로 무엇이건 그것인 바의 것이요, 우리는 그것을 우리 자신에게서 경험하며, 우리로 하여금 일체가 되도록 강요하는 바의 것입니다. 우주적 관점에서 보자면, 그것은 유사하지 않은 것을 유사하지 않은 것과 혼합시킵니다. 사랑에 대립되는 투쟁은 반발을 일으키는 힘으로서 분리를 야기하며, 그 결과 유사한 것을 유사한 것과 결합시킵니다.

네 뿌리에 사랑과 투쟁을 보태면 존재하는 것의 전부가 됩니다. 다음의 단편을 봅시다.

> 태양을 바라보라! 어디에서든지 밝고 따뜻하며, 불멸하는 모든 것들이 뜨거운 열과 밝은 광채 안에서 목욕을 즐기고 있다. 비를 쳐다보라! 어디에서든지 어둡고 추우며, 땅으로부터 농축되고 딱딱한 사물들이 분출되어 나온다. 이 사물들이 투쟁 중일 때에는 형태가 서로 다르며 분리된다. 그러나 그것들은 사랑을 통하여 함께 결합되며, 서로를 욕구하게 된다.

> 이것들(네 뿌리, 사랑과 투쟁)로부터 과거에 있었고 현재도 있고 미래에도 있게 될 모든 것(나무, 남자와 여자, 짐승과 새, 강과 바다에서 살고 있는 물고기, 만수무강하고 한없이 영예로운 신 등등)이 생겨나게 되었던 것이다.

> 이것들(네 뿌리, 사랑과 투쟁)만이 존재하는 것이다. 그러나 이것들은 서로에게 침투함으로써 상이한 모양새를 취하게 된다. 따라서 혼합이 그것들을 변화시키는 것이다.

엠페도클레스는 우주가 영원하다고 믿었습니다. 그러나 우주가 언제나 동일한 방식으로 배열되어 있는 것은 아닙니다. 사랑과 투쟁은 번갈아 가면서 지배합니다. 사랑이 모든 뿌리를 지배하는 때가 있습니다. 이때에는 우주가 하나의 구球이며, 뿌리들과 사랑이 동질적으로 혼합됩니다. 미움은 구의 외부에 따로 존재합니다. 그다음에 미움이 구 안으로 들어와서 분리 작업을 시작합니다. 분리 작업이 완료되면 네 뿌리는 혼합으로부터 벗어나서 순수하게 되고, 이때 미움은 뿌리들의 곁을 떠나게 됩니다. 그런 다음에 사랑이 뿌리들을 뒤섞기 시작하고, 그 결과 다시 구가 생깁니다. 이와 같은 순환은 끊임없이 반복됩니다.

이와 같은 순환의 두 중간 단계, 즉 사랑이 완전하게 지배하지 못하는 단계와 미움이 완전하게 지배하지 못하는 단계에서 특정의 사물들이 존재하게 됩니다. 이 두 단계에 상응해서 생물체에는 두 종류의 '진화'가 있게 됩니다.

> 사랑이 도래하여 미움이 물러갈 때에는 '목과 팔이 없고 어깨도 빼앗긴 많은 머리가 지상으로 튀어나와서 이리저리 배회하며, 이마가 없어서 눈은 아래위로 방황한다.

흩어져 있는 것들을 결합시키는 것은 사랑입니다. 이때 대부분 괴상한 모양으로 결합됩니다.

> 다른 방향을 향하고 있는 얼굴과 가슴을 가진 많은 생물들이 생겨난다. 이 중의 일부는 사람의 얼굴을 가진 황소의 자손이요, 다른 일부는 황소의 머리를 가진 사람의 자손으로서 생겨난다. 남자와 여자의 본성이 섞여 있어서 자손을 낳을 수 없는 생물들도 있다.

그러나 스스로 영양분을 공급할 수 있고 같은 종種을 재생산할 수 있는 적은 수의 생물만이 생존하게 됩니다. 이와 같은 발상은 적응 및 적자생존에 의한 진화 관념의 배아胚芽를 포함하고 있습니다. 그러나 형식에 있어서나 근본적인 추론에 있어서 더 오래된 이론인, 아낙시만드로스의 진화론보다는 열등합니다.

데카르트의 『방법서설』

이탈리아의 천문학자이자 물리학자였던 갈릴레이Galileo Galilei, 1564~1642가 자기의 주장(지동설)을 철회하던 해인 1633년, 프랑스의 물리학자이자 생리학자이며 수학자이자 철학자이던 데카르트René Descartes, 1596~1650는 자신의 최초의 과학 대저大著『세계』Le Monde의 집필을 막 끝내고 있었습니다. 데카르트는 이 책에서 폴란드의 천문학자 코페르니쿠스Nicolaus Copernicus, 1473~1543의 이론(지동설)을 도입하고 있었기 때문에, 스스로 그 책의 출판을 보류했습니다. 그러나 데카르트는 자기가 발견한 것들이 너무나 중요하다는 것을 잘 알고 있었기 때문에, 서로 다른 제목의 세 시론試論을 간행하기로 하였습니다. 그리고 훗날, 같은 표지의 책으로 출판할 것을 기약하면서 일종의 저작안내서를 만들었는데, 이것이 바로 『방법서설』Discours de la méthode, 1637입니다. 이 책에서 데카르트는 자기의 방법을 설명하고 자신이 고심했던 흔적을 재음미하고 있습니다. 뿐만 아니라 자신의 형이상학적 추론을 요약하고 있으며, 보다 더 방대한 분량의 저서를 계획하고서 그 윤곽을 그려 내고 있습니다. 물론 방대한 분량의 저서는 계획에 그쳤고 출판되지는 않았습니다.

인간 지식의 모든 토대를 비인격적인 것에 두고자 했던 사람에게는 아마도 이상한 일이었겠지만, 『방법서설』은 매우 인격적인 것에 토대를 두고 있습니다. 왜냐하면 『방법서설』은 자서전적인 회고와 더불어 시작되고 있기 때문입니다.

어릴 때부터 책을 즐겨 읽었던 청년 데카르트는 기대에 부풀어 신예수회 학교인 꼴레주 드 플레슈에 입학합니다. 그곳에서 그는 그리스어와 라틴어 등의 고대 언어, 도덕 및 철학에 관한 고전, 법률 및 의학 등을 공부했습니다. 그 시절, 그의 탁월한 연구는 자신을 빛나게 해 주었으며, 앞으로 부와 명예를 누리며 살아가기에 부족함이 없도록 해 주었습니다. 그러나 데카르트는 르네상스의 발흥에 기여했던 회의주의의 영향을 받습니다. 그는 예의 연구로부터 지식이라고 말할 수 있는 것을 아무것도 산출해 낼 수 없다는 결정을 내렸습니다. 진리에 관한 한, 데카르트가 그때까지 공부한 것으로부터 유일하게 도움을 얻은 것은 수학의 재발견이었습니다. 그렇지만 그는 독일의 천문학자 케플러Johannes Kepler, 1571~1630를 그렇게도 기쁘게 해주었던 피타고라스적인 신비화는 받아들이지 않았습니다. 수학이 그를 즐겁게 해 준 것은 수학의 확실성과 이 확실성의 연역적 논증에 수반하는 명증성이었습니다. 그리고 그는 그처럼 견고한 토대 위에 세워진 학문이 수학 이외에는 아무것도 없다는 사실을 발견하고서 깜짝 놀랐습니다. 이와는 대조적으로 많은 학문이 토대로 삼고 있는 철학은, 논란의 여지가 없는 주장을 단 하나도 보여 줄 수 없다고 데카르트는 생각했습니다.

신예수회 학교를 졸업한 청년 데카르트에게는 책이나 과거에 대한 열의가 더 이상 생겨나지 않았습니다. 데카르트는 학자들보다 실천하는 사람이 더 현명하다는 생각을 하게 됩니다. 왜냐하면 학자들은 아무 탈 없이는 어리석은 자들을 즐겁게 해 줄 수 없기 때문입니다. 그래서 데카르트는 세계를 둘러보면서 모든 계층의 사람과 이야기를 나누어 보기로 결심했습니다. 그러나 그는 곧 실천적인 사람들도 철학자들만큼이나 의견이 일치하지 않는다는 것을 알게 됩니다. 또 다른 나라들을 여행하면서 동료들에 대한 판단에서 신용을 가장 빨리 손상당하는 것을 경험하게 됩니다.

그러던 중, 데카르트의 생애에는 하나의 전환점이 생깁니다. 그의 나이는 여전히 20대 초반이었지만, 중요한 것을 하나 발견하게 됩니다. 이 발견으로 그는 수학의 역사에 길이 남을 유명한 사람이 됩니다. 그 발견이란, 직각의 좌표축에 따라 등식을 그려 냄으로써 기하학과 대수학을 하나의 학문으로 통합하는 것이 가능하다는 것이었습니다. 이 놀라운 발견은 그로 하여금 훨씬 더 근본적인 진리를 위하여 자기 자신의 정신을 살펴보도록 고무하였습니다. 그래서 데카르트는 "마침내 나는 내 자신을 탐구의 대상으로 삼고자 결심하였다. 그리고 내가 가야 할 길을 선택함에 있어서 내 정신의 모든 힘들을 사용하고자 결심하였다."라고 말하고 있습니다. 때는 1619년과 1620년 사이의 겨울이었고, 장소는 군 복무 중에 머무르던 독일이었습니다. 새로운 비전들이 그의 눈앞에 전개되던 그때, 그의 나이는 23세에 불과했습니다. 그 이후, 그는 9년 동안 세상이라는 무대에서 배우가 아니라 관객의 역할을 설정하고 여행을 즐겼습니다. 그러나 그는 시간을 헛되이 낭비한 것이 아니었습니다. 그가 기획한 것의 일부는 체계적으로 의심하는 것이었습니다. 그는 고통을 감수하면서 오류의 원천이 될 수 있는 모든 일을 되살펴 봄으로써, 확실하게 참이 될 수 없는 신념들을 심사숙고하면서 쳐부수고자 시도하였습니다.

이 시기가 끝날 무렵, 그의 군대는 네덜란드로 퇴각했습니다. 이때 그는 진리의 복구에 착수할 준비가 되어 있었습니다. 첫 단계는 낡은 형이상학을 그가 새로이 형성한 원리들에 기초를 두고 있는 형이상학으로 대체하는 것이었습니다. 그는 이러한 작업을 1628년과 1629년 사이에 집필된 『제일철학에 관한 명상』Meditations de prima philosophia이라는 자신의 저서에서 수행하고 있습니다. 그러나 이 책은 1641년까지는 출판되지 않았습니다. 이러한 작업을 수행하고 나서야 그는 자유롭게 자신의 주요 기획에 착수할 수 있었습니다. 그 기획은 물질의 세계를 지배하고 있는 은밀한 법칙들을 발가벗기는 것이었습니다. 연속되는 8년 동안에 그의 작업은 놀라울 정도로 진척되었습니다. 그러나 계속해서 머리에 떠오르는 수많은 실험들은 많은 일손을 필요로 했습니다. 그래서 그는 작업할 사람들을 끌어 모으려는 생각에서 자기가 지금까지 구상해 온 것들을 요약해서 발표하기로 하였는데, 이것이 바로 『방법서설』입니다.

사실 데카르트가 회의주의로부터 벗어나서 확실성이라는 초석 위에 발을 디디기로 마음먹게 된 첫 번째 계기는 정신 지도를 위한 규칙들의 발견이었습니다. 『방법서설』에서 데카르트는 이러한 발견을 자신이 23세이던 해 독일에서의 겨울과 관련시키고 있습니다. 따라서 정신지도를 위한 규칙들의 발견은 체계적 의심을 기획하고 있던 『방법서설』보다 앞서 일어난 일이었으며, 체계적 의심은 규칙들의 발견을 전제하고 있습니다. 왜냐하면 의심은 규칙들을 수행하기 위한 첫 단계이기 때문입니다.

천재적인 재능을 지닌 젊은 수학자 데카르트는 다음과 같은 결론에 이르게 됩니다.

> 기하학에서의 매우 난해한 증명들이 단순한 단계들의 연속에 의하여 쉽게 해결될 수 있듯이, 인간의 인식능력이 미칠 수 있는 모든 것도 이와 동일한 방식으로 상호 연관되어 있다. 그리고 …… 우리의 인식능력이 미칠 수 없을 만큼 우리로부터 그렇게 멀리 떨어져 있는 것은 아무것도 없다. 혹은 우리가 참인 것을 위하여 거짓인 것을 받아들이기를 삼가고 다른 진리로부터 하나의 진리를

연역하는 데 필요한 순서를 항상 명심하고 있기만 한다면, 우리가 발견할 수 없을 만큼 숨겨져 있는 것은 아무것도 없다.

이러한 결론은 데카르트로 하여금 더욱 더 진리의 발견에 심취하게 하였습니다. 데카르트는 자기가 발견했던 것이 인식의 모든 문을 인류에게 열어 줄 수 있는 열쇠라고 스스로 믿었습니다. 왜냐하면 인식을 위해서 요구된 것은 새로운 통찰력이나 추리력이 전혀 아니었기 때문입니다. 모든 인간은 본질적으로 똑같은 통찰력과 추리력을 가지고 있습니다. 이전의 철학자들이 실패한 것은 자연적인 능력의 부족이 아니라 서투름과 무경험에 그 뿌리를 두고 있었기 때문이라는 것입니다. 인간은 주로 감각능력과 상상력의 강력한 요구에 의하여 나쁜 길로 유혹당해 왔다는 것입니다. 그래서 이성의 냉철한 증언은 흐지부지되고 말았던 것입니다. 인간이 필요로 했던 것은 진리를 충실하게 지켜 줄 수 있는 일련의 규칙이었으며, 이 진리는 일단 그 찌꺼기가 제거되고 나면 자연의 빛과 함께 인간의 정신을 밝게 비추어 줄 것이라고 데카르트는 생각했습니다.

그러므로 데카르트는 소위 연역적 방법 혹은 선천적a priori 방법의 전형적인 설명자였던 것입니다. 그럼에도 불구하고 데카르트의 접근방법이 스콜라주의의 것과 혼동되어서는 안 됩니다. 근대 경험론의 선구자인 영국의 법률가이자 철학자 프란시스 베이컨Francis Bacon, 1561~1626의 표현을 따르자면, 스콜라주의는 감각적인 사실들과 개별적인 것들로부터 가장 일반적인 공리에로 접근하고 있으며, 스콜라주의가 안정되고 확고한 것으로 간주하는 진리는 이러한 원리들로부터 출발해서 판단에로 나아가고 있고, 또한 매개적인 공리들의 발견에로 나아가고 있습니다. 아리스토텔레스적인 삼단논법은 우리가 이미 알고 있다고 생각하는 것들에 관하여 설득적인 추론을 하는 데는 도움을 주지만, 알려져 있지 않은 것을 탐구하는 데는 전혀 도움이 안 되는 것이 결점이라고 데카르트는 말하고 있습니다. 따라서 데카르트의 방법은 귀납으로부터 전제들을 이끌어 내는 아리스토텔레스의 방법보다도 더 철저하게 선천적이었습니다. 전통적 논리학에 등을 돌림으로써, 그리고 기하학으로부터 실마리를 찾음으로써, 데카르트는 자명적自明的일 만큼 단순하고 명백한 최초의 진리로부터 출발해서 이 최초의 진리에 포함되어 있다는 것을 즉시 볼 수 있는 두 번째 진리에로 나아가고, 이어서 같은 방식으로 세 번째, 네 번째 등등의 진리로 계속해서 나아가는 일련의 직선적 추리들에 직면하게 됩니다. 이때 문제가 되는 것은 직선적 추리의 연쇄를 끝나게 해 줄 단순진리를 발견하는 것입니다. 단순진리를 발견한 후에 필요한 것은 올바른 순서를 보존하는 것입니다. 일련의 직선적 추리 내에 있는 하나하나의 진리는 무엇이 주장되고 있는가를 이해하는 모든 사람에게 아주 명백할 것입니다. 이것은 마치 산수에서 합계를 이해하고 있는 어린이가 똑같은 모양의 도형을 사색하고 있는 가장 위대한 천재의 힘이 미칠 수 있는 범위 내의 모든 것을 헤아리는 것과 마찬가지입니다.

편의상 데카르트는 자기가 발견한 원리들을 다음과 같은 네 가지 규칙으로 요약하고 있습니다.

(1) 전혀 의심될 수 없을 만큼 명석하고 판명하게 참이 아닌 관념은 결코 참인 관념으로 받아들이지 말라.
(2) 복잡한 문제는 단순한 문제들로 구분하라.
(3) 어떤 사람이 사유한 내용을 가장 단순한 것으로부터 가장 복잡한 것에 이르기까지 순서를 정하라.
(4) 추리의 단절이나 잘못된 연결고리가 없다는 것을 확신하기 위하여 일련의 추리들을 재검토하라.

이 규칙들을 엄격하게 따른다면, 신체 안에서의 폐의 기능처럼 불분명한 문제가 완벽하게 이해될 수 있는 문제로 바뀔 것이라고 데카르트는 말하고 있습니다. 청년 데카르트에게 영감을 불어넣고 그를 유명하게 한 것은 바로 이 규칙들을 엄격하게 따른다는 약속이었습니다.

이와 같이 자서전적인 이야기와 방법에 대한 설명이 『방법서설』의 전반부를 구성하고 있습니다. 제4부는 『제일원리들에 관한 명상』을 요약한 것인데, 이 책은 데카르트가 마음속으로 오류를 범하고 있는 모든 견해와 근거 없는 견해들을 뿌리째 뽑아버리기로 결심하고 9년 동안 여행을 했을 때의 말엽에 네덜란드에서 집필한 책입니다. 데카르트가 남달리 과학에 관심이 많았던 것을 감안한다면, 형이상학적인 작업에 착수하고 있는 데카르트를 발견하고서 우리는 놀라지 않을 수 없습니다. 그러나 데카르트 자신이 설명하고 있듯이, 당장 과학의 제 난점에 뛰어드는 것은 올바른 순서가 아니었습니다. 왜냐하면 그는 과학의 모든 개별적인 진리들은 철학으로부터 빌려온 원리들에 의존하는 것으로 간주했기 때문입니다.

이와 같은 제일원리들에 대한 탐구는 '형이상학적이고 상식을 벗어나는 것이어서', 데카르트는 자신이 발견한 원리들을 독자들이 받아들일 수 있을지에 대하여 확신할 수 없었습니다. 사실 『방법서설』에서 데카르트가 독자들에게 이해해 주기를 심각하게 요구하고 있는 유일한 부분이 바로 제일원리들에 대한 탐구입니다. 그러나 『방법서설』이 출판되던 1637년에 『제일원리들에 관한 명상』은 아직 출판되지 않았기 때문에, 데카르트는 어쩔 수 없이 후자의 요점을 전자에 포함시켜야 한다고 생각했던 것입니다.

현재 『제일원리들에 관한 명상』을 읽을 수 있게 된 우리에게는 여기에서의 논증이 『방법서설』에서 재검토되고 있다는 점이 주요한 장점이 됩니다. 그 장점이란, 『방법서설』에서 재검토되고 있는 원래의 논증을 있는 그대로의 관점에서 볼 수 있다는 것입니다. 즉 원래의 논증을 한편으로는 의심의 방법을 사용하려는 최초의 중대한 시도로서 볼 수 있고, 다른 한편으로는 원래의 논증 그 자체가 목적이 아니라 물리학과 생리학을 위한 토대로서 볼 수 있다는 것입니다. 만약 우리가 이러한 관점을 결여하게 된다면, 신과 영혼에 관한 데카르트의 선입견이 종교적 관심으로부터 생겨났다고 가정할 수도 있을 것입니다.

데카르트의 증명들에서 스콜라적인 냄새가 많이 나는 것을 보고, 20세기의 독자는 데카르트 역시 전통적인 신념들을 축적하는 데 열을 올리고 있었던 것으로 생각할 수도 있습니다. 그러나 그것은 천만의 말씀입니다. 데카르트가 영혼이라는 말을 '사유 작용' 혹은 관념적으로는 '추론'(왜냐하면 의식적 삶의 나머지 모든 것은 환상이기 때문에)이라는 의미로 사용하고 신이라는 말을 외견상의 '우연성'이 이해될 수 있도록 하는 '질서 지어진 필연성'이라는 의미로 사용하고, 있는 것을 보면, 데카르트가 기독교적인 세계관을 수호하려고 한 것이 아니라 기독교적 세계관을 근대(17세기와 18세기) 과학의 용어로 공식화하고 있음이 분명합니다. 데카르트의 철학적 저작이 과학의 근거를 얼마만큼 강화시켰고 과학의 발전을 얼마만큼 가속화시켰는지에 대해서 말하기는 어렵지만, 그의 형이상학은 그의 방법보다도 훨씬 더 유용했습니다.

데카르트에게 방법이 필요했던 이유는 진리를 발견하기 위해서였습니다. 이 진리는 더 이상 다른 것으로 환원될 수 없음에도 불구하고 스스로를 입증할 수 있을 만큼 단순하고 자명한 진리입니다. 데카르트는 자기가 지금까지 진리라고 믿어 왔던 모든 것이 자기에게는 거짓일 수 있다고 생각했습니다. 자기의 가장 강한 확신조차도 심술궂고 기만적인 악마가 자기에게 심어 주었을지 모른다고 가정했습니다. 그러나 드디어 그에게는 다음과 같은 생각이 떠올랐습니다. 자기가 지금까지 진리라고 믿어 왔던 것들이 거짓이라 하더라도, 그리고 자기가 의심하는 활동을 능가하는 것이 될 수는 없다고 할지라도, 의심하는 것 자체, 즉 사유하는 것은 존재한다고 생각했습니다. 만약 내가 사유하고 있다면, 나는 사유하는 실체로서 존재한다는 것입니다. 데카르트는 자신의 결론을 라틴어 문장으로 "Cogito, ergo sum."나는 의식 활동을 한다. 그러므로 나는 존재한다.이라고 득의에 찬 말로 표현했습니다.

데카르트는 자기 자신의 확실성의 근거를 찾고자 했을 때, '사유하기 위해서는 존재하는 것이 필연적이라는 것을 매우 명석하게' 자기가 보고 있다는 것 이외에는 '나는 의식 활동을 한다. 그러므로 나는 존재한다.'라는 명제의 진리를 보증해 주는 것을 아무것도 발견하지 못했다고 말하고 있습니다. 그래서 그는 '우리가 매우 명석하고 판명하게 생각해 내는 모든 것은 진리이다.'라는 원리를 계속되는 철학적 탐구를 위한 일반적 원리로 삼았습니다. 동시에 그는 사유의 대상들 중에서 어떤 것들이 '명석하고 판명하게' 생각되는가를 결정하기가 어렵다는 점을 인정했습니다.

그다음에 데카르트는 의심하는 자로서의 자기가 완전하지 않다는 것을 알게 됩니다. 그렇지만 그는 완전성이라는 관념 내지 완전한 존재라는 관념을 가지고 있었습니다. 그는 자기 자신의 경험 안에서는 자기가 완전성이라는 관념에 어떻게 도달했는지를 설명해 주는 것을 아무것도 발견하지 못했습니다. 그래서 그는 드디어 다음과 같은 결론을 내립니다.

완전성이라는 관념은 자기가 생각해 낸 모든 완전성을 소유하고 있는 존재, 즉 신 자신에 의해서 자기 안에 자리 잡게 되었다.

이리하여 데카르트는 신의 존재에 대한 새로운 확신을 가지게 됩니다.

데카르트는 신의 존재에 대한 자기의 확신을 뒷받침하는 다른 논증들도 곧바로 생각해 내었습니다. 모든 불완전한 물체와 지성은 그 불완전성에 의하여 그것들이 완전한 것, 즉 신에 의존하고 있음을 보여 줍니다. 따라서 신이 존재한다는 것입니다. 더 나아가서 완전한 존재자라는 관념은 그와 같이 완전한 존재자의 존재라는 관념을 함의하고 있습니다. 왜냐하면 만약 완전한 존재자가 존재하지 않는다면, 그 존재자는 그 존재자의 본질인 완전성을 결여하게 될 것이기 때문입니다. 성聖 안셀무스Anselmus, 1033~1109의 저 유명한 논증을 회상하게 하는 이 존재론적 논증을 데카르트는 기하학적 증명과 마찬가지로 엄격한 특성을 지니는 논증으로 간주했습니다.

마지막으로 데카르트는 신의 존재를 전제하지 않고서는 지금까지 자기가 진리라고 믿어 왔던 그 어떤 것도 '형이상학적으로 확실한 것'으로서 받아들일 수 없다는 결정을 내립니다. 데카르트에 의하면, '명석하고 판명한 관념은 진리이다.'라고 하는 명석성의 원리조차도 그 확실성을 신의 완전성과 신의 존재에 의존하고 있습니다.

데카르트에 대하여 다음과 같은 비판이 자주 행해졌던 것이 사실입니다.

어떤 원리의 확실성을 증명함에 있어서, 바로 그 원리에 의해서 그 존재가 증명되는 신을 언급하는 것은 분명히 순환논증이다.

그러나 여기에 대하여 데카르트는 아마도 다음과 같이 주장했을 것입니다.

진리라고 하는 확실성의 근거를 우리가 알든 모르든 간에, 명석하고 판명된 관념들은 분명히 진리이다.

데카르트는 자기의 논증들에 의해서 확실성의 근거를 드러내 보였다고 생각했습니다. 이 확실성의 근거는 바로 신인데, 신은 완전한 존재자이자 스스로는 다른 존재자에 의존하지 않으면서 모든 의존적인 존재자의 존재 근거가 되는 존재자요, 이성에 의해서 보증되는 모든 진리의 근거가 되는 존재자라는 것입니다.

데카르트는 자기 스스로와 독자들에게 이성을 신뢰해도 좋다는 것과 자기가 그 윤곽을 그렸던 방법을 다시 한번 확인시킨 후에, 당시 출판되지 않고 있던 자신의 저서 『세계』의 내용을 요약하기 시작합니다. 그의 설명을 따르자면, 이 저서는 '물질적 사물들의 본성에 관하여 자기가 알고 있다고 생각하는 …… 모든 것'을 포함하고 있는 포괄적 저서입니다. 그 저서는 작은 빛에 대한 설명으로 시작하여 태양과 별, 천체, 유성, 혜성, 지구, 지구상의 물체, 유기적 물체로서의 인간 등을 차례로 다루고 있습니다. 데카르트는 여기에서 다음과 같이 상상적인 세계에 대하여 말하는 방식을 채택하고 있습니다. 이것은 성서에 기술되어 있는 대로의 세계, 즉 창조된 세계에 대하여 말하지 않은 것에 대한 문책을 피하기 위해서였습니다.

형상形象이 없는 공허한 물체가 상상적인 공간에 있다고 가정해 보라. 만약 그 물체가 신의 완전성이 우리의 정신 안에 확고하게 수립해 놓은 법칙들의 지배를 받는다면, 그 물체는 애초의 혼돈으로부터 벗어나서 우리의 천체나 지구와 같은 방식으로 정돈될 것이다. 조수간만, 공기의 흐름, 산과 바다, 여름과 겨울, 광물과 식물 등은 모두 확고한 자연법칙들에 의하여 설명될 수 있다.

『세계』에 대한 요약에서 데카르트가 핵심적으로 전달하고 있는 것은 아마도 '어떤 사물의 본성은 그 사물의 완전한 상태를 살펴볼 때보다 그 사물의 기원을 살펴볼 때에 보다 더 쉽게 파악된다.'라는 중요한 원리일 것입니다.

요약 내용의 대부분은 인간생리학에 관한 것입니다. 데카르트는 가언적 형식의 논증을 계속하면서 우리들에게 신을 다음과 같이 생각하도록 요구합니다.

> 신은 우리들의 신체와 똑같은 신체를, 그러나 이성적 영혼이 없는 신체를 형성하는 자이다.

이것을 인정하고 나서 데카르트는, 어떻게 해서 신체의 모든 내적 운동과 외적 운동(지성적인 언표나 창의적인 행동은 제외됩니다)이 우리가 준수해야 할 법칙들(이 법칙들은 자연 안의 다른 어디에서든 우리가 발견할 수 있는 법칙들입니다)에 따라서 일어나야 하는가를 보여 주는 데 착수했습니다. 데카르트는 한 예로서 혈액의 순환을 들고 있습니다. 그가 설명하고 있듯이, 신체를 통한 혈액 순환의 운동은 빛이 없는 불들(이런 종류의 불은 발효의 과정 중에서도 나타납니다) 중의 한 개가 심장에 출현한 결과입니다. 열은 혈액을 정화시키며, 그 결과로 생겨나는 팽창과 수축은 혈액이 심장 내부를 거쳐 나가도록 합니다. 더운 혈액은 소화가 일어나도록 함으로써 위를 따뜻하게 합니다. 폐는 혈액을 좌심실로 되돌아오게 하기 전에 그 혈액을 시원하게 하는 응축 장치로서의 역할을 수행합니다. 이와 같은 냉각 작용은 혈액의 '가장 활발한' 부분인 동물적 혼을 내뿜습니다. 동물적 혼은 뇌로 전달됩니다. 왜냐하면 뇌로 연결되는 동맥들은 거의 직선에 가깝기 때문입니다.

자연의 제 규칙과 동일한 역학의 제 규칙을 따르자면, …… 혈액의 보다 더 약하고 덜 활발한 부분들은 이런 방식으로 목적지에 도달하는 유일한 부분들인 강한 부분들의 곁으로 반드시 밀려나게 되어 있다.

이 하나의 예만으로도 데카르트의 과학적 저작의 성격을 명백하게 밝히기에 충분합니다. 최근의 어떤 과학적 이론도 데카르트의 이론처럼 기록되지는 않은 것 같습니다. 그러나 이러한 사실로 말미암아 생명현상에 대한 데카르트의 순전히 역학적인 설명의 독창성이 무시당해서는 안 됩니다. 그는 계속해서 인간의 정신은 신체에 완벽하게 순응한다(우리의 감정과 욕망이 이것에 대한 증거입니다)고 주장했지만, 정신과 신체의 완전한 상호 독립성을 강조하는 데는 매우 조심스러워했습니다. 데카르트는 인간이 아닌 다른 동물들에 대해서는 '어떤 종류의 정신이나 영혼도 없는 매우 교묘하게 고안된 기계'에 불과하다고 말하고 있습니다.

여기까지 자연에 대한 데카르트의 설명을 쭉 따라왔던 오늘날의 독자는, 데카르트의 과학적 저작에서 실험과 관찰은 전혀 아무런 지위도 차지하는 않는가 하고 묻고 싶은 마음이 굴뚝같을 것입니다. 경험에 의존하지 않는 탁상공론적인 데카르트의 방법이 혈액의 순환을 발견할 수 있었을까요? 그 대답은 분명히 그렇게 할 수 없었다는 것입니다. 데카르트는 혈액의 순환을 영국의 내과의사 윌리엄 하베이로부터 배워서 알고 있었을 뿐입니다. 다른 모든 사람과 마찬가지로 데카르트는 존재하고 있는 세계에 관하여 지식을 얻기 위하여 경험들과 추리를 결합시켜야 했습니다. 그러나 인식의 두 방식인 경험과 추리에 관계에 대한 데카르트의 견해는 특이합니다. 그는 실험과 더불어 시작하는 것은 잘못이라고 생각했습니다. 데카르트에 의하면 우리들의 일상적인 관찰은, 잘 검토되기만 한다면 자연법칙을 발견하기 위한 적절한 자료가 됩니다. 왜냐하면 가장 일반적인 진리들의 싹들은 우리의 정신 안에 자연적으로 존재하고 있기 때문입니다.

이리하여 데카르트는 천체의 운동이나 지구를 구성하고 있는 제 요소들의 속성 등과 같은, 우주의 전체적인 측면을 설명하기 위해서는 어떤 특별한 관찰도 전혀 필요하지 않다는 것을 알고 있었습니다. 그러나 그가 특정한 문제들을 다룰 때에는 상황이 바뀌었습니다. 신이 해 놓았을 일은 그 방식이 매우 많아서 어느 방식이 신이 해 놓은 일인지를 우리가 추리해 내는 것은 불가능합니다. 우리는 일반적으로 시계가 시간을 측정하는 원리들을 알고 있지만, 시계가 휠과 추 혹은 스프링을 어떻게 조합하고 있는가를 알기 위해서는 특정한 시계의 뒷면을 살펴보아야 합니다. 혈액운동의 경우도 이와 유사합니다. 일단 우리의 눈으로 심장이 어디에 배치되어 있는지를 관찰하고 손가락으로 혈액의 온도를 느끼고 나면, 우리는 신이 사용했던 방법을 이해할 수 있는 입장에 있게 됩니다. 그다음에 우리는 물리학의 제 법칙에 의해서 혈액운동이 왜 그렇게 일어나야 하는지를 연역적으로 증명할 수 있다는 것입니다.

데카르트는 과학적 연구를 계속해 나가는 가운데, 점차 실험을 중요시하게 되었습니다. 그러나 우리는, 청년시절 연역적 논증에 의한 지식을 선호했던 그의 마음이 사그라졌다고 가정해서는 안 됩니다. 『방법서설』의 말미에서 시사하고 있듯이, 데카르트의 장래의 연구 계획은 오로지 '현재 사용되고 있는 것보다 더 확실한 의학의 규칙들을 우리들에게 이끌어 내도록 해 줄 모종의 지식(자연에 관한 지식)을 획득하는 데' 이바지하는 것이었습니다.

헤겔의 『정신현상학』

나폴레옹Napoléon, 1769~1821이 예나성城의 외곽에서 프로이센인들을 물리치고 있는 동안, 독일의 고전적 관념론 철학을 대표하는 철학자 헤겔Georg Wilhelm Friedrich Hegel, 1770~1831은 그 성 내에서 자신의 저서 『정신현상학』Phänomenologie des Geistes을 완성하고 있었습니다. 헤겔에게는 나폴레옹의 승리가 유럽의 도처에서 계몽적 이성의 자기지배가 승리했음을 의미하는 것이자, 새로운 사회가 시작되었음을 예고하는 것이었습니다. 『정신현상학』의 서문에서 헤겔은 나폴레옹의 업적과 자신의 업적을 비교하고 있으며, "우리 시대가 새로운 시대의 탄생기이자 과도기라는 것을 알기란 어렵지 않다."라고 적고 있습니다. 또한 헤겔은 다음과 같이 말하고 있습니다.

> 인간의 정신은 계속해서 사물들의 낡은 질서 및 낡은 사고방식과 관계를 끊어 왔다. 지금까지의 변화들은 자궁 안에 있는 어린아이의 성장처럼 양적인 변화였지만, 최근의 사건들은 그 어린아이가 처음으로 숨을 쉴 때에 일어나는 것과 같은 질적인 변화를 보여주었다.

헤겔이 자신의 업적에 대하여 이와 같이 낙관적으로 평가할 때,

그는 수중에 있는 책, 즉 『정신현상학』에 대해서만 생각하고 있었던 것이 아니라, 지식의 체계에 대해서도 생각하고 있었습니다. 나중에 그는 지식의 체계 때문에 유명하게 되었으며, 당시에 이미 대학에서 강의할 때에 지식의 체계에 대하여 상세하게 설명하고 있었습니다. 『정신현상학』은 바로 그 지식의 체계를 대중에게 소개하는 책입니다. 원래 헤겔은 『정신현상학』의 내용을 자신의 다른 저서 『논리의 학』Wissenschaft der Logik의 제1부에 포함시킬 계획이었지만, 『정신현상학』은 서론의 범위를 넘어서게 되었고, 결국 독립된 책으로서 출판되었습니다. 오늘날 『정신현상학』은 지식의 체계에 대한 서론으로서가 아니라, 그 자체 하나의 고전으로서 살아 있습니다. 사실 『정신현상학』의 진가를 인정하는 많은 사람들은, 지식의 체계 안에서 자신들의 취향에 맞는 것을 아무것도 발견하지 못합니다.

헤겔은 동시대의 철학자 피히테Johann Gottlieb Fichte, 1762~1814나 셸링Friedrich Wilhelm Joseph Schelling, 1775~1854과 마찬가지로, 고대 그리스의 철학자 파르메니데스Parmenides, B.C. 515~B.C. 445로부터 유래된 전통을 이어받은 형이상학자입니다. 헤겔과 피히테와 셸링은 '절대자'絶對者라는 개념을 중심에 놓고 각자 나름대로의 방식으로 진리의 길을 상세하게 설명하고자 했습니다. 여기에서 잠시 '절대자'라는 말에 대해서 말씀드리겠습니다. 독일어로는 '다스 압솔루트'Das Absolute라고 합니다. 이 말은 라틴어 '압솔루투스'absolutus에서 유래했습니다. 라틴어 '압솔루투스'는 어원적으로 '~으로부터ab- 풀리어 자유롭게 되다solvo'라는 뜻을 지니고 있습니다. 그런데 일본 학자들은 압솔루트를 '절대자'라는 한자어로 의역하게 됩니다. 아마도 '~으로부터 풀리어 일체의 상대적 관계를 벗어나 있는 완전하고 궁극적인 것'이라는 의미에서 '절대자'라는 한자어로 의역했다고 추정됩니다.

문제는 '무엇을 절대자로 볼 것인가?'입니다. 서양의 고대와 중세 철학자들은 자연, 우주, 이데아, 일자一者, 신 등의 실체를 절대자 혹은 절대적인 존재로 보았습니다. 이것들은 모두 인간을 초월해 존재하는 것들입니다. 물론 '절대자'라는 말은 중세에 생겼고, 고대에는 이 말을 사용하지 않았습니다. 근세 이후에는 정신, 이성, 인간성, 자아, 및 인간에게 무조건적인 승인과 복종을 강요하는 이념이나 신념 등이 절대자로서 등장합니다.

피히테에게 절대자는 현상세계를 산출하고, 그다음에 그 현상 세계를 극복하는 자아自我였습니다. 셸링에게 절대자는 자아와 비아非我, 정신과 자연, 주관과 객관의 구별이 있기 이전의 존재자, 즉 대립적 차별이 없는 존재자였습니다. 그러나 완전한 무차별적 동일성에 기초한 셸링의 '절대자'는 절대자로부터 현상세계에 나타나는 유한자의 차별상을 해명하기 어려운 난점을 안고 있었습니다.

헤겔에 의하면, 이들 두 사람이 다양성을 폐기하려고 시도한 것까지는 좋았으나, 너무 멀리 나아갔다고 합니다. 배후에 모든 차별성을 남겨 두고 있는 직관은 인식이 아니라 무지無知라는 것이 헤겔의 생각이었습니다. 헤겔은 다소 불친절하게 "셸링의 절대자는 모든 소를 까맣게 보이게 하는 밤"이라고 말하고 있습니다. 헤겔은 인식이 직접성을 요구한다는 것에는 동의했지만, 인간의 의식 안에 있는 구별들이 인식에 대하여 요구된 통일과 양립할 수 없다는 것을 부인했습니다. 왜냐하면 사고의 논리와 존재의 논리는 분명히 동일하기 때문입니다. 헤겔에 의하면, 어떤 사람이 변증법적으로 사유할 때 그는 진실로 사유하게 됩니다. 이것은 아리스토텔레스가 파르메니데스의 문제, 즉 운동변화는 불가능하다는 문제를 해결한 방식이기도 했습니다. 아리스토텔레스에 따르면, '신적인 정신', 즉 완전하게 현실화된 정신은 자기 자신을 사유하며, 신적인 정신의 사유 활동은 사유 활동에 대한 사유 활동입니다.

아리스토텔레스와 헤겔의 명백한 차이는, 헤겔에게는 신적인 정신이 세계의 발전 과정에 내재한다는 데 있습니다. 헤겔은 이것을 "실체와 주체는 하나이다."라고 표현하고 있습니다. 헤겔의 절대자인 정신은 '세계 내 존재'입니다. 정신은 즉자적即自的으로는an sich, 즉 그 자체적으로는 실체로서 존재하고 있지만, 대자적對自的으로는für sich, 즉 자기 자신에 대해서는 주체로서 존재하기도 합니다. 다시 말해서, 정신은 자기 자신에게는 하나의 객체로서 나타나는 것이 틀림없지만, 동시에 곧바로 이 객관적 형태를 폐기하고 그것을 초월해 버립니다. 즉 정신은 자기 자신의 객체임에는 틀림없지만, 이 객체 안에 자기가 반영되어 있다는 것을 발견합니다.

이 과정을 헤겔은 하나의 원圓으로서 묘사하는데, 원에서는 시작이 곧 끝입니다. 여기에서 헤겔이 말하고자 한 것은 다음과 같습니다. 운동이 시작될 때에도 정신은 하나요, 운동이 끝날 때도 정신은 하나이지만, 운동 중에는 정신이 분열되고 그 분열을 끝내야 할 필요가 있기 때문에 고통을 받는다는 것입니다. 헤겔의 관점에서 보면, 순환운동이 헛된 것은 아닙니다. 맨 처음에 정신은 가능태로서는 모든 것이었지만, 현실태로서는 아무것도 아니었습니다. 우리가 자연과 역사라고 알고 있는 과정들을 통해서만 정신은 현실성을 얻게 됩니다.

지금까지 말한 것은 모두 형이상학입니다. 파르메니데스와 마찬가지로 헤겔은 절대정신에 대하여 말할 때에 세계를 가사적인 인간에게 현상하는 것으로서 간주한 것이 아니라, 신들에 의해서 인식되는 것으로서 간주합니다. 실재에 관한 학學인 형이상학은 현상들에 관한 학學인 현상학이 아닙니다. 『정신현상학』에서 헤겔은 인식하는 자의 관점을 포기함이 없이, 유한적인 정신들의 다양하고 대립적인 견해를 관찰하고 서술합니다. 헤겔이 말하고 있듯이, 유한적인 정신은 인간의 경험(사적인 경험과 공적인 경험)을 총체적으로 포함하고 있다는 점에서 역사와 같습니다. 그러나 역사는 이러한 경험들을 '우연적인 것으로' 보는 반면에, 현상학은 '그 경험들이 지성적으로는 유기적으로 결합될 수 있다는 측면에서' 봅니다. 『정신현상학』의 내용 대부분은 형이상학과는 상당히 거리가 멉니다. '정신'으로 번역되는 독일어 'Geist'는 인간이 관심을 가지고 있는 전 범위에 걸쳐서 사용될 수 있다는 장점을 가지고 있습니다. 그 반면에 'Geist'를 영어로 번역하는 사람은 문맥에 따라 'mind'를 사용해야 할 때도 있고 'spirit'를 사용해야 할 때도 있습니다. 심리학, 역사, 문헌학, 사회학, 신학, 윤리학, 미학 등은 모두 독일어로 'Geisteswissenschaf'정신과학: 'Geist'에 관한 학이라고 합니다. 헤겔은 이 학문분야들을 모두 다루고 있습니다.

그러므로 『정신현상학』은 인간에 관한 이야기입니다. 『정신현상학』은 직접적으로는 유한한 정신들에 관계하고, 이 현상들(유한한 정신들)의 배후에 감추어진 것으로 생각되어야 하는 절대자에 대해서는 간접적으로 관계할 뿐입니다. 그럼에도 불구하고 『정신현상학』의 구조를 이해하기 위해서는 삼중적 과정을 거쳐서 스스로를 실현시키는 절대자의 운동에 관하여 서문에서 헤겔이 말하고 있는 것을 명심할 필요가 있습니다.

삼중적 과정은 다음과 같습니다. 첫째 단계는 정신이 스스로를 살아 있는(운동하는 존재)로서, 즉 한 상태로부터 그 대립적인 상태에로 끊임없이 변화하는 존재로서 내세우는 과정입니다. 둘째 단계는 정신이 객체이기를 부정하고 주체가 되어 가는 과정(이 과정에 의해서 하나였던 것이 분열되어 서로 대립하는 요소들로 바뀌게 됩니다)입니다. 셋째 단계는 정신이 이 다양성을 부정하고 자기동일성에로 복귀하는 과정입니다. 헤겔은 이 마지막 운동이 과정을 시작할 때의 직접성이 아니라 새로운 직접성임을 우리에게 상기시켜 줍니다.

헤겔은 다음과 같이 말하고 있습니다.

> 이 마지막 운동은 자기 자신으로 되어 가는 과정이요, 끝을 목적으로서 전제하고 있는, 그리고 시작을 위한 끝을 가지고 있는 원이다. 이 마지막 운동은 수행됨으로써, 그리고 그 운동에 포함되어 있는 목적을 통해서 구체적으로 되고 현실적으로 된다.

『정신현상학』에서 세 운동은 절대정신의 관점에서가 아니라, 인간의 관점에서 전개됩니다. 제1부 '의식' 편은 감성적 세계에 관한 지식을 통하여 확실성을 성취하려는 인간의 시도를 다룹니다. 제2부 '자기의식' 편은 인식하는 자로서가 아니라, 행동하는 자로서의 인간을 다루지만, 주로 인간 행동이 이끌어 가는 자아상自我像을 다룹니다. 헤겔의 개요에서 제목이 붙여지지 않은 제3부는 인간이 외부세계에 반영되어 있는 자기 자신을 바라보는 단계를 드러내어 줍니다.

헤겔은 이 세 운동이 분석을 통해서 도달된 추상적 운동이라고 설명하고 있습니다. 그러나 이것은 의식의 진보에 있어서 그가 추적하고 있는 변증법이 자아의 발전에 있어서 그가 추적하고 있는 변증법보다 선행한다는 것을 의미하지는 않습니다. 다른 한편으로 역사에서 의미심장하게 되는 것은 자기인식을 획득하려는 인간의 노력에서 유래하기 때문에, 역사에서 위대한 운동들은 세 개가 한 조를 이루고 있는 이 운동을 예증하는 것으로 볼 수 있습니다. 따라서 소크라테스 이전 그리스의 외면적인 정신은 첫 번째 단계를 예증하는 것으로 볼 수 있고, 고대 말기와 중세의 내면적인 정신은 두 번째 단계를 예증하는 것으로 볼 수 있으며, 근대인의 거리낌 없고 자기를 내세우는 정신은 세 번째 단계를 예증하는 것으로 볼 수 있습니다. 계획은 단순했지만, 변증법을 보다 더 완전하게 드러내어 보여 주기 위하여 과거와 고리를 맺으려 한 헤겔의 의도 때문에 실행은 복잡하게 됩니다.

『정신현상학』 제1부 '의식' 편은 인식론에 있어서의 한 시론試論이라고 볼 수 있습니다. 그것은 특히 지식의 토대를 감각에 두고자 시도하는 인간에 대한 비판적 역사입니다. 헤겔은 지식을 통하여 확실성을 발견하려는 인간의 시도를 추적합니다. 이 지식은 맨 먼저 감성적 차원에서의 지식이고, 그다음이 지각적 차원에서의 지식이며, 그 다음이 학적 오성의 차원에서의 지식입니다. 감성적인 것들은 진실로 직접적입니다. 그러나 우리가 감성적인 것들을 지식의 대상으로 삼는 순간, 그것들은 직접적이기를 그칩니다. 상식이 그렇게도 확신하고 있는 지각의 대상은 속성들의 덩어리임이 판명됩니다. 그리고 인간이 이 속성들을 설명하고자 하는 방식인 화학적 힘 혹은 물리적 힘은 인식 불가능한 것임이 판명되고 기술적記述的 법칙들을 위하여 포기되어야 합니다. 이 기술적 법칙들은 실제적 관점에서는 만족스럽지만, 지식에 쏠려 있는 의식에는 만족스럽지 않습니다. 마침내 의식은 감성적 세계가 하나의 장막과 같은 것임을 알게 됩니다. 이 장막의 배후에는 알려지지 않은 내적 세계가 '스스로를 분열되고 구별된 내적 실재'라고 단언하고 있습니다. 이 내적 실재가 바로 자기의식입니다. 그러나 이것을 이해하기 위해서 "우리는 범위를 보다 더 넓게 확장할 필요가 있다."라고 헤겔은 말하고 있습니다.

『정신현상학』 제2부 '자기의식' 편에서 헤겔은 새롭게 출발합니다. 보다 더 넓은 범위란, 인간의 동물적 조건에 대하여 설명하는 것을 의미합니다. 생명은 정복되는 것이라고 헤겔은 말하고 있습니다. 동물은 감성적 세계에 대하여 숙고는 안하지만, 감성적 세계를 소모시키고 있습니다. 자기의식은 인간의 욕구가 욕망으로 바뀔 때에 나타나기 시작합니다. 욕구와는 달리 욕망은 보편적입니다. 인간이 욕망하는 것은 '정복'征服이라는 관념입니다. 인간은 자기가 필요로 하는 것을 소모시키는 데에 만족하지 않습니다. 인간은 자기가 정복하는 자임을 증명하기 위하여 감성적 세계를 파괴시킵니다. 그러나 인간은 스스로에게 그것을 증명하는 데에 만족하지 않고, 다른 사람에게 증명할 것을 필요로 합니다. 따라서 자기의식은 이중적 운동이라고 헤겔은 말합니다. 인간은 자기가 자아임을 확실하게 하기 위하여, 자기가 타아他我에 의하여 인식되는 것을 필요로 합니다.

헤겔은 '주인과 노예'라는 제목이 붙어 있는 유명한 절節에서 자기의식의 변증법을 전개하고 있습니다. 이 절은 『정신현상학』의 백미로 일컬어지기도 합니다. 생사가 걸려 있는 전투에서 상대방을 죽임으로써 원시인은 자아를 성취하게 됩니다. 상대방이 기개가 부족하여 살려 달라고 절규하더라도 여전히 이중적 운동이 완수됩니다. 상대방은 자아로서 생존하는 것이 아니라, 주인의 욕망에 봉사하기 위해서만 존재하는 노예로서 생존합니다. 그러나 노예는 처음에는 독립적이지 않았지만, 스스로를 노동자로서 평가하게 되고, 그가 획득한 기술을 통하여 주인에게서 인정을 받게 됩니다. 마침내 독립적인 것 이외에는 아무것도 원하지 않았던 주인은, 자기 자신이 자기의 노예에게 의존하고 있음을 발견하게 됩니다.

헤겔보다 74년 늦게 태어난 독일 철학자 니체Friedrich Wilhelm Nietzsche, 1844~1900를 비롯한 많은 사람들이 의식의 두 유형, 즉 주인의 의식과 노예의 의식에 관하여 많은 주석을 달았습니다. 그러나 헤겔에게 '주인과 노예'의 절은, 그다음에 나오는 절, 즉 '자기의식의 자유'라는 절을 위한 서론에 불과합니다. 의식은 두 자아 간의 상호 관계에서 독립성을 발견하지 못함으로 해서 이중적 운동을 부정하게 됩니다. 이러한 상황을 헤겔은 다음과 같이 묘사하고 있습니다.

> 사유하는 것 안에서 나는 자유롭다. 왜냐하면 나는 다른 것 안에 있는 것이 아니라 오로지 내 자신과 관계하면서 머물러 있기 때문이다.

직접성을 회복하려는 이 대담한 시도를 헤겔은, 문화가 보편적이었고 주인이나 노예나 다 같이 살기가 고달팠던 고대 말기의 주관적 철학들을 언급함으로써 예증하고 있습니다. 구체적으로 살펴보면 다음과 같습니다. 스토아학파의 철학자들은 사유의 보편성을 선언함으로써, 사유는 개인적 존재의 상태에 대해서 전혀 무차별적이라고 주장했습니다. 회의주의 철학자들은 전체적으로 현기증 나는 무질서 속에서 다시 개별성을 강조했습니다. 기독교는 스토아주의의 보편성을 회의주의의 개별성과 결합시키고자 시도하였습니다. 그 결과, 헤겔이 '불행한 의식'이라고 부르는 자아, 즉 의식적으로 분열된 자아가 생겨납니다. 예를 들어, 사도 바울로는 다음과 같이 외치고 있습니다.

> 오, 나는 가련한 사람이구나! 이 죽음의 육체에서 나를 구해 줄 사람은 누구인가? 고맙게도 하느님께서 우리 주 예수 그리스도를 통하여 우리를 구해 주신다. 그러나 나는 이성으로는 하느님의 법을 따르지만, 육체로는 죄의 법을 따르는 인간이다.

헤겔에 의하면, 귀의歸依, 의식儀式, 금욕, 신비, 복종 등이 이와 같이 갈라진 틈을 극복하는 수단이었습니다. 그럭저럭하는 동안에 '의식은 그 특수성에 있어서, 그리고 본질적으로 절대적이라는 관념', 한마디로 '이성'理性이라는 관념이 생겨나게 됩니다. 그리하여 인간은 인생행로의 마지막 단계에 들어서게 됩니다.

헤겔이 제목을 붙이지 않고 남겨둔 제3부는 의식과 자기의식의 종합을 다룹니다. 그러나 이 종합은 『정신현상학』의 범위 내에서는 불완전합니다. 제3부의 하위구분으로서 헤겔이 제공했던 제목들은 '이성', '정신', '종교'입니다. 이 제목들은 시사적인 것들이요, 근대인들이 모여들었던 깃발들입니다.

후설과 현상학

오스트리아 출신의 현대 독일 철학자 에드문트 후설Edmund Husserl, 1859~1938과 그의 제자들이 사용하고 있는 용어로서의 '현상학'現象學, 독일어로 'Phänomenologie'이라는 말은 무엇보다도 철학적이고 학문적인 방법 중의 하나를 의미합니다. 자연과학의 방법은 이미 받아들여지고 있는 진리체계로부터 출발해서 자연에 질문을 던지고 자연으로 하여금 그 대답을 하게끔 함으로써 아직 알려져 있지 않은 것을 정복해 나가는 방법입니다. 현상학적인 방법은 자연과학적인 방법보다 더 유연한 접근법을 사용합니다. 현상학적인 방법은 모든 전제들을 제쳐 두고 가설들을 억제함으로써, 실험적 기법으로는 밝혀지지 않는, 자연의 제 구조와 연관관계들을 드러나게 해 줄 관찰, 기술記述, 분류의 기법을 고안해 내는 방법입니다. 이러한 방법은 인식론과 가치론에서뿐만 아니라 심리학과 사회과학에서 풍성한 결실을 거두어 왔습니다.

후설은 자신의 저서 『논리연구』Logische Untersuchungen, 1900에서 일반적인 현상학적 연구들을 상당히 진전시킨 바 있습니다. 그러나 그는 현상학적인 기법을 특별히 철학적으로 적용하려는 계획을 갖고 있었습니다. 후설의 수많은 동료들은 철학적으로 적용될 현상학적 기법을 완전하게 이해하지 못하고 있었거나 그 기법을 후설과 공유하지 못했습니다. 후설은 현상학적 심리학과 현상학적 철학을 아주 명백하게 구별할 의도로 『이념들』Ideen zu einer reinen Phänomenologie und phänomenologischen Philosophie이라는 책을 집필하게 됩니다. 후설은 현상학적 심리학을 이차적인 학문으로 간주하고, 현상학적 철학이 모든 학문의 토대라고 주장할 마음을 단단히 먹고 있었습니다. 사회학자나 심리학자는 현상학적 탐구를 수행할 때, 그들의 탐구 분야를 지배해 왔던 통상적인 모든 이론과 가정들을 제쳐 두어야 합니다. 그러나 그들은 모든 전제들로부터 벗어날 수는 없습니다. 가령 그들은 외부세계의 존재에 관한 신념이나 자연의 항상성恒常性 등과 같은 것으로부터 벗어날 수 없습니다. 이미 플라톤이 알고 있었듯이, 철학을 제외한 다른 모든 학문은 모종의 가정 위에서 출발해야 하기 때문입니다. 그러나 현상학적인 접근은 전적으로 무전제적인 학문을 우리들에게 제시해야 합니다. 후설의 견해로는 순수현상학 혹은 현상학적 철학이 바로 그런 학문입니다. 오래전부터 철학자들의 염원은 철학을 절대적인 학문, 즉 모든 전제들로부터 벗어나서 순수존재와 대면하는 학문으로 만드는 것이었는데, 후설도 이러한 전통 안에 있습니다.

현상학이 '현상론'독일어로 Phänomenalismus과 혼동되어서는 안 됩니다. 현상론은 극단적인 경험론들에 흔히 부여되는 명칭인데, 예를 들어, 감각자료 이외에 실재하는 것은 아무것도 없다고 주장하는 에른스트 마흐Ernst Mach, 1838~1916의 경험론이 극단적인 경험론의 한 형태입니다. 에른스트 마흐는 오스트리아의 물리학자이자 철학자였습니다. 사실 현상학이 극복하고자 하는 오해들 중의 하나가 바로 이와 같은 현상론입니다. 극단적인 경험론자들이 옳다고 하더라도, 세계 안에서 흔히 발견되는 통일과 질서는 경험에 주어지는 것이 아니라 우리의 정신활동에 의하여 경험에 놓이는 것입니다. 그러므로 우리의 다양한 심적 기질과 반응의 기원을 설명해 내고자 하는 심리학이 세계 안에서 발견되는 통일과 질서를 이해하기 위한 열쇠를 쥐고 있을 것입니다. 그 좋은 예 중의 하나가 영국 철학자 밀John Stuart Mill, 1806~1873의 연구입니다.

밀은 자신의 저서 『논리학의 체계』System of Logic, 1843에서 삼단논법적 추론의 힘이 지나치게 과장되어 왔을 뿐만 아니라 삼단논법적 추론의 본성이 오해되어 왔다고 주장하고 있습니다. 그는 또 증명 방법으로서의 삼단논법적 추론은 언제나 선결문제 요구의 오류를 범하고 있다고 주장합니다. 이 점은 '모든 사람은 죽는다. 소크라테스는 사람이다. 그러므로 소크라테스는 죽는다.'라는 삼단논법의 경우에서 명백하게 드러난다고 밀은 말합니다.

밀에 의하면, 우리는 단지 소크라테스, 시저, 헨리 8세 및 다른 사람들이 이미 죽었다는 것을 알고 있기 때문에 모든 사람이 죽는다는 것을 아는 것이지, 모든 사람이 죽는다는 것과 소크라테스가 사람이라는 것을 알기 때문에 소크라테스가 죽는다는 것을 아는 것은 아니라는 것입니다. 게다가 우리는 살아 있는 사람에 대해서도 소크라테스의 경우와 동일한 형식의 삼단논법을 구성할 수 있습니다. '모든 사람은 죽는다. 미국의 현직 대통령은 사람이다. 그러므로 미국의 현직 대통령은 언젠가 죽을 것이다.'처럼 말입니다. 살아 있는 사람에 대해서 구성된 삼단논법 역시 만약 그것이 전제들로부터 결론을 증명하는 것으로 생각된다면 문제시되지 않을 수 없습니다. 왜냐하면 이 경우에도 우리는 소크라테스, 시저 및 다른 사람들의 죽음으로부터 일반화에로 올라갔다가, 살아 있는 사람(예를 들면, 미국 현직 대통령)의 죽음에로 내려오기 때문입니다. 우리는 이와 같은 연속적 과정을 귀납적 추론에 이어서 연역적 추론이 행해지는 복합적 추론이라고 생각해 볼 수도 있지만, 그렇게 생각할 필요가 없다고 밀은 말하고 있습니다. 왜냐하면 우리는 이와 같은 연속적 과정을 거칠 바에야 다음과 같이 직접적으로 논증하는 편이 더 나을 것이기 때문입니다. '소크라테스가 죽었고 시저가 죽었고 헨리 8세가 죽었고 다른 사람들(가령 웰링턴의 듀크)도 죽었기 때문에 앞에서 언급되었던 미국 현직 대통령도 죽을 것이다.'라고 말입니다.

이상에서 살펴본 것처럼 삼단논법은 불필요한 것이며, 따라서 추론의 형식이 아닐 뿐만 아니라 심지어는 추론의 한 부분의 형식조차도 아니라고 밀은 말하고 있습니다. 밀에 의하면, 논증이란 곧 귀납적 논증을 의미합니다. 그는 이것이 참이라고 믿었습니다. 특수자는 일반자로부터 추론되는 것이 아니라, 다른 특수자로부터만 추론된다는 것이지요.

이처럼 밀은 심리학적 논리학을 제시하고 있습니다. 그 밖에 실증주의자들과 실용주의자들은 심리학적 인식론과 가치론을 제시하고자 시도했습니다. 그러나 후설은 경험론자들이 옳지 않다고 주장합니다. 후설에 의하면, 경험론자들은 경험에 주어져 있는 것을 검토함으로써 경험의 순수한 자료 안에는 질서도 없고 지성적으로 접근할 수 있는 것도 없다고 확신했지만, 사실 그 확신은 영국 철학자 프란시스 베이컨Francis Bacon, 1561~1626의 용어를 사용한다면, 극장의 우상에 불과할 뿐이라고 합니다. 극장의 우상이란 잘못된 학설을 무비판적으로 받아들일 때에 발생하는 편견을 의미합니다.

후설에 의하면, 결과적으로 경험론자들은 다음과 같이 가정함으로써 심리학의 과제에 대하여 잘못 생각하고 있었다고 합니다.

> 심리학은 세계에 의미를 부여하는 법칙들을 정신 안에서 발견할 수 있으며 논리학, 인식론, 미학 및 윤리학을 새롭게 설명해 내는 것은 우리에게 달려 있다.

후설은 경험이 정당하게 평가되기 위해서는 심리학주의(잘못 이해되고 있는 심리학이나 마음에 관한 학문) 대신에 현상학(현상에 관한 학문)이 필요하다고 말합니다. 후설은 심리학에 대항하여 철학의 여러 분과의 자율성을 재확인하고자 했던 20세기 철학자들의 선봉에 나섭니다. 그는 당시의 심리학자들과 마찬가지로 세계에 대한 통속적인 과학적 견해(후설은 이러한 견해를 자연주의라고 부릅니다)의 흐름을 바꾸는 데 관심을 가지고 있었습니다. 개별과학들은 본성상 독단적입니다. 즉 그것들은 지식이 가능하게 되는 조건들을 검토하지도 않고서 출발합니다. 그렇다고 해서 개별과학들이 부정되어서는 안 됩니다. 그러나 그 누군가 개별과학들이 발견해 놓은 성과 위에서 자연철학을 구축하고자 시도할 때, 그와 같은 무비판적인 절차는 회의주의의 길을 열어 놓게 됩니다. 왜냐하면 우리가 자연적 사건들을 파악하게 되는 범주들은, 과학적 진리의 추구를 포함하는 의식적 사건들의 설명에 적합하지 않기 때문입니다. 우리가 의식의 본질을 생각해 낼 때까지는 자연적 원인들에 의해서 의식을 설명하는 것이 아주 당연한 것처럼 보이며, 의식적 행동을 지배하는 법칙들은 그 자체가 우리 경험의 일부분이 됩니다. 후설에 따르면, 여기가 바로 철학자가 발을 들여놓아야 할 지점이라고 합니다. 후설의 일차적인 과제는 경험 내에서 경험하는 부분을 경험되는 부분으로부터 구별하는 일이었습니다.

후설의 저작들에는 데카르트의 뉘앙스를 풍기는 곳이 많습니다. 데카르트는 우리의 일상적이고 자연적인 경험의 애매성과 불확실성으로부터 벗어나기 위해서 의심의 방법을 개발해 내었던 인물입니다. 데카르트는 현상적 세계 전체를 문제 삼음으로써 자기가 의심할 수 없었던 논리적 세계를 폭로시켜 주었습니다. 후설도 이와 유사한 방법을 채택합니다. 그는 우리가 자연스럽게 가지게 되는 신념들에 대하여 "판단을 보류하라!"라고 말합니다. 우리가 자연스럽게 가지게 되는 신념에는 모든 건전한 정신이 가질 수 있는 근본적인 확신이 깔려 있습니다. 가령 '우리 바깥에' 세계가 있다든가 다른 자아들이 있다는 등의 확신도 근본적인 확신에 포함됩니다. 후설은 우리들에게 이와 같은 자연적 관점을 '변경시키고', 인과 작용과 운동에 관한 우리의 신념들을 '단절시키고', '행동으로부터 배제할 것'을 요구합니다. 물론 이것은 우리로 하여금 동물적 성향을 극복하게 하고 사물들에 대하여 냉정하고 지성적인 태도를 취하게 하는 데 도움을 주기 위한 방법적 절차일 뿐입니다. 고대 그리스 철학자들, 특히 회의주의자 피론Pyrrhon, B.C. 360?~B.C. 270?은 '판단 중지'를 나타내기 위하여 '에포케'epoche라는 그리스어를 사용했는데, 후설도 이 용어를 자신의 의도에 맞추어 적절하게 사용하고 있습니다.

후설은 자신이 의미하는 바를 분명하게 하기 위하여, 사과나무 꽃이 만발한 정원을 즐겁게 들여다보는 예를 듭니다. 우리가 자연스럽게 취하는 관점에서 보면, 사과나무는 우리 의식의 바깥에 시간·공간적으로 존재하는 어떤 것이며, 사과나무를 지각하는 기쁨은 인간 존재의 마음 안에 있습니다. 그러나 데카르트는 지각이 때때로 환각이라는 것을 우리에게 상기시켜 주었습니다. 그러므로 우리는 인식하는 자와 자연스럽게 존재하는 것으로 알려지는 자, 둘 다의 요구를 괄호 안에 묶음으로써 우리가 자연스럽게 취하는 관점으로부터 현상학적 관점에로 나아가게 됩니다. 이것은 우리에게 '지각과 즐거움이라는 평가 작용에 대한 색다른 경험의 연관관계'를 남겨 줍니다. 우리는 이제 외부 존재를 전혀 언급함이 없이 상황의 내용과 구조에 대하여 말할 수 있게 됩니다. 경험으로부터 빼앗긴 것은 사실 아무것도 없습니다. 그러나 모든 것은 새로운 방식으로 거기에 있게 됩니다. 이 새로운 방식을 보여 주는 데에는 인용부호가 도움이 됩니다.

우리는 이제 '나무', '식물', '물질적인 것', '만발한', '흰', '향기로운' 등에 대하여 말할 수 있게 되며, 우리 경험의 본질에 속하는 것들에 대해서만 말하고 있다는 것을 확신할 수 있게 됩니다. 이와 유사하게 정반대편에서 우리는 '지각하고 있는', '유의하고 있는', '즐기고 있는' 및 다른 자아활동들을 구별할 수 있게 됩니다. 이것들의 각각은 특성을 가지고 있으며, 그 특성에 따라 분석됩니다.

후설은 한때 프란츠 브렌타노Franz Brentano, 1838~1917의 제자였는데, 브렌타노는 "정신적 활동은 자기 자신과 다른 어떤 것을 다양하게 지시할 수 있다는 점에서 비정신적 활동과 구별된다."라고 말한 적이 있습니다. 브렌타노는 스콜라철학으로부터 이끌어 낸 용어를 사용하여 정신적 활동이 '지향적'志向的, intentional이라고 말했습니다. 후설도 이 용어를 변함없이 사용하고 있습니다. 인식활동에 한정되는 것이 아니라, 의심하고 가정하고 의욕하고 느끼는 등의 다양한 태도들을 포함하는 자아활동을 나타내기 위하여 후설은 '노에시스'noesis라는 그리스어를 사용합니다. 이 말은 원래 플라톤이 인식활동에 한정하여 초감각적 진리, 즉 이데아에 대한 인식을 의미하는 것으로 사용한 말입니다. 플라톤은 '노에시스'를 감각적 사물에 대한 지식을 의미하는 그리스어 '독사'doxa에 대립시켰습니다. 그러나 조금 전에 말씀드린 바와 같이, 후설은 의식의 기능적이고 작용적인 측면을 가리키기 위하여 '노에시스'라는 말을 사용하고 있습니다.

자아활동노에시스에 상응하는 대상들, 예를 들어 '나무', '결실 있는', '매력적인' 등을 나타내기 위하여 후설은 '노에마'noema라는 그리스어를 사용합니다. '노에마'의 원래 뜻은 인식되는 자者, 즉 인식 대상입니다. 노에시스와 노에마의 관계를 추적하는 내용이 의식의 분석에서 중요한 부분을 차지하고 있습니다. 각각의 경우에 있어서 노에시스는 실재적이고 근본적인 것이지만, 노에마는 의존적이며, 엄격하게 말하자면, 비실재적인 것입니다. 앞서의 예에서 '나무를 지각하는 것'은 현실적인 것이며 '지각된 나무'를 구성해 내는 것입니다. 그러나 거꾸로, 노에마는 실재성을 가지고 있는 것은 아니지만, 노에시스에는 없는 존재를 가지고 있습니다. 즉 노에마는 전적으로 본질존재들로 구성되어 있습니다. 이 본질존재들은 영원히 한결같이 존재하고 있는 바의 것이며, 본질존재들 상호 간에는 필연적인 관계 혹은 선천적인 관계가 있습니다. 의욕이나 다른 양태들에 대해서도 이와 똑같이 말해질 수 있습니다. '나무에 대하여 평가하는 것'은 노에시스입니다. 그것은 '나무를 지각하는 것'과 똑같은 실재성을 가지고 있습니다. '나무에 대해서 평가하는 것'은 노에시스이지만, '나무에 대한 평가'는 노에마입니다. 노에마는 현실적으로 존재하지 않습니다. 그러나 그것은 인식 대상의 구조와 속성들이 가지고 있는 것과 똑같은 종류의 본질존재를 가지고 있습니다. 같은 방식으로 평가의 내용들은 다른 평가들과 함께 선천적 체계 내에 자리를 잡게 됩니다.

우리의 철학적 관심이 일차적으로 정신적 삶을 향하고 있다면, 우리는 주로 다양한 노에시스들을 탐구하는 데 관심을 가지게 될 것입니다. 후설은 다양한 노에시스들을 이해하기 어려운 방식으로 묘사하고 있으며, 독자들에게 이와 같은 묘사가 기초 작업으로서 반드시 필요하다는 것을 설득시키기 위하여 많은 시간을 보내고 있습니다. 그와 같은 묘사는 때때로 각 분야의 전문가에게는 쉽게 이해될 수 있을지라도, 후설이 묘사하고 있는 것으로부터 우리에게 익숙한 정신의 특징들을 인식해 내는 데는 어려움이 있을 수도 있습니다. 예를 들어, '의미'에 관한 후설의 설명은 어의론語義論, Semantik에 관심을 가지고 있는 사람들이 연구해야 합니다.

그리고 '정서'와 '의욕'에 관한 후설의 분석은 감정과 가치의 관계에 대한 문제에 많은 도움이 됩니다. 후설에 따르면, 모든 노에시스에 공통하는 것이 한 가지 있는데, 그것은 모든 노에시스가 근본적으로 독단적 혹은 가설적이라는 것입니다. 그러한 노에시스들을 후설은 '독사'doxa라는 그리스어로 표현합니다. 앞에서도 말씀드린 적이 있지만, '독사'는 '감각적 사물에 대한 지식'을 의미하는 플라톤의 용어입니다. 우리의 노에시스들 중의 일부에는 '그럴듯하다는 느낌' 혹은 '의심스러움' 등의 특징이 있다고 해서 다른 노에시스들에 '확실성'이라는 특징이 없다는 것은 아닙니다. 그러나 어쨌든 '독사'는 우리가 공통적으로 '도덕적 확실성'이라고 부르는 것입니다. 그러한 확신은 '지각되는 것' 안에 놓여 있는 어떤 것의 기능이라기보다는 '지각하고 있는 것'의 한 양상樣相입니다.

그러나 『이념들』에서 후설은 정신적 활동들 그 자체를 위해서 정신적 활동을 연구하지 않습니다. 그가 정신적 활동들을 연구하는 이유는, 그것들이 노에마들을 구성하고 있는 대상들을 다양한 등급과 유형들로 나누는 열쇠를 제공하기 때문입니다. 예를 들어, '감각'이라는 정신활동에 상응해서는 '색', '모양', '크기' 등의 영역이 있고, '감각적 즐김'이라는 정신활동에 상응해서는 '화사한' 분홍색과 '기분 좋게 하는' 냄새 등이 있습니다. 이러한 성질들이 의식 안에서 현실성을 가지게 되는 것은 노에시스들의 덕택입니다. 그러나 그 성질들은 또한 절대적이고 독립적인 존재 질서의 일부분입니다. 그와 같은 모든 절대적 형상들 혹은 본질들을 후설은 '에이데이아'eideia라고 부릅니다. '에이데이아'라는 그리스어는 '형상'形相을 의미하는 아리스토텔레스의 용어 '에이도스'eidos의 복수형입니다. 그리스어 '이데아'idea나 라틴어 '에센티아'essentia와 같은 말들도 '본질'을 의미합니다. 하지만 '이데아'는 초월적 본질을 의미하고, '에센티아'는 피조물에도 적용되지만 신에게도 적용되는 말입니다. 그래서 후설은 '에이데이아'라는 말을 사용하고 있는 것입니다. 에이데이아는 영원한 가능태들이며, 각각 서로 완벽하게 구별될 뿐만 아니라 영원한 관계들의 체계 내에서 서로 연결되어 있습니다. 따라서 '분홍의', '흰', '초록의' 등은 '색'이라는 유개념에 종속되는 종개념들입니다. 그리고 '색' 그 자체는 '감각적인 성질들'의 계층에 위치하고 있습니다. 가치의 노에마도 이와 유사한 계층적 구조에 의하여 둘러싸여 있습니다.

논리학자로서 철학적 탐구를 시작했던 후설은 의미의 문법 원리에 지대한 관심을 가지고 있었습니다. 후설은 다음과 같이 주장합니다.

> 모든 노에마는 매우 추상적인 차원에서 보편적 관계들을 예증해 준다. 이 보편적 관계들은 라이프니츠Leibniz가 구상했던 것과 같은 보편수학Mathesis Universalis으로 정식화定式化될 수 있다. 그러나 이론화 작업에 매달리게 마련인 논리학자는 현상학자 앞에 놓여 있는 풍부한 형식적 관계들을 제대로 다루어 내지 못한다. 현상학자가 하는 일은 직접적인 직관에 선천적으로 주어지는 것을 분석하고, 직접적으로 투명한 본질 및 본질적 연관들을 확정하고, 순수하고 선험적인 의식 내의 모든 층을 체계적으로 결합시키는 가운데, 그 연관들을 기술적記述的으로 인식하는 것이다.

이러한 작업은 존재론의 다양한 영역들을 구별함으로써 시작됩니다. 논리학자에 의해서 개척되는 '형식적 영역'은 이 중의 하나에 불과할 뿐입니다. '내용적 영역'은 이루 헤아릴 수 없이 많습니다. 물리적 사물의 영역이 한 예가 될 것입니다.

『이념들』에서 후설은 탐구가 나아가야 할 방향만 제시해 주고 있습니다. 상세한 분석들에 대해서 알기 위해서는 그의 다른 저작들과 제자들의 저작들을 살펴보아야 합니다. 후설은 주로 인식론 분야를 현상학적 방법으로 연구했던 반면에, 그의 제자들은 그 방법을 가치론과 철학적 인간학(막스 셸러), 미학(테오도르 립스), 사회학(칼 만하임), 비교종교학(루돌프 오토) 및 윤리학(니콜라이 하르트만) 등에 적용시켰습니다. 물론 마르틴 하이데거와 장 폴 사르트르의 '실존주의'가 현상학적 방법을 사용하고 있음은 말할 것도 없습니다. 일반 독자들에게는 현상학적 방법의 이와 같은 응용과 발전이 순수현상학보다도 더 흥미롭고 유용할 것입니다. 그러나 그렇게 되는 이유는, 대부분의 사람이 인식의 순수한 가능성에 접근하기가 어렵기 때문입니다.

철학자로서의 후설의 중요성은, 데카르트나 칸트처럼 후설이, 학문의 토대가 흔들렸던 시기에, 그리고 비합리주의, 회의주의, 허무주의가 서양문명의 근원을 위협하던 시기에 그가 등장했다는 것입니다. 그는 세계와 인간이 하는 일에 관한 합리적 견해를 다시 한번 가능하게 하기 위하여, 인식을 소생시키고자 했던 것입니다. 그는 자기가 오랜 전통을 이어가고 있는 자임을 알고 있었으며, 썩 내키지는 않았지만 자기가 관념론자로 분류되는 것을 거부하지 않았습니다. 후설은 칸트를 가장 많이 닮았으며, 『이념들』이라는 그의 저작은 과학적, 윤리적, 미적, 종교적 '의미'를 가능하게 하는 선험적 조건들에 대한 탐구라고 요약될 수 있습니다.

합리성과 비합리성

일상생활을 하면서 우리는 '합리적'이라는 말을 자주 사용하기도 하고 자주 듣기도 합니다. 그러나 막상 '합리적'이라는 말의 뜻이 무엇이냐고 질문 받으면, 우리는 당황하게 됩니다. 일본 학자들의 번역을 따라 우리가 사용하는 '합리적'이라고 하는 말은 영어의 'rational' 입니다. 영어의 'rational'은 '이성적'이라고 번역되기도 합니다. 따라서 '합리적'이라는 말은 '이성적'이라는 말과 같은 말이지요. 이런 의미에서 모든 인간은 이미 합리적이고 이성적입니다. 그렇다면 어떤 사람이 "합리적으로 사고하는 인간이 되라!"라고 말했을 때, 우리에게는 그 말이 이상하게 들릴 것입니다. 합리성을 증진시킨다는 말의 의미는 도대체 무엇일까요?

인간을 이성적 생명존재라고 정의한 최초의 사람은 고대 그리스의 철학자 아리스토텔레스Aristoteles, B.C. 384~B.C. 322입니다. 방금 제가 '생명존재'라는 표현을 사용했는데, 일반적으로는 '동물'이라는 표현을 사용합니다. 그러나 '동물'이라는 표현은 잘못된 표현입니다. 그 이유는 이렇습니다. 오늘날의 생물학적 사물 분류 방식에 따르면, 존재하는 모든 것이 생물과 무생물로 구분되고, 생물은 다시 동물과 식물로 구분됩니다. 인간도 하나의 동물로 분류됩니다. 그러나 아리스토텔레스는 생명존재를 식물, 동물, 인간으로 구분합니다. 다시 말해서, 아리스토텔레스는 인간을 동물의 한 종種으로 이해한 것이 아니라, 동물과 구별되는 생명존재로 이해하였습니다. 따라서 인간은 이성적 '동물'이 아니라 이성적 '생명존재'인 것입니다.

인간은 사고하고 계산하고 추리할 수 있다는 점에서 다른 생명존재, 특히 동물과 구별됩니다. 바로 이것이 인간에 대한 아리스토텔레스의 정의가 의미한 바입니다. 동물들은 제각기 환경에 잘 적응할 수 있습니다. 예를 들어, 동물들은 타오르는 불꽃으로부터 열을 감지해 낼 수 있으며, 불에서 물러날 수도 있습니다. 동물들은 나쁜 날씨나 적으로부터 자신들을 보호할 수 있는 은신처를 본능적으로 찾아낼 수도 있습니다. 동물들은 특수한 신호들에 일정한 방식으로 반응하게 될 뿐만 아니라, 인위적인 신호들에도 반응하게끔 인간이 동물들을 길들일 수도 있습니다. 사나운 동물은 먹잇감을 감지하고 나면, 거의 자동적으로 그 먹잇감을 적절하게 사냥할 수 있는 행동방식을 취합니다. 애완용으로 길들여진 개는 주인이 먹잇감을 준비하는 행동에 자동적으로 반응합니다. 러시아의 생리학자 파블로프Ivan Petrovich Pavlov, 1849~1936의 실험에서 극단적인 예를 찾아볼 수 있는데, 동물은 벨소리와 같은 신호에 반응하도록 길들여집니다. 그러나 동물은 '의도적으로' 행동할 수 없습니다. 동물은 어떤 근거를 가지고 저것보다는 이것을 행하고자 결단할 수 없습니다. 적어도 우리에게는 동물이 그렇다고 믿는 경향이 있습니다. 동물은 현재 무슨 일이 일어나고 있는지를 알아낼 수 없으며, 벨소리가 자기들의 행동에 관한 실험의 일부일 수도 있다는 것을 성찰할 수 없습니다. 인간은 의도적으로 행동하고 계획을 세우고 목적을 선택하고 수단을 채택할 수 있다는 점에서, 그리고 환경에 단순히 반응하는 것이 아니라 환경을 지배할 수 있다는 점에서 동물들과는 다릅니다. 인간은 기억할 수 있고 상상할 수 있고 예견할 수 있고 예언할 수 있고 가정할 수 있습니다. 부정확하기는 하지만, 그와 같은 모든 활동들을 포괄할 수 있는 표현은 바로 '인간은 사고하는 능력을 가지고 있다.'라는 것입니다.

드문 경우를 제외한다면, 우리 모두는 사고하는 능력을 가지고 있으며, 따라서 모든 인간은 이성적입니다. 그러나 모든 인간이 사고하는 능력을 가지고 있다고 해서, 모든 인간이 똑같이 잘 사고하는 것은 아닙니다. 이것은 마치 모든 인간이 볼 수 있는 능력을 가지고 있음에도 불구하고 모두 똑같이 잘 보는 것은 아닌 것과 마찬가지입니다.

사람들이 합리성을 증진시킨다거나 사람을 이성적으로 만드는 것을 목표로 한다고 말할 때에, 그들이 바라고 있는 것은 분명히 사람들로 하여금 잘 사고하게 하는 것입니다. 그러나 합리성이 잘(좋게) 사고하는 것으로 이해되고 비합리성이 나쁘게 사고하는 것으로 이해된다면, 좋은 사고와 나쁜 사고를 어떻게 구별해야 하는가 하는 문제가 발생합니다.

합리성이 '사고'라는 개념과 불가분리로 결부되어 있다는 사실 때문에, 우리는 합리성이라는 용어가 적절하게 적용되는 곳이 순수 사유의 영역이라고 생각할 수도 있습니다. 합리성이 학구파와 이론가를 위한 하나의 성질로서 간주될 수도 있다는 것이지요. 그렇다면 정말로 합리적(이성적)인 사람이 되기 위해서는 사상가나 이론가가 되어야 할 것입니다. 그러나 우리는 분명히 이것을 받아들일 수 없습니다.

경우에 따라서는 이론적 추론과 실천적 추론을 구별하는 것이 도움이 되는 것처럼 보일 수도 있습니다. 전자는 철학적 논증이나 역사학 논문에서 볼 수 있는 것과 같은 추론이며, 후자는 장기놀이에 포함되어 있는 사고나 특수한 상황에서 무엇을 행할지에 관하여 사고하는 것과 같이 행동과 결부되어 있는 사고를 의미합니다. 그러나 이론적 사고나 실천적 사고는 신비스러운 방식으로 존재하는 상이한 유형의 사고가 아닙니다. 이론적으로 사고하든 실천적으로 사고하든 우리는 여전히 사고하고 있습니다. 또한 우리는 이 경우에 여전히 잘 사고할 수도 있고 나쁘게 사고할 수도 있습니다. 이론적 추론은 합리적일 수도 있고 비합리적일 수도 있습니다. 마찬가지로 실천적 추론도 합리적일 수도 있고 비합리적일 수도 있습니다. 그래서 합리성의 개념을 설명하고 있는 논증이 비합리적일 수도 있습니다. 어떤 환경에서 어떻게 행동해야 할지를 결정하기 위한 사고가 비합리적일 수도 있습니다. 또한 장기놀이에 포함되어 있는 사고가 비합리적일 수도 있습니다.

다음으로 아리스토텔레스가 대부분의 사람들보다 이론적 설명을 더 잘했기 때문에, 아리스토텔레스는 대부분의 사람들보다 더 합리적이라고 말할 수 있을까요? 그렇지 않습니다. 왜냐하면 아리스토텔레스가 비교적 합리적인 사람이었다고 하더라도, 그것이 아리스토텔레스가 탐닉했던 사고의 유형이나 양量과 반드시 어떤 관계를 가지고 있는 것은 아니기 때문입니다. 우리가 어떤 사람에 대해서 합리적이라든가 비합리적이라고 말할 때에, 그것은 그가 사고하는 어떤 영역에서든 그의 사고의 질質과 관련해서 하는 말입니다.

어떤 사람의 합리성이 그의 사고의 질과 관련해서 판단되어야 한다면, '합리적으로 되는 것'이 '옳게 되는 것'과 동일하다는 것을 암시할 수도 있습니다. 따라서 합리적인 논증은 올바른 결론이나 올바른 해답을 이끌어 내는 논증일 것이며, 합리적인 행동은 옳은 행동일 것입니다. 그러나 이러한 견해를 우리가 받아들인다 하더라도, 어떤 방법으로 합리성을 증진시킬 것인가의 논의에 그다지 큰 도움이 되지는 않습니다. 물론 모든 사람이 스스로 만사에 옳은 해답을 찾아낼 수 있다면 참 좋을 것입니다.

그러나 옳은 해답이란 무엇을 의미할까요? 인간 경험의 영역은 광대합니다. 여기에는 종교의 영역, 정치학의 영역, 도덕과 미학의 영역도 포함되어 있는데, 이러한 영역들에서는 무엇이 해답인지, 옳고 그른 해답을 말하는 것이 도대체 의미 있는 일인지에 대해서 견해가 거의 일치하지 않거나 전혀 일치하지 않는 경우가 허다합니다. 가령 '베토벤이 바그너보다 더 위대한 작곡가였는가?'라는 물음에 대한 옳은 해답이 있을까요? 만약 우리가 어떤 물음들에 대한 해답을 모르거나 해답에 동의하지 않는다면, 그리고 '합리적으로 되는 것'이 '옳게 되는 것'과 같은 말이라면, 우리는 이 물음들과 관련해서 사람들이 합리적으로 되고 있는지 혹은 그렇지 않은지에 대해서 판단할 입장에 있지 않습니다. 그렇다면 어떻게 해야 사람들을 합리적으로 만들 수 있을지에 대해서도 알기가 어렵습니다. 만약 '합리적으로 되는 것'이 '옳게 되는 것'을 의미한다면, 사람들을 합리적으로 만든다는 것은 사실상 그들로 하여금 우리 식으로 생각하게 하여 우리가 시인하는 해답을 얻게 하도록 하는 것을 의미할 것입니다. 그러나 이것은 우리가 '합리성'이나 '합리적'이라는 말을 사용하는 방식과 전혀 일치하지 않습니다.

우선 합리적 논증이라는 개념에 대해서 살펴보기로 합시다. 우리가 어떤 사람이 구성한 논증의 결론에 동의하지 않더라도, 혹은 그 결론을 받아들여야 할지 말아야 할지에 대해서 확신이 서지 않더라도, 그 사람의 논증이 합리적인 논증이라고 말하는 것은 얼마든지 가능합니다. 그리고 두 사람 사이의 논쟁을 지켜보면서, 자신의 관점을 변호하고 있는 사람이 그 반대자보다 덜 합리적으로 논증하고 있음을 감지하는 것도 역시 가능합니다. 만약 우리가 합리성을 옳게 되는 것과 동일시한다면, 이렇게 할 수 없을 것입니다. 왜냐하면 올바른 해답이 단 한 개뿐이고 우리가 그 해답을 알고 있는 경우가 아니라면, 우리는 논증의 합리성과 비합리성을 판단할 수 없을 것이기 때문입니다. 사회주의에 찬성하거나 반대하는 논증들의 경우에 우리가 이 문제에 관한 관점이나 의견을 받아들인다 할지라도, 우리는 여전히 문제가 너무 복잡해서 논란의 여지가 없는 단 한 개의 해답을 허용하는 것이 불가능함을 감지하게 될 것입니다. 이런 경우, 우리는 해답을 모르기 때문에 합리적 논증과 비합리적 논증을 구별할 수 없을 것입니다. 그러나 이런 식의 합리적 논증과 비합리적 논증은 우리가 합리적 논증과 비합리적 논증이라는 말을 사용하는 방식과 일치하지 않습니다. 우리는 사회주의에 찬성하는 합리적 논증과 사회주의에 찬성하는 비합리적 논증을 구별할 수 있습니다. 그리고 우리는 우리 자신이 사회주의를 신봉하든 그렇지 않든 간에 그렇게 구별할 수 있습니다. 두 개의 논증이 동일한 결론에 도달하지 않더라도, 우리는 합리적인 것으로서의 한 논증과 비합리적인 것으로서의 다른 논증을 아주 잘 구별해 낼 수 있습니다.

이상에서 살펴본 바에 따르면, 합리적 논증은 옳은 해답으로 끝맺는 논증이 아닙니다. 어떤 논증이 합리적인 논증이라고 말하는 것은 그 논증에 포함되어 있는 추론의 과정에 관하여 무엇인가를 말하는 것이지, 그 논증의 결론이 앞선 단계들로부터 도출된다는 것 이외에는 결론에 관하여 무엇인가를 직접적으로 말하는 것이 아닙니다. 논증은 일정한 전제들로부터 결론을 향하여 나아갑니다. 어떤 논증이 합리적이라고 말하는 것은, 전제들로부터 결론에로 나아가는 추론의 연쇄가 타당하다고 말하는 것을 의미합니다. 물론 논증의 출발점이 되는 전제들이 거짓이거나 진위가 불분명하거나 진위가 입증되지 않은 가설일 뿐일 수도 있습니다. 그래서 결론이 전제들로부터 도출되고 논증 그 자체가 합리적이라 할지라도, 결론은 거짓이거나 진위가 입증되지 않을 수도 있습니다. 거꾸로 어떤 사람이 전개한 논증의 결론이 참이거나 올바른 진술임에도 불구하고, 우리는 그 사람의 논증이 비합리적임을 감지할 수도 있습니다. 그 사람이 제시한 추론의 연쇄가 실제로 결론으로 나아가지 못하거나 다른 어떤 방식으로 잘못 되어 있다면 말입니다. 따라서 합리적 논증이란 논리적으로 진행하는 논증을 의미합니다. 다시 말해서, 합리적 논증에서는 주어지는 것으로서의 논증의 각 단계가 앞선 단계로부터 도출되며, 전제들로부터 결론으로 이동하게 하는 이유들이 훌륭한 이유들입니다.

논증이 합리적이지 않게 되는 방식은 무수히 많습니다. 논증을 강화시켜 줄지도 모르는 적절한 증거를 고려하지 못하거나, 관련 없는 증거를 강조하거나, 이성보다는 감정에 호소하거나, 모순이나 비정합성을 포함하거나, 비논리적 단계를 포함하는 경우(가령 '모든 고양이는 4개의 다리를 가지고 있다. 이 책상은 4개의 다리를 가지고 있다. 그러므로 이 책상은 고양이다.') 등이 그 예들입니다. 그러나 특정한 어떤 논증을 비합리적인 논증으로 만드는 정확한 방식이 무엇이든 간에, 그 논증을 비합리적인 논증이라고 말할 수 있는 것은, 그 논증이 '훌륭한 이유나 근거'를 제시하지 않고 진행되었기 때문입니다.

'역사상 위대한 모든 예술작품은 아리안족의 산물이었으며, 따라서 아리안족은 다른 종족들을 지배할 권능을 부여받고 있다.'라는 히틀러의 논증은 비합리적입니다. 왜냐하면 두 명제 간에는 전혀 아무런 연관도 없기 때문입니다. 여기에서 '따라서'라는 말은 아무것도 설명하지 않습니다. 아리안족이 위대한 예술작품을 만들어 내었다는 사실은 결론을 뒷받침하기 위한 약한 이유조차 될 수 없습니다. 왜냐하면 그러한 사실은 전혀 이유로서 생각될 수 없기 때문입니다. 그러한 사실이 결론과 아무런 관계가 없는 것은, 아리안족이 중앙아프리카로부터 건너오지 않았다는 사실이 결론과 아무런 관계가 없는 것과 마찬가지입니다.

논증 이외의 다른 것들에 관해서 '합리적'이라는 용어와 '비합리적'이라는 용어를 사용한다면, 그것은 합리성의 본질이 훌륭한 이유 혹은 유관한 이유를 제공하는 데 있다는 것을 의미합니다. 예를 들어, 비합리적인 증오는 전혀 알 수 없는 이유들에 근거하고 있는 증오이며, 비합리적인 질투는 적절한 근거를 전혀 가지고 있지 않은 질투입니다. 이것은 비합리적인 증오나 질투가 설명이 불가능한 것이라고 말하는 것이 아닙니다. 사람들이 증오하거나 질투하는 이유에 대해서 이론상 모종의 설명이 언제든지 제공될 수 있습니다. 특정한 어떤 사람의 증오나 질투의 감정을 비합리적이라고 말하는 것은, 그 사람의 그러한 감정이 어떤 사람을 증오하거나 질투하기 위한 훌륭한 근거로서 간주될 수 있는 그 무엇에 기초하고 있지 않다고 말하는 것을 의미합니다. 어떤 사람이 누군가를 질투할 이유가 전혀 없을 경우에, 우리는 그 사람의 질투심을 비합리적인 것이라고 말해야 합니다.

물론 이런 상황에서도 훌륭한 심리분석가는 그 사람이 왜 질투하게 되었는가에 대해서 설명할 수 있을 것입니다. 그러나 가령 어떤 사람이 불안정 콤플렉스를 가지고 있기 때문에 질투하는 경향이 있다고 설명하는 것은, 특정 개인에 대한 그 사람의 질투심이 충분한 근거를 가지고 있다고 말하는 것이 아닙니다. 또 사람들이 사랑은 비합리적인 감정이라고 말할 때에, 그들이 의미하는 것은 사랑의 감정이 반드시 훌륭한 이유들 때문에 우리의 마음속에서 일어나는 것은 아니라는 것입니다. 물론 훌륭한 이유들 때문에 사랑한다면, 그러한 사랑은 합리적인 사랑이라고 해야 합니다. 사람들은 여러 가지 점에서 자기들의 마음에 들지 않는 사람이나 사랑할 이유가 되는 그 무엇을 가지고 있지 않는 사람들과 사랑에 빠지지도 합니다. 이때 사랑에 빠지는 사람들은 훌륭한 이유에 주목하지 않습니다. 바로 이 때문에 '사랑에 빠지는 것'은 비합리적인 것입니다.

보다 더 일반적으로 말하자면, 사랑을 하든 증오를 하든 질투를 하든, 합리적 행동은 합리적으로 변호되거나 설명될 수 있는 행동입니다. 그 누군가의 행동을 합리적인 것으로 언급하더라도, 이때 반드시 그 사람이 실제로 자기가 하고 있는 것에 대해서 사유했다는 것을 의미하는 것은 아닙니다. 그 사람의 행동은 그 사람 자신이 자신의 행동에 대한 이유를 합리적으로 설명할 수 있다는 의미에서 합리적일 수도 있고, 그 사람이 의식적 반성 없이 행동했음에도 불구하고, 우리가 보기에 그 사람이 자기 행동에 대하여 합리적으로 설명할 수 있다는 의미에서 합리적일 수도 있습니다. 그러나 어느 경우이든 행동이 논증에서와 마찬가지로 합리적이라고 말해질 수 있기 위해서는, 그 행동이 훌륭한 이유들에 의해서 설명될 수 있어야 합니다. 비합리적인 행동은 훌륭한 이유가 전혀 없는 행동입니다.

물론 비합리적인 증오나 비합리적인 질투의 예에서와 마찬가지로 행동이 비합리적인 것이라고 말한다고 해서, 행동은 설명이 불가능한 것이라고 말하는 것은 아닙니다. 어떤 의미에서 행동은 아마 이론적으로 언제나 설명될 수 있습니다. 다시 말해서, 어떤 사람이 왜 특정한 방식으로 행동하는가를 우리에게 말해 주는 모종의 이유가 주어질 수 있습니다. 그러나 어떤 사람이 어떤 것을 왜 하는지를 우리에게 말해 주는 것이, 그 사람이 자기가 행했던 것에 대한 훌륭한 이유를 가지고 있었다는 것을 보여 주는 것이 아닐 수도 있습니다. 예를 들어, 수학 강사로서의 탁월한 자격을 갖추고 있는 어떤 사람이 가톨릭 신자라는 이유 때문에 취직을 거부당할 수도 있습니다. 그 사람이 가톨릭 신자라는 사실은 그 사람이 취직을 거부당한 이유를 설명해 줍니다. 그러나 우리는 여전히 그런 이유로 해서 그 사람의 취직을 거부한 고용주가 비합리적으로 행동했다고 말해야 합니다. 왜냐하면 우리는 가톨릭 신자라는 사실이 수학 강사직을 맡을 수 없는 것과 관련되는 이유인지를 알 수 없기 때문입니다.

위의 예에서 우리는 고용주의 행동을 '비합리적 행동'이라기보다

'온당치 못한 행동'이라고 생각해 볼 수도 있습니다. 그렇다면 '비합리적'irrational이라는 말과 '온당치 못한'unreasonable이라는 말을 구별해 주는 것은 무엇일까요?

만약 비합리적 행동이나 비합리적 논증이나 비합리적 감정이 부적절한(무관한) 이유들에 기초하고 있는 행동이나 논증이나 감정을 의미한다면, '부적절한 이유'라는 말의 모호성 때문에 우리는 근거가 빈약한 행동이나 논증이나 감정을 가려내기가 어렵습니다. 왜냐하면 사람들은 실제로 무관한 이유들 때문에 일정한 방식으로 행동하기도 하지만, 무관한 것이 아니라 단지 미약할 뿐인 이유들 때문에 일정한 방식으로 행동할 수도 있기 때문입니다. 사람들은 매우 자주 이렇게 행동합니다. 가령 여러분이 직장을 잃었다고 해서 남편을 구타하는 것은 비합리적인 행동입니다. 남편을 구타한 행동이 여러분의 격정적인 심리상태로부터 비롯되었다고 설명될 수도 있을 것입니다. 그러나 직장을 잃었다는 사실 그 자체가 남편을 구타하는 것과 유관한 이유가 되지는 않는다는 점에서 그 행동은 비합리적입니다. 우리들 중의 대부분은 그러한 행동을 비합리적인 것으로 간주할 것이라고 말하는 편이 아마도 더 안전할 것입니다.

어떤 이유들이 유관한 이유들인지를 결정하고자 하는 사람에게 한 가지 문제가 있습니다. 이 문제는 아래에서 곧 검토될 것입니다. 그렇다면 여러분의 남편이 바람을 피웠기 못했기 때문에 구타했다고 가정해 봅시다. 이 경우, 우리는 여러분의 행동에 찬동하지 않을 수 있습니다. 그리고 여러분의 남편의 바르지 못한 행동이, 당신이 구타한 것에 대한 충분한 이유가 된다고 생각하지 않을 수도 있습니다.

그러나 어느 경우이든, 여러분의 행동을 비합리적인 행동이라고 말해서는 안 됩니다. 왜냐하면 여러분의 행동은 이치에 닿는 행동이며, 여러분의 행동에는 이유가 있었기 때문입니다. 심지어 그러한 상황에서 여러분의 행동을 아주 온당한 행동이라고 생각하는 사람도 있을 것입니다. 그러나 여러분의 행동이 비합리적인 것은 아니라는 점을 인정하면서도 온당하지는 못했다고 말하고자 하는 사람들이 많다는 것은 분명합니다. 달리 말해서, 이런 사람들은 여러분이 이해가 되는 이유(물론 직장을 잃었기 때문에 남편을 구타한 사람은 이런 이유를 갖고 있지 않습니다)를 가지고 있었다는 점은 인정하지만, 그 이유가 여러분의 행동을 위한 충분한 이유는 아니라고 주장할 것입니다.

마찬가지로 모든 사람이 여러분을 미워한다고 가정할 증거가 전혀 없는데도 그렇게 가정하는 것은 비합리적입니다. 그러나 여러분의 직장 상사가 여러분의 승진을 거부했다고 해서 그 사람이 여러분을 미워한다고 가정하는 것은 비합리적인 것이 아니라 온당하지 못할 뿐입니다. 여러분의 직장 상사가 실제로 여러분을 미워할 수도 있고 여러분이 옳을 수도 있지만, 여러분의 의견은 온당치 못합니다. 왜냐하면 그러한 상황에 대한 다른 정보도 없이 여러분의 의견을 내세우기 위해서 여러분이 제시한 이유는 미약해 보이기 때문입니다.

방금 말씀드린 것으로부터 다음과 같은 결론을 얻을 수 있습니다. 어떤 사람이 이유를 고려하지 않거나 무관한 이유들을 언급하면서 행동하거나 논증한다면, 그 사람은 비합리적인 사람입니다. 그 반면에 어떤 사람의 행동이나 논증이 명백하게 무관하지는 않지만 그의 행동이나 논증을 정당화하기에는 미약하지 그지없는 불충분한 이유들에 의존해 있다면, 그 사람은 온당치 못한 사람입니다. 이제 앞에서 유보했던 문제, 즉 제시된 이유가 유관한 이유인지 아닌지를 결정하는 문제에 대해서 살펴보기로 하겠습니다.

이 문제를 다루기 전에 먼저 지적해 두어야 할 것이 있습니다. 그것은 조금 전에 우리가 '비합리적' 행동과 '온당치 못한' 행동을 원리적으로 구별했지만, 실제로 양자를 구별하는 일은 무척 어렵다는 것입니다. 예를 들어, 설거지를 잘 못했다고 해서 여러분이 남편을 구타한다고 가정해 봅시다. 여러분의 이러한 행동은 비합리적인 행동일까요, 온당치 못한 행동일까요? '설거지를 잘 못해서'라는 여러분의 이유가 관건입니다. 이 이유는 '훌륭한 이유'는 아니지만, 여러분의 남편을 구타한 이유로서 간주될 수 있을까요, 아니면 그 이유가 너무 감상적인 것이어서 전혀 이유로서 간주되지 않을까요? 이와 관련하여 보다 더 심각한 두 번째 문제가 제기됩니다. 방금 들었던 예에서는 '비합리적인' 것과 '온당치 못한' 것의 형식적 윤곽이나마 그려질 수 있었지만, 우리는 양자를 전혀 구별할 수 없을 뿐만 아니라, 어떤 행동이나 논증이 양자 중의 어느 것에 해당하는지를 확신할 수 없는 경우도 있습니다. 예를 들어, 편집증 환자는 우리가 비합리적인 것으로 여기는 방식에 따라서 행동하지만, 그가 사물을 바라보는 방식을 감안한다면 그의 행동은 분명히 합리적일 수도 있습니다. 어떤 사람이 어떤 종족의 한 구성원이라는 이유로 그 사람에게 활을 쏘는 사람이 있을 경우, 이 사람을 비합리적인 사람이라고 부를 자격이 우리에게 있을까요? 우리는 어떤 종족의 한 구성원이라는 이유가 말도 안 되는 억지일 뿐만 아니라 전혀 이유가 아니라고 생각할 수도 있습니다. 그러나 활을 쏘는 사람에게는 그러한 이유가 훌륭한 이유일 수 있습니다.

그렇다면 우리는 소위 비합리적 행동이라고 하는 것 중의 수많은 행동이 비합리적이지 않다고 인정해야만 할까요, 아니면 합리적 행동이라는 말로 우리가 의미하는 것은, 나름대로의 훌륭한 이유에 근거해서 합리적이라고 우리가 주관적으로 간주하는 행동, 즉 결과적으로 우리가 시인하는 행동임을 솔직하게 고백해야 할까요?

우리는 흔히 자신과 의견을 같이하는 사람들을 '합리적'이라고 하고, 자신과 의견을 달리하는 사람들을 '비합리적'이라고 합니다. 실제로 우리에게는 자신과 비슷한 방식으로 사물을 이해하는 사람들에게 '합리적'이라는 단어를 자연스럽게 사용하는 심리적 경향성이 있습니다. 그러나 '합리적'이라는 말은 '나와 비슷한 방식으로 사물을 이해하는 것'을 의미하지 않습니다. 물론 나와 비슷한 방식으로 사물을 이해하지 않는 사람에게 합리성이라는 속성을 부여하기 어려운 때가 간혹 있겠지만 말입니다. 마찬가지로 우리는 어떤 상황에서 우리가 찬사를 보내는 행동을 행하는 사람들에게만 '용감하다'는 말을 사용하는 심리적 경향이 있지만, '용감하다'는 말이 '내가 찬사를 보내는 행동'만을 의미하는 것은 아닙니다. 그러나 그보다 더 중요한 것은, 어떤 사람이 합리적인지 혹은 그렇지 않은지에 대해서 판단하기가 매우 어려운 때가 더러 있다는 사실입니다.

우리는 어떤 사람이 합리적인지의 여부를 판단하기 위해서 그 사람의 행동을 관찰하거나 그 사람의 논증에 귀를 기울여야 할 뿐만 아니라, 그 사람이 전제하고 있는 것이 무엇인지도 알아야 합니다. 왜냐하면 우리는 오로지 전제들에 비추어서만 이유들을 훌륭하거나 유관한 이유라고 평가할 수 있기 때문입니다. 가령 어떤 사람(A)이 구두끈을 매기 위하여 허리를 구부렸다는 이유만으로 이 사람에게 달려들어 그를 구타하는 사람(B)이 있다면, 우리는 자연스럽게 B가 비합리적으로 행동한다고 가정할 것입니다. 그러나 B가 구두에 칼을 숨겨서 지니고 다니는 그릇된 집단에 대해서 잘 알고 있다면, 구두에 손이 닿았다는 사실이 B에게는 신속하고도 난폭하게 반응하기 위한 훌륭한 이유가 될 수도 있습니다. 마찬가지로 상대방 골문에 공을 차 넣으려는 두 팀이 있다는 것밖에 모르는 축구의 문외한에게는, 누군가 휘슬을 불었다는 이유만으로 득점할 수 있는 순간에 동작을 멈추는 선수가 아주 비합리적인 것처럼 보일 것입니다. 심판이 휘슬을 분다는 사실이 골문 쪽으로의 공격을 멈추게 하는 유관한 이유가 된다는 것은, 우리가 축구의 규칙을 이해하고 수락한다는 가정하에서만 가능합니다. 따라서 어떤 사람이 어떤 근거에서 행동하는지를 잘 모를 때에는, 그 사람의 행동이 합리적인지 혹은 그렇지 않은지를 알기 어려운 경우가 간혹 있습니다.

그러나 어떤 사람이 어떤 근거에서 행동하는지를 잘 알고 있을 경우에도, 우리가 그 근거를 공유하지 않는 경우가 많습니다. 인간은 신이 정해 놓은 것과 충돌해서는 안 된다는 것은 특정 종교를 믿는 사람이 전제하고 있는 것입니다. 가령 종교를 믿는 사람의 아이가 아픕니다. 신은 이러이러하게 정해 줍니다. 그래서 그 사람은 의학적인 도움이 제공되어서는 안 된다는 결론을 내립니다. 이 사람에게 우리는 무슨 말을 해야 할까요? 그의 전제가 당연시된다면, 그의 논증이나 행동에는 그릇되거나 불합리한 것이 아무것도 없습니다. 우리가 그의 전제를 공유하지 않는다는 이유만으로 그를 비합리적인 사람이라고 말할 자격이 우리에게 있을까요? 우리는 그의 전제가 비합리적이라고 말할 수는 있습니다. 그러나 여기에서 우리는 훨씬 더 미묘한 입장에 처할 수도 있습니다. 왜냐하면 그의 전제를 받아들이거나 거부함에 있어서 무엇이 훌륭하거나 유관한 이유인지를 우리는 결정할 수 없기 때문입니다. 그러나 만약 우리가 그를 비합리적이라고 하지 않는다면, 우리는 미친 사람 역시 비합리적이지 않다고 해야 할 것입니다. 창가에 비둘기가 날아왔다는 이유로 어떤 사람이 다른 이에게 총을 쏠 수도 있습니다. 그 사람은 다음과 같이 설명하면서 자신이 비합리적이라는 비난을 피할 수도 있습니다. "비둘기가 창가에 날아올 때는 언제나 내키는 대로 행동할 것을 신이 나에게 요구하고 기대합니다."

이런 식으로 생각한다면, 우리는 합리성과 비합리성을 의미심장하게 구별할 수 없게 되는 것이 아닐까요? 그리고 모든 인간은 똑같이 합리적이라고 해야 하지 않을까요? 어떤 사람들이 다른 사람들보다 더 합리적이라고 할 적에, 단순히 우리와 비슷한 방식으로 사물을 이해하는 사람들이 더 합리적이라고 한다는 점을 인정해야 하지 않을까요? 또 사람들 중에서 합리적인 사람을 가려내는 데 있어서 아무런 객관적 기준도 없다는 점을 인정해야 하지 않을까요? 물론 그렇지 않습니다. 그 이유는 다음과 같이 세 가지로 설명할 수 있습니다.

첫째, 사람들이 어떤 전제를 갖고 있는지의 문제를 무시하더라도 합리적 논증이나 행동을 비합리적 논증이나 행동으로부터 구별할 수 있는 여지는 여전히 있습니다. 만약 어떤 사람이 논리적 모순을 범해서 비정합적인 논증을 구성하거나 자기 자신이 사용하고 있는 용어들과 무관한 것들에 호소한다면, 그는 비합리적인 사람입니다. 비정합적 논증이란 전제와 결론이 동시에 참이 될 수 없는 논증을 의미합니다. 비둘기가 가까이 날아올 때 사람들에게 총을 쏘는 것이 합리적인 세계관을 형성할 수 있는지의 여부를 따지는 것과, 합리적인 세계관을 형성할 수도 있고 그렇지 않을 수도 있기 때문에 우리는 누군가를 다른 어떤 사람보다 더 합리적이라든가 덜 합리적이라고 간주할 수 없다고 말하는 것은 별개의 문제입니다. 우리는 분명히 많은 경우들에서 비교적 합리적인 사람과 비교적 비합리적인 사람을 구별할 수 있습니다. 왜냐하면 약간의 비합리성 혹은 아마 대부분의 비합리성이 사람들 자신의 인생관과의 불일치 혹은 정합성의 결여에서 노출되기 때문입니다. 만약 내가 의사가 되기를 매우 열망해서 열심히 공부한 다음, 의사고시 고사장에 모습을 나타내지 않는다면, 얼핏 보기에 나는 비합리적입니다. 다른 누군가가 응시를 거부하게 된 훌륭한 이유가 있었다는 것을 보여 주기 위하여 시험체계의 불공정성에 관한 정교한 이론을 구성할 수도 있을 것입니다. 그러나 이 이론이

나의 것이 아니라면, 그리고 나의 결시를 설명해 주는 다른 어떤 훌륭한 이유(가령 내가 아팠다는 것)가 없다면, 고사장에 모습을 나타내지 않음으로써 나는 비합리적인 사람이 되고 맙니다. 만약 우리가 대통령이 정책 중의 일부를 변화시킨다는 이유로 그를 비판하면서 야당 지도자가 정책 중의 일부를 변화시킬 때 그를 비판하지 않는다면, 우리는 비합리적으로 됩니다.

둘째, 앞의 어딘가에서 말했던 바와 같이, 경우에 따라서는 일정한 어떤 전제들을 수립하거나 거부함에 있어 유관한 이유들이 무엇인지를 알기가 어려움에도 불구하고, 우리가 결코 합리적인 것으로 받아들이지 않게 될 전제들이나 세계관들이 있음은 확실합니다. 물론 '비둘기가 가까이 날아올 때는 사람들에게 총을 쏘기를 신이 우리에게 기대한다.'라든가 '아리안족은 우대받을 특권이 있다.'라는 등의 전제에 근거해서 행동하는 것은 비합리적이라고 말할 때에, 우리는 분명히 다른 사람들에게 우리 자신의 견해를 받아들이라고 호소하고 있습니다. 이때 우리 자신의 견해가 훌륭한 이유로서 간주될 수 있는 것에 기초하고 있는 것은 아닙니다. 왜냐하면 비둘기가 가까이 날아올 때는 사람들에게 총을 쏘기를 신이 우리에게 기대한다는 것이 참이 아님을 우리는 분명하게 증명할 수 없기 때문입니다. 그러나 우리는 여전히 그 전제가 우리에게는 비합리적인 믿음처럼 보인다고 주장할 수 있습니다. 왜냐하면 우리는 그러한 것을 믿기 위한 훌륭한 이유와 조금이라도 닮아 있는 것을 알 수 없기 때문입니다.

마지막으로, 가장 중요한 것은, 합리적인 사람은 의식적인 존재이므로 훌륭한 이유를 제공한다는 원칙을 중시하는 사람이어야 한다는 점입니다. 합리적인 논증이나 합리적인 행동은 그것만 따로 분리해서 생각하면 합리적인 사람과 다릅니다. 한 개인에게만 특유한 관점을 받아들이는 사람도 있을 수 있습니다. 그러나 만약 그가 합리적인 사람이라면, 적어도 그는 그러한 관점을 받아들이는 이유를 제시하고자 해야 하며, 그러한 관점을 거부하는 논증들에 주목할 줄 아는 그런 부류의 사람이어야 합니다. 비둘기가 날아온다는 이유로 총을 쏘는 미친 사람들의 비합리성은 특유한 전제를 붙들고 늘어지는 데 있는 것이 아니라, 자신들의 관점을 논리적으로 정당화하지 못하거나 대안을 제시할 수 없는 데 있습니다. 그들은 자신들의 관점을 논리적으로 정당화하고자 노력하지도 않고 대안을 제시하고자 노력하지도 않습니다.

참고문헌

Ayer, A. J., *Language, Truth, and Logic*, Gollancz, London, 1936(1st Edition), 1946(2nd Edition).

Barnes, J., *The Presocratic Philosophers*, 2 volumes, Routledge & Kegan Paul, London, 1979.

Broom, Wendell W., *An old-spelling critical edition of William Davenant's The platonic[k] lovers by Sir William D'Avenant*, Garland Press, New York, 1987.

Complete Philosophical and Theological Treatises of Anselm Of Canterbury, translated by Jasper Hopkins and Herbert Richardson, Arthur J., Banning Press, Minneapolis, 2000.

Diels, H. and W. Kranz, *Die Fragmente der Vorsokratiker*, 3 volumes, Weidmannsche Verlagsbuchhandlung, Berlin, 1960.

Diogenes Laërtius, *Life of Epimenides*, translated by Robert Drew Hicks, Harvard University Press, 1925.

Edmund Husserl: Gesammelte Werke, Nijhoff/Kluwer, The Hague/Dordrecht, 1950.

Epicurus, *Letters, principal doctrines, and Vatican sayings*, Russel M. Geer, trans., Bobbs-Merrill, Indianapolis, 1964.

Ficino, M., *Commentary on Plato's Symposium on Love*, Jayne, Sears (tr.), Spring Publications, Texas, 1985.

Guthrie, W. K. C. A., *A History of Greek Philosophy*, Volume 1, Cambridge University Press, Cambridge, 1962.

Habermas, J., *Erkenntnis und Interesse*, Suhrkamp, Frankfurt am Main, 1968.

Hartmann, N., *Zur Grundlegung der Ontologie*, De Gruyter, Berlin, 1935.

Hegel, G. W. F., *Phenomenology of Spirit*, trans. A. V. Miller, Oxford University Press, Oxford, 1977.

James, W., *Pragmatism*, Harvard University Press, Cambridge, 1979. Originally published in 1907.

Jaspers, K., *Die Geistige Situation der Zeit*, de Gruyter, Berlin. 1931. Translated as, *Man in the Modern Age*, trans. E. Paul and C. Paul, Routledge, London, 1933.

Kahn, Charles H. *Anaximander and the Origins of Greek Cosmology*, Columbia University Press, New York, 1960.

Kant's gesammelte schriften, Hrsg. von der königlich preussischen Akademie der wissenschaften, published by G. Reimer in Berlin, 1910.

Kierkegaard, S., *Concluding Unscientific Postscript to Philosophical Fragments*, trans. by Howard and Edna Hong. Princeton University Press, Princeton, 1992.

Kierkegaard, S., *The Present Age and of the Difference Between a Genius and an Apostle*, trans, Alexander Dru, Harper Torchbooks, New York, 1962.

Kierkegaard's Writings III, Part I: Either/Or, translated by Howard and Edna Hong, Princeton University Press, Princeton, 1988.

Kirk, G. S., J. E. Raven and M. Schofield, *The Presocratic Philosophers*, second edition, Cambridge University Press, Cambridge, 1983.

Lear, J., *Aristotle: the desire to understand*, Cambridge University Press, Cambridge, 1988.

Liddell, H. G. and Scott, R., *Greek-English Lexicon*, Clarendon Press, Oxford, 1968.

Marcel, G., *The Mystery of Being*, Vol. 1, Reflection and Mystery, G. S. Fraser, trans., The Harvill Press, London, 1951.

Marcel, G., *The Mystery of Being*, Vol. 2, Faith and Reality, René Hague, trans., The Harvill Press, London, 1951.

Moore, G. E., *Principia Ethica*, Cambridge University Press, Cambridge, 1903.

Nietzsche, F. W., *Also Sprach Zarathustra*, Mit einem Nachwort von Alfred Baeumler, Alfred Kröner Verlag, Stuttgart, 1969.

O'Brien, D., *Empedocles' Cosmic Cycle*, Cambridge University Press. Cambridge, 1969.

Peters, F. E., *Greek Philosophical Terms: A Historical Lexicon*, New York University Press, New York, 1967.

Rawls, J., *A Theory of Justice*, Harvard University Press, Cambridge, 1971.

Schopenhauer, A., *The World as Will and Representation*, Vol. 1, 2, translated by E. F. J. Payne, Dover Publications, New York, 1969.

The Collected Works of John Dewey, 1882-1953, edited by Jo Ann Boydston, Electronic edition.

The Collected Works of John Stuart Mill, Gen. ed. John M. Robson, 33 vols., University of Toronto Press, Toronto, 1963-91.

The Complete Works of Aristotle, edited by Jonathan Barnes, 2 vols., Princeton University Press, 1984.

The Complete works of Plato, edited with introduction and notes by John M. Cooper, Hackett Pub., Indianapolis, 1997.

The Complete Works of William Shakespeare, with historical and analytical prefaces, comments, critical and explanatory notes, glossaries a life of Shakespeare and a history of the early English drama, The University Society, New York, 1901.

The Works of Jeremy Bentham, 11 vols. ed. John Bowring, British Library, London, 1838-1843. Reprinted in New York, 1962.

Windelband, W., *Lehrbuch der Geschichte der Philosophie*, 15th ed., Tübingen, 1957.

World Philosophy: Essay-Reviews of 225 Major Works, 5 volume set, edited by Frank N. Magill and Ian P. McGreal, Salem Press, Englewood Cliffs, 1982.

Zeller, E., *Philosophie der Griechen II*, O. R. Reisland, Leipzing, 1921.

로버트 바움, 『논리학』, 전재원 역, 이문출판사, 1997.

로버트 바움, 『기호논리학』, 전재원 역, 이문출판사, 2000.

이문호, 『불멸의 철학자들』, 이문출판사, 2000.

이인재, 『古代希臘哲學攷辨』, 省窩先生文集, 卷 四, 경인문화사, 影印本, 1995.

전재원, 「아리스토텔레스와 지욕」, 『철학연구』 제119집, 대한철학회, 2011.

전재원, 『10개의 키워드로 이해하는 아리스토텔레스 철학』, 역락출판사, 2012.

전재원, 「아리스토텔레스의 감각 개념」, 『철학연구』 제108집, 대한철학회, 2008.

전재원, 「아리스토텔레스의 변화 개념」, 『철학연구』 제129집, 대한철학회, 2014.

전재원, 「아리스토텔레스의 자연 개념」, 『철학논총』 제75집, 새한철학회, 2014.